2023—2024 年中国工业和信息化发展系列蓝皮书

2023—2024 年

中国工业发展质量蓝皮书

中国电子信息产业发展研究院 **编 著**

张小燕 **主 编**

关 兵 韩建飞 张文会 **副主编**

電子工業出版社

Publishing House of Electronics Industry

北京 · BEIJING

内 容 简 介

本书以习近平新时代中国特色社会主义思想为指引，围绕我国工业经济当前的重点、热点、难点问题进行研究，特别是对制造业高质量发展过程中所面临的机遇与挑战进行深度分析，构建了成熟的评价体系。

全书围绕“工业高质量发展”，遵循新发展理念，紧密结合制造强国建设的主要目标，充分吸纳“供给侧结构性改革”对工业经济发展的新要求，全面剖析了工业发展质量的内涵，明确了构建评价体系的基本原则和主要思路，并在往年评价体系的基础上，对20项指标进行了适时调整，对全国和各省（区、市）的工业发展质量，以及工业大类行业发展质量进行了分析与评价。

本书旨在推动我国工业经济高质量发展，可供相关人士参考阅读。

图书在版编目（CIP）数据

2023—2024年中国工业发展质量蓝皮书 / 中国电子信息产业发展研究院编著 ; 张小燕主编. -- 北京 : 电子工业出版社, 2024. 12. -- (2023—2024年中国工业和信息化发展系列蓝皮书). -- ISBN 978-7-121-49394-2

Ⅰ. F424

中国国家版本馆CIP数据核字第2024L66H02号

责任编辑：陈韦凯　　文字编辑：康　霞
印　　刷：中煤（北京）印务有限公司
装　　订：中煤（北京）印务有限公司
出版发行：电子工业出版社
　　　　　北京市海淀区万寿路173信箱　　邮编：100036
开　　本：720×1 000　1/16　印张：18　字数：403千字　彩插：1
版　　次：2024年12月第1版
印　　次：2024年12月第1次印刷
定　　价：218.00元

凡所购买电子工业出版社图书有缺损问题，请向购买书店调换。若书店售缺，请与本社发行部联系，联系及邮购电话：（010）88254888，88258888。

质量投诉请发邮件至zlts@phei.com.cn，盗版侵权举报请发邮件至dbqq@phei.com.cn。

本书咨询联系方式：chenwk@phei.com.cn，（010）88254441。

前言

2023 年，新冠病毒感染基本结束，各国经济逐步恢复。一方面，美国及联合盟友加强产业链供应链安全重要性，加快推动产业链供应链本地区的区域化和多元化，另一方面，各国纷纷出台产业政策，支持人工智能、半导体等产业发展，抢抓争夺产业制高点，导致全球产业竞争更加激烈。美国对我国战略遏制持续，加快联合盟友构建“去中国化”产业链，对我国产业链供应安全提出了严峻挑战。同时，俄乌冲突仍在持续，巴以冲突爆发，严重干扰全球供应链稳定，加剧世界经济动荡。

2023 年，面对国内外复杂形势，在习近平总书记为代表的党中央坚强领导下，克服经济下行压力，及时出台系列稳增长政策，推动我国工业经济平稳增长，成为稳定世界经济发展的中坚力量。然而，工业经济发展中存在的结构性、周期性等矛盾叠加，产业链供应链韧性和安全、科技自立自强任重道远。在这样的工业经济发展背景下，我国加快推进制造强国战略，加快推动工业高质量发展，增强我国工业特别是制造业的国际竞争力。

本书深入研究“工业发展质量”，目的在于考量我国各省（区、市）工业经济及各工业行业在上述新的发展背景和环境下的发展进程。“工业发展质量”是指在一定时期内一个国家或地区工业发展的优劣状态，综合反映了速度、结构、效益、创新、资源、环境及信息化等方面关系的协调程度。本书通篇围绕“工业高质量发展”，遵循新发展理念，紧密结合制造强国建设的主要目标，充分吸纳“供给侧结构性改革”对工业经济发展的新要求，全面剖析工业发展质量的内涵，明确构建评价体系的基本原则和主要思路，在往年评价体系的基础上，对 20 项指标进行了适时的调整，对过去十年全国及各省（区、市）的工业发展质量，以及工业主要行业发展质量进行了评价。

在研究过程中，我们深刻体会到，工业发展质量内涵丰富，构建一套相对合理的评价体系，并对全国、各省（区、市）及工业行业进行评价，是一项极富挑战性和创造性的工作，具有现实意义。《中国工业发展质量蓝皮书》前几版问世以来，引发了学术界的广泛关注和热烈反响。《2023—2024 年中国工业发展质量蓝皮书》在认真吸收和采纳行业专家及学者具有建设性的建议和意见的基础上，对 2023 年我国工业发展质量相关热点、重点和难点问题进行透析，期望能够引起更多国内外学术界有识之士的共同关注。

由于时间、精力、能力有限，虽谨思慎为、几经推敲，但不足之处在所难免，恳请业界同人不吝赐教。

中国电子信息产业发展研究院

目录

理 论 篇

全 国 篇

区 域 篇

专 题 篇

展 望 篇

理　论　篇

第一章 理论基础

党的二十大报告指出："高质量发展是全面建设社会主义现代化国家的首要任务。发展是党执政兴国的第一要务。没有坚实的物质技术基础，就不可能全面建成社会主义现代化强国。"未来五年我国发展的主要目标任务中，"经济高质量发展取得新突破"被排在首位。工业是国民经济中规模最大、创新最活跃的物质生产部门，工业高质量发展对社会主义现代化强国建设和经济高质量发展有支撑和保障作用。党的十八大以来，我国工业发展实现了从高速到中速的平稳换挡，进入了从规模速度型粗放增长转向质量效率型集约增长的阶段，更加注重质量与效益的平衡，追求稳中有进、稳中提质，也更加注重工业的质量变革、效率变革、动力变革。

基于这一现状，本章从我国工业发展走势和研究成果出发，提出工业发展质量的概念。工业发展质量的衡量是多维度的，主要体现在速度和效益有机统一、结构持续调整和优化、技术创新能力不断提高、资源节约和环境友好、两化融合不断深化、人力资源结构优化和待遇提升6个方面。对工业发展质量进行评价，不仅是衡量工业转型升级成果的需要，还是把握工业经济运行规律和正确指导地方工业科学发展的有效手段。

第一节　研究背景和文献综述

一、研究背景

党的十八大以来，改革开放和中国式现代化建设取得新的历史性成就，实现了第一个百年奋斗目标，开启了全面建设社会主义现代化国家，向第二个百年奋斗目标进军的新征程。我国经济实力跃上了新台阶，经济发展实现了量的合理增长和质的稳步提升。我国经济总量从 2012 年的 53.86 万亿元增加到 2022 年的 126.05 万亿元，占世界经济的比重从 11.3%提高到 17.2%，稳居全球第二。随着我国工业规模进一步扩大，已成为建设现代化经济体系的主要着力点。2012—2023 年，我国工业增加值从 20.9 万亿元增加到 40 万亿元，连续多年居世界首位。我国产业体系完整优势进一步巩固。我国拥有全球最齐全的产业体系和配套网络，是全世界唯一拥有联合国产业分类中全部工业门类的国家（41 个大类、207 个中类和 666 个小类）。在 500 多种主要工业品中，有 220 多种工业品产量居世界第一，生产了约全球 1/3 的汽车、57%的粗钢和水泥、59%的电解铝、62%的甲醇、80%的家电，以及 90%的手机、计算机、彩电等。我国产业链、供应链的韧性和竞争力持续提升，有效增强了我国经济应对外部冲击的能力。

2023 年是全面贯彻落实党的二十大精神的开局之年，是新冠病毒感染防控转段后经济恢复发展的一年，也是我国工业发展史上具有里程碑意义的一年。2023 年 9 月，党中央召开全国新型工业化推进大会，习近平总书记专门作出重要指示，各地纷纷召开大会进行动员部署，全国掀起推进新型工业化的热潮。在以习近平同志为核心的党中央坚强领导下，我国工业发展总体呈现稳中有进的态势，工业“压舱石”作用进一步彰显，为稳定我国宏观经济提供有力支撑。2023 年，我国工业对全国经济增长的贡献率为 26.2%；随着产业结构优化升级深入推进，我国工业高端化、智能化、绿色化发展步伐加快；我国装备制造业生产保持良好态势，全年增加值同比增长 6.8%，占全部规上工业增长贡献率的比重接近 50%，占全部规上工业增加值比重为 33.6%；我国制造业“智能化”持续推进，其中电子元器件与机电组件设备制造、集成电路制造增加值同比分别增长 29.8%、10.3%；我国传统产业改造升级加快，智能制造推广力度加大，建成了 62 家“灯塔工厂”，占全球“灯塔工厂”总数的 40%，培育了 421 家国家级智能制造示范工厂、万余家省级数字化车间和智能工厂。

在创新、协调、绿色、开放、共享的新发展理念指导下，我国坚定不移地推动制造业高质量发展，推进制造强国建设。

第一，科技创新引领作用增强。2023 年，我国全社会研究与试验发展（R&D）经费高达 3.3 万亿元，同比增长 8.1%；我国 R&D 经费投入强度（R&D 经费与 GDP 之比）达到 2.64%，超过欧盟成员国家的平均水平（2.2%），逐步接近经济合作与发展组织（OECD）国家的平均水平（2.7%）；创新能力实现较快提升。世界知识产权组织（WIPO）2023 年发布的全球创新指数（GII）显示，我国科技创新表现在 130 多个经济体中位列第 12，超过日本。

第二，区域发展协调性稳步提高。我国重大区域发展战略统筹推进，长江经济带发展、京津冀协同发展、粤港澳大湾区建设等龙头带动作用凸显；东部地区产业升级成效显著，制造业高质量发展引领带动作用增强；中部地区特色产业实现跨越式发展；西部地区工业保持较快增长态势。

第三，节能降耗减排成效显现。2023 年，全国万元国内生产总值二氧化碳排放量同比持平；水电、核电、风电、太阳能发电等清洁能源发电量同比增长 7.8%；节能、降耗、减排稳步推进。

第四，对外贸易稳中提质。2022 年，我国货物进出口总额达 41.76 万亿元，同比增长 0.2%，在 2022 年基础（高基数）上继续保持稳定增长，并连续 6 年保持世界第一货物贸易国地位。同期，我国对共建“一带一路”国家进出口同比增长 2.8%，占我国外贸总值的 46.6%；对拉丁美洲、非洲进出口分别同比增长 6.8%和 7.1%；我国“新三样”产品合计出口 1.06 万亿元，首次突破万亿元大关，同比增长 29.9%。

当前，世界正经历百年未有之大变局，新一轮科技革命和产业变革带来的新陈代谢和激烈竞争前所未有，外部环境更趋复杂、严峻，不确定、难预料因素增多，我国经济发展进入战略机遇和风险挑战并存的时期。中央经济工作会议指出，2023 年要坚持稳中求进、以进促稳、先立后破，多出有利于稳预期、稳增长、稳就业的政策，在转方式、调结构、提质量、增效益上积极进取，不断巩固稳中向好的基础。要强化宏观政策逆周期和跨周期调节，继续实施积极的财政政策和稳健的货币政策，加强政策工具创新和协调配合。

为振兴实体经济，我国工业发展将更加注重质量和效益，也更加注重工业的质量变革、效率变革、动力变革。加快构建新发展格局，推动高质量发展是当前和今后一个时期我国确定发展思路、制定经济政策、实施宏观调控的根本要求。我国需要形成高质量发展的评价体系、政策体系、标准体系、统计体系、绩效评价体系、政绩考核体系，以推动我国经济在实现工业高质量发展基础上不断取得新进展。

二、文献综述

党的十九届六中全会指出："要立足新发展阶段、贯彻新发展理念、构建新发展格局、推动高质量发展"。部分专家和学者对此进行了解读和研究。高培勇（2021 年）认为新发展阶段之"新"，体现在发展目标的阶梯式递进、发展环境所发生的深刻复杂变化、面临的机遇和挑战所发生的新变化、对新发展理念的完整准确全面贯彻，以及构建新发展格局。在新发展阶段要努力实现更高质量、更有效率、更加公平、更可持续、更为安全的发展。许召元（2022 年）认为制造业高质量发展关系到经济高质量发展全局，制造业核心竞争力在短期内影响产业经济效益和经济增长，而从长期看关系到经济高质量发展。制造业竞争力主要可分为 4 个层级：第 1 层级是来自资源优势的竞争力；第 2 层级是来自生产效率的优势；第 3 层级是来自生产技术、工艺及质量管理体系的优势；第 4 层级是来自核心技术与品牌价值。任保平、李培伟（2022 年）认为在新一轮科技革命和产业变革中，数字经济是培育我国经济高质量发展的战略支点；数字经济从要素配置优化、规模经济、产业融合和创新驱动 4 个维度来培育我国经济高质量发展的新动能。

科技创新是工业高质量发展的核心驱动力。我国"十四五"规划纲要把创新放在了具体任务的首位，提出坚持创新在我国现代化建设全局中的核心地位，把科技自立自强作为国家发展的战略支撑。冉征、郑江淮（2021 年）指出推动实施创新驱动发展战略是我国实现经济高质量发展的根本保障，创新能力将决定经济高质量发展的成色。国家统计局测算结果显示，我国创新指数再创新高。2020 年，我国创新指数达到 242.6（2005 年为 100），同比增长 6.4%；分领域看，我国创新环境指数、创新投入指数、创新产出指数和创新成效指数同比均呈现不同程度的增长。从这些测算结果来看，我国创新能力和水平保持持续提升，创新环

境不断优化，创新投入继续增加，创新产出较快增长，创新成效进一步显现。2022 年，工业和信息化部提出推进制造业强链补链，创建一批国家制造业创新中心和国家地方共建中心，培育一批国家级先进制造业集群，实施产业基础再造工程，组织实施一批重点项目。

“双碳”目标蕴含工业高质量发展新机遇。史丹等（2022 年）指出绿色发展既是新一轮科技革命和产业变革下实体经济转型升级的必然趋势，也是中国工业高质量发展的根本要求，更是中国工业由大转强的必由之路。张志新等（2022 年）指出“双碳”目标能够通过促进价值链上游企业发展，倒逼中游企业提升价值链地位，同时淘汰部分重污染、高能耗的价值链低端下游企业，提升我国制造业整体价值链地位，进而带动制造业高质量发展。

对外贸易稳中提质是实现工业高质量发展的必经之路。高运胜等（2021 年）认为百年未有之大变局的国际环境加上国内不平衡不充分发展的现实与困境决定我国对外贸易转向高质量发展，从而实现我国从“贸易大国”成为“贸易强国”。王一鸣（2021 年）认为要塑造我国参与国际合作和竞争新优势，持续深化商品和要素流动型开放，稳步拓展规则、规制、管理、标准等制度型开放，构建与国际通行规则相衔接的制度体系和监管模式。

推动工业高质量发展，是保持工业持续健康发展的必然要求，是遵循经济规律的必然要求。当前，国内外形势复杂，我国亟须构建一套合理、完善的工业发展质量评价体系，来客观、科学地反映和评价我国新时代工业发展质量，引导和推动工业产业结构向更加合理的方向调整。

第二节　工业发展质量的概念及研究意义

一、概念及内涵

中国电子信息产业发展研究院认为：从广义上，工业发展质量是指在一定时期内一个国家或地区工业发展的优劣状态；从狭义上，工业发展质量是指在保持合理增长速度的前提下，更加重视增长的效益，不仅包括规模扩张，还包括结构优化、技术创新、资源节约、环境改善、两化融合、惠及民生等诸多方面。现阶段，其内涵主要体现在以下 6 个方面。

第一，速度和效益有机统一。工业发展质量的提高是以稳定的发展速度为基础的。目前，我国工业经济运行呈现“稳中有进”的特点。其中，“稳”主要体现在工业增速保持在一定的水平；“进”更多体现在质量和效益上的提高。忽视质量和效益的盲目扩张很可能以资源高消耗、环境高污染为代价，并可能导致产业结构失衡等一系列严重问题，影响工业的良性循环和健康发展。提升工业发展质量的关键在于实现速度和效益有机统一。

第二，结构持续调整和优化。工业结构反映了生产要素在产业间、地区间、企业间的资源配置情况，是工业总体发展水平的重要评价维度。工业结构的优化升级有助于提高工业发展质量，是工业发展质量提升的重要表现。必须统筹好传统产业和新兴产业、劳动密集型产业和资本技术密集型产业、重化工业与轻工业、东部地区与中西部地区、大集团大企业与中小企业、国有企业与非国有企业等重要关系，优化生产要素配置。

第三，技术创新能力不断提高。技术创新是工业发展质量提高的源泉。提高技术创新能力，有助于实现内涵式发展，推动工业转型升级。在新一轮科技革命背景下，我国必须转变经济发展方式，建立、健全工业化的创新驱动机制，实现工业化动力从投资驱动向创新驱动的转变，进而形成创新驱动的现代化经济体系。提高工业发展质量，要求完善创新生态体系，实现创新链、产业链与资金链的有机统一，保障科研经费投入，促进科技成果的转化。

第四，资源节约和环境友好。实现工业经济与资源环境的和谐发展，是缓解资源约束矛盾的根本出路，是提高工业发展质量的前提。绿色发展是提升工业发展质量的重要要求，也是提高工业经济效益的具体表现之一。实践证明，粗放利用资源的发展模式只会加剧资源约束矛盾，以损害环境为代价的工业发展具有极强的社会负外部性。提升工业发展质量，必须提高资源利用效率，发展循环经济，有效控制污染排放。

第五，两化融合不断深化。随着新兴信息技术的产生和应用，工业互联网、大数据、人工智能、虚拟现实和实体经济深度融合，信息技术、

信息产品、信息资源、信息化标准等信息化要素在工业技术、工业品、工业装备、工业管理、工业基础设施、市场环境等各个层面的渗透与融合，既是推动工业转型升级的重要科技助力，也是优化工业管理系统的重要手段。

第六，人力资源结构优化和待遇提升。随着我国人口老龄化的加剧，劳动力成本上升，以廉价劳动力为特征的人口红利在不断消失。但随着改革开放后我国人均受教育水平的提高，劳动力质量明显改善，成为我国人口红利的新特征。提高工业发展质量，不仅要充分依托我国在人才和劳动力资源方面的巨大优势，特别是要关注人均受教育水平的提高，还要着眼于解决广大人民群众的就业与收入问题，在实现发展成果人民共享的同时，扩大内需，增强国内购买力。

二、研究意义

党的二十大报告指出："要坚持以推动高质量发展为主题，加快建设现代化经济体系，着力提高全要素生产率，建设现代化产业体系，坚持把发展经济的着力点放在实体经济上，推进新型工业化，加快建设制造强国、质量强国、航天强国、交通强国、网络强国、数字中国。"习近平总书记强调："必须坚定不移深化改革开放、深入转变发展方式，以效率变革、动力变革促进质量变革，加快形成可持续的高质量发展体制机制。"这些内容明确了效率变革、动力变革是质量变革的重要途径和手段，是工业高质量发展的根本遵循。

结合实际情况，我们认为对我国工业发展质量的评价，应从效率、动力和质量3个方面出发，综合考虑产业结构、协调发展、绿色发展、创新能力等多个维度。加强对工业发展质量的研究和评价，是推进工业转型升级的重要基础性工作之一，也是深入贯彻落实党的二十大和中央经济工作会议相关精神，实现制造强国战略的重要实践性工作之一，对我国工业经济实现高质量发展具有以下重要意义。

第一，研究和评价工业发展质量是科学衡量工业转型升级效果的迫切需要。加快工业转型升级已成为推进我国经济结构调整和发展方式转变的重大举措。工业转型升级主要体现在自主创新、结构优化、两化深度融合、绿色低碳、对外开放等诸多方面，其核心目标就是实现工业发展质量的不断提升。工业转型升级是一个系统性工程，单一指标难以准确、客观地衡量转型升级的效果。当前亟须构建一套能够全面、准确衡量我国工业发展质量的评价体系，引导地方政府和企业走内生增长、集约高效的发展道路。

第二，研究和评价工业发展质量是正确引导地方工业实现科学发展的有效手段。长期以来，片面追求规模、增速的指标扭曲了行业或地区工业发展的经济行为，在推动工业规模高速扩张的同时，引发了资源浪费、环境污染、产能过剩、产品附加值低、竞争力不强等深层次问题。加强对工业发展质量的评价，有利于引导各级政府实现工业增速与效益的统一，通过加大创新投入、优化产业结构、推进节能减排等措施改善工业整体素质，引导地方政府将工作重心转移到转变发展方式上。

第三，研究和评价工业发展质量是政府准确把握工业经济运行规律的内在要求。对工业发展质量的长期持续跟踪评价，有利于全面分析工业经济运行的中长期特点、趋势及影响因素，深刻剖析工业经济发展中的深层次问题和矛盾，准确把握工业经济运行的客观规律，进而在把握规律的基础上指导实践，提高政府决策的科学性与合理性。

因此，了解和掌握 2023 年我国工业相关政策，构建我国工业发展质量的评价体系，分析和评价全国和各省（区、市）的工业发展质量，以及工业大类行业的发展质量，探讨 2023 年我国工业发展质量的热点、重点和难点问题，展望工业发展存在的机遇与挑战，对促进我国新时代工业经济更高质量、更有效率、更可持续的发展具有重要意义。

第二章

评价体系

2024 年《政府工作报告》对大力推进现代化产业体系建设、加快发展新质生产力、推进新型工业化等作出系统部署，为我们推进新型工业化指明了方向和路径。习近平总书记强调："把高质量发展的要求贯穿新型工业化全过程，为中国式现代化构筑强大物质技术基础""完整、准确、全面贯彻新发展理念，坚持走中国特色新型工业化道路，加快建设制造强国，更好服务构建新发展格局、推动高质量发展、实现中国式现代化。"因此，必须深刻理解和把握推动高质量发展的理论意义、科学内涵，以新发展理念引领高质量发展。本章基于工业高质量发展的基本内涵，从工业高质量发展的主要特征出发来确定工业发展质量评价体系的基本框架和主要内容；同时，坚持以指标数据的可获取性为前提来保证评价结果的客观性。在构建工业发展质量评价体系时，坚持系统性、可比性、可测度、可扩展等原则，最终选取的指标涵盖速度效益、结构调整、技术创新、资源环境、两化融合、人力资源六大类，包含 20 项具体指标。本章详细介绍了工业发展质量评价体系的指标选取、指标权重、指标数据来源，以及工业发展质量时序指数和截面指数的测算方法，这些内容是后续测算工业发展质量指数的基础。

第一节　研究思路

党的二十大报告强调："推动经济实现质的有效提升和量的合理增长。"推动经济高质量发展需要统筹好质量和速度的关系，速度是质量的载体，没有一定的速度，质量就无从谈起。因此，速度是评价工业发展质量的重要前提。推动高质量发展，是保持经济持续健康发展的必然要求。工业企业效益状况作为判断经济形势、评价工业发展质量效益的重要依据，受关注程度不断提高，发挥作用越来越大。因此，要推动实现质量效益明显提升基础上的经济持续健康发展，质量效益成为工业发展的重要评价指标。习近平总书记强调："新发展理念和高质量发展是内在统一的。"高质量发展必须完整、准确、全面贯彻新发展理念，要使创新成为第一动力，协调成为内生特点，绿色成为普遍形态，开放成为必由之路，共享成为根本目的。因此，技术创新、结构优化、开放发展、可持续发展等指标均是评价工业发展质量的重要方面。为推进新型工业化，加快建设制造强国，我们构建并完善了一套工业发展质量评价体系，以科学监测我国工业发展质量，准确分析推动工业发展过程中存在的突出问题，提高工业竞争力和创新力。

工业发展质量评价体系的构建需要认真研究、不断尝试和逐步完善；必须在明确工业发展质量内涵的基础上，先选取能够反映当前发展阶段我国工业发展水平和质量的指标，再对数据进行处理，并对初步测算结果进行分析与验证，然后根据试评结果对工业发展质量评价体系进行必要的验证与调整，确立适合我国国情和工业化发展阶段的工业发展质量评价体系，最后应用于全国及各省（区、市）的工业发展质量评价中。中国工业发展质量研究思路如图 2-1 所示。

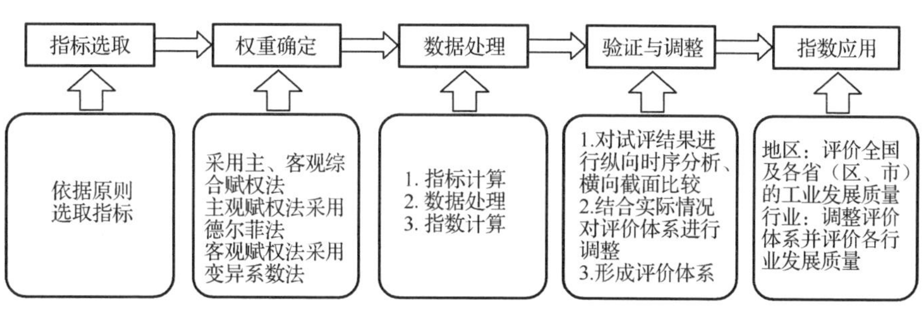

图 2-1 中国工业发展质量研究思路

（资料来源：赛迪智库整理，2024 年 5 月）

一、指标选取

根据工业发展质量的基本内涵，确定工业发展质量评价体系的基本框架和主要内容，并按内在逻辑要求选择有代表性的指标组成初步的指标框架体系。在确立上述指标框架体系的基础上，按照系统性、可比性、可测度、可扩展原则，选取具体指标。为保证评价结果的准确性和客观性，本书所需数据全部来源于国家统计局等权威机构发布的统计年鉴和研究报告。

二、权重确定

采用主、客观综合赋权法。其中，主观赋权法选用德尔菲法；客观赋权法选用变异系数法。这样不仅能够充分挖掘数据本身的统计意义，也能够充分利用数据指标的经济内涵。主、客观综合赋权法能够客观、公正、科学地反映各指标所占权重，具有较高的可信度。必须综合考虑主、客观赋权法，以确定指标权重。

三、数据处理

计算无法直接获取的二级指标，如高技术产品出口占比、就业人员平均受教育年限等。

（一）截面指数

将所有指标进行无量纲化处理，利用无量纲化数据和确定的权重，得到各省（区、市）的工业发展质量截面指数。

（二）时序指数

将所有指标换算为以 2012 年为基期的发展速度指标进行加权，得到全国及各省（区、市）工业发展质量时序指数。

四、验证与调整

确定工业发展质量评价体系后，对全国及各省（区、市）的工业发展质量进行试评。利用试评结果对工业发展质量进行纵向时序分析和横向截面比较，并结合全国及各省（区、市）的实际情况，发现工业发展质量评价体系存在的问题，对工业发展质量评价体系进行调整，直至形成科学、全面、准确的工业发展质量评价体系。

五、指数应用

利用调整后的工业发展质量评价体系，对全国及各省（区、市）的工业发展质量进行评价。通过分析评价结果，发现我国工业发展过程中存在的问题，并提出促进工业发展质量提升的对策建议。针对行业的实际情况，对部分不适合指标和不可获得指标进行剔除，得到适用于行业之间进行比较的行业发展质量评价体系，并利用实际数据评价行业发展质量。

第二节　基本原则

一、研究工业发展质量评价体系的指导原则

以创新、协调、绿色、开放、共享的新发展理念为指导，以质量效益明显提升为中心，以推进供给侧结构性改革为主线，加快构建以国内大循环为主体、国内国际双循环相互促进的新发展格局，坚定不移推动高质量发展，扎实推进新型工业化。紧紧围绕新型工业化道路的内涵和高质量发展的要求，聚焦制造强国战略的主要目标，在保证一定增长速度的前提下，推动工业实现更具效益的增长，结构不断优化升级，技术创新能力不断增强，资源环境不断改善，两化融合不断加深，人力资源优势得到更充分发挥。

二、工业发展质量评价体系指标的选取原则

应根据工业发展质量的基本内涵，确定工业发展质量评价体系的基本框架和主要内容，并按内在逻辑要求选取具有代表性的指标；以指标数据的可获取性为前提并保证评价结果的客观性；指标数据应全部来源于权威机构发布的统计年鉴或研究报告。

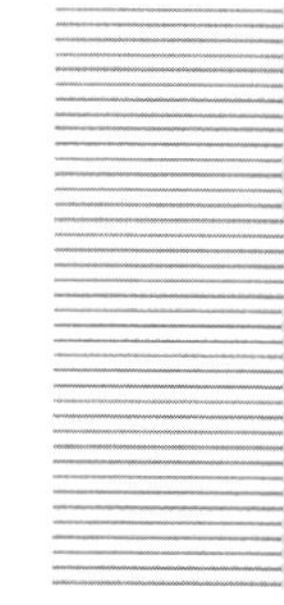

三、工业发展质量评价体系的构建原则

构建工业发展质量评价体系是开展工业发展质量评价工作的关键环节。针对工业发展质量的内涵和特征，在构建评价体系的过程中要遵循以下 4 个原则。

第一，系统性原则。工业发展质量涉及经济、社会、生态等诸多方面，但工业发展质量评价体系不可能无所不包。只有那些真正能够直接反映工业发展质量内在要求的要素，才能被纳入工业发展质量评价体系。同时，工业发展质量评价体系不应是一些指标和数据的简单堆砌与组合，而应是一个安排科学、结构合理、逻辑严谨的有机整体。

第二，可比性原则。对于指标的选取，必须充分考虑不同地区在产业结构、自然环境等方面的差异，尽可能选取具有共性的综合指标，以及代表不同经济含义的指标；在指标经过无量纲化处理后，指标之间就可以相互比较；考虑总量指标不具备可比性，尽量选取均量指标，兼顾选取总量指标；尽量选取普适性指标，兼顾选取特殊指标。

第三，可测度原则。对于指标的选取，应充分考虑数据的可获取性和指标量化的难易程度；定量与定性相结合；既能全面反映工业发展质量的各种内涵，又能最大限度地利用统计资料和有关规范标准；采取各种直接的或间接的计算方法将指标加以量化，否则就会失去指标本身的含义和使用价值。

第四，可扩展原则。对于指标的选取，要突出现阶段工业发展的战略导向，构建出符合工业转型升级、两化深度融合等新形势及新要求的工业发展质量评价体系。同时，由于受统计指标、数据来源等多种因素制约，建立工业发展质量评价体系不宜过分强调它的完备性。对于暂时无法纳入工业发展质量评价体系的指标，要根据实际需要和可能，逐渐将其完善和补充到工业发展质量评价体系中。

第三节　工业发展质量评价体系

一、概念

工业发展质量评价指标是指能够反映工业经济发展质量、效益等方面的各项具体数据。这些数据按照一定的目的和方式进行组织而形成的指标集合，就构成了工业发展质量评价体系。工业发展质量评价体系能够比较科学、全面、客观地向人们提供工业发展质量的相关信息。

二、作用

工业发展质量评价体系不仅能够反映我国工业经济与社会发展的健康程度，还能够指导我国走好新型工业化道路，更有利于我国国民经济的持续稳定增长。

工业发展质量评价体系具有以下三大作用。

第一，描述与评价功能。工业发展质量评价体系可以对工业经济的发展质量进行具体描述，使人们对工业经济高质量发展的现状一目了然。

第二，监测和预警功能。工业发展质量评价体系可以监测战略目标的完成情况和政策实施的效果，并可以为防止经济、社会和资源环境危害的产生提供预警信息。

第三，引导和约束功能。工业发展质量评价体系对于各地区的工业发展具有一定的导向作用，可以使类似省（区、市）之间进行比较。

总之，工业发展质量评价体系是评价工业经济与社会、资源、环境等之间关系的量化工具。为了实现工业经济可持续发展的目标，我国有必要利用好这个工具，对工业发展的过程进行监测和评价、指导和监督、规范和约束。当然，工业发展阶段和水平是动态变化的，其评判标准并非一成不变，工业发展质量评价体系也应不断完善和更新。

三、框架设计

（一）指标选取

必须在准确理解和把握工业发展质量内涵的基础上，进行工业发展质量评价体系的框架设计。根据对工业发展质量内涵的理解和工业发展质量评价指标选取的基本原则，本书构建了由速度效益、结构调整、技术创新、资源环境、两化融合、人力资源六大类（一级指标）、20 项具体指标（二级指标）组成的中国工业发展质量评价体系（见表 2-1）。

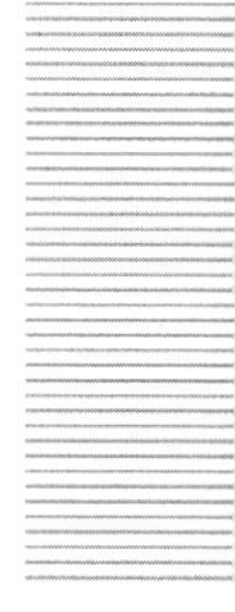

表 2-1　中国工业发展质量评价体系

<table>
<tr><th>总　指　标</th><th>一　级　指　标</th><th>二　级　指　标</th></tr>
<tr><td rowspan="21">工业发展质量</td><td rowspan="4">速度效益</td><td>规上工业增加值增速</td></tr>
<tr><td>工业企业资产负债率</td></tr>
<tr><td>工业成本费用利润率</td></tr>
<tr><td>工业营业收入利润率</td></tr>
<tr><td rowspan="4">结构调整</td><td>高技术制造业主营业务收入占比</td></tr>
<tr><td>制造业 500 强企业占比</td></tr>
<tr><td>规上小型工业企业收入占比</td></tr>
<tr><td>新产品出口占货物出口额比重</td></tr>
<tr><td rowspan="4">技术创新</td><td>工业企业 R&D 经费投入强度</td></tr>
<tr><td>工业企业 R&D 人员投入强度</td></tr>
<tr><td>单位工业企业 R&D 经费支出发明专利数</td></tr>
<tr><td>工业企业新产品销售收入占比</td></tr>
<tr><td rowspan="2">资源环境</td><td>单位工业增加值能耗</td></tr>
<tr><td>单位工业增加值用水量</td></tr>
<tr><td rowspan="3">两化融合</td><td>电子信息产业占比</td></tr>
<tr><td>两化融合水平</td></tr>
<tr><td>宽带人均普及率</td></tr>
<tr><td rowspan="3">人力资源</td><td>工业城镇单位就业人员平均工资增速</td></tr>
<tr><td>第二产业全员劳动生产率</td></tr>
<tr><td>就业人员平均受教育年限</td></tr>
</table>

资料来源：赛迪智库整理，2024 年 5 月。

需要说明的是，由于工业发展质量的内涵十分丰富，涉及领域较多，并且关于工业发展质量的研究仍然在不断探索和完善中，目前社会各界对如何评价工业发展质量还没有形成统一的认识。因此，构建工业发展质量评价体系是一项需要不断探索和长期实践，且极富挑战性的工作。经过近几年的摸索和调整，目前，工业发展质量评价体系已相对稳定，未来会根据经济发展需要和数据可获取情况对其进行微调。

（二）指标阐释

根据框架设计，工业发展质量评价体系主要可分为如下六大类一级指标。

第一，速度效益类。发展速度和经济效益是反映一个国家或地区工业发展质量的重要方面。这里主要选取了规上工业增加值增速、工业企业资产负债率、工业成本费用利润率和工业营业收入利润率 4 项指标（见表 2-2）。

表 2-2　速度效益类指标及说明

指　　标	计算公式	说　　明
规上工业增加值增速	$\left(\frac{\text{当年工业增加值}}{\text{上年工业增加值}}-1\right)\times 100\%$	反映规模以上工业增加值的增长速度
工业企业资产负债率	$\frac{\text{负债总额}}{\text{资产总额}}\times 100\%$	反映工业企业利用债权人提供的资金从事经营活动的能力，也反映工业企业经营风险的大小
工业成本费用利润率	$\frac{\text{工业利润总额}}{\text{工业成本费用总额}}\times 100\%$	反映工业企业投入的生产成本及费用的经济效益，也反映工业企业降低成本所取得的经济效益
工业营业收入利润率	$\frac{\text{规上工业利润总额}}{\text{规上工业营业收入}}\times 100\%$	反映工业企业经营业务的获利能力

资料来源：赛迪智库整理，2024 年 5 月。

第二，结构调整类。产业结构的优化和升级是走新型工业化道路的必然要求，对于工业经济的高质量发展具有重要意义。这里主要选取了高技术制造业主营业务收入占比、制造业 500 强企业占比、规上小型工业企业收入占比和新产品出口占货物出口额比重 4 项指标（见表 2-3）。

表 2-3　结构调整类指标及说明

指　　标	计算公式	说　　明
高技术制造业主营业务收入占比	$\frac{\text{高技术制造业主营业务收入}}{\text{工业主营业务收入}}\times 100\%$	一定程度上能够反映我国产业结构的优化程度

续表

指　标	计 算 公 式	说　明
制造业 500 强企业占比	世界 500 强企业中的中国企业数量占比或中国制造业企业 500 强中的各省（区、市）企业数量占比	反映具有国际竞争力的大中型工业企业发展状况及产业组织结构
规上小型工业企业收入占比	$\frac{规上小型工业企业收入}{规上工业企业收入}\times100\%$	反映规模以上小型工业企业的发展活力
新产品出口占货物出口额比重	$\frac{新产品出口额}{货物出口额}\times100\%$	反映国家或地区货物出口结构的优化程度

资料来源：赛迪智库整理，2024 年 5 月。

第三，技术创新类。创新是第一动力，是我国走内涵式发展道路的根本要求，也是我国工业转型升级的关键环节。这里主要选取了工业企业 R&D 经费投入强度、工业企业 R&D 人员投入强度、单位工业企业 R&D经费支出发明专利数和工业企业新产品销售收入占比 4 项指标（见表 2-4）。

表 2-4　技术创新类指标及说明

指　标	计 算 公 式	说　明
工业企业 R&D 经费投入强度	$\frac{工业企业R\&D经费支出}{工业企业主营业务收入}\times100\%$	反映规模以上工业企业研发经费的投入强度
工业企业 R&D 人员投入强度	$\frac{工业企业R\&D人员数}{工业企业从业人员年平均人数}\times100\%$	反映规模以上工业企业研发人员的投入强度
单位工业企业 R&D 经费支出发明专利数	$\frac{工业企业发明专利申请数}{工业企业R\&D经费支出}$	反映规模以上工业企业单位研发经费投入所创造的科技成果的实力
工业企业新产品销售收入占比	$\frac{新产品主营业务收入}{工业企业主营业务收入}\times100\%$	反映规模以上工业企业自主创新成果转化能力及产品结构

资料来源：赛迪智库整理，2024 年 5 月。

第四，资源环境类。加强资源节约和综合利用，积极应对气候变化，是加快转变经济发展方式的重要着力点，也是实现工业可持续发展的内在要求。限于数据的可获取性和数据公布的及时性，这里主要选取了单位工业增加值能耗、单位工业增加值用水量 2 项指标（见表 2-5）。

表 2-5　资源环境类指标及说明

指　　标	计 算 公 式	说　　明
单位工业增加值能耗	$\frac{\text{工业能源消费总量}}{\text{不变价工业增加值}}$	反映工业生产节约能源情况和利用效率
单位工业增加值用水量	$\frac{\text{工业用水总量}}{\text{不变价工业增加值}}$	反映工业生产过程中水资源的利用效率

资料来源：赛迪智库整理，2024 年 5 月。

第五，两化融合类。两化融合是我国走新型工业化道路的必然要求，也是提高工业发展质量的重要支撑。根据数据可获取原则，这里主要选取了电子信息产业占比、两化融合指数、宽带人均普及率 3 项指标（见表 2-6）。我们认为，电子信息产业发展的好坏，与地方产业结构轻量化、高级化有高度相关性。

表 2-6　两化融合类指标及说明

指　　标	计 算 公 式	说　　明
电子信息产业占比	$\frac{\text{电子信息制造业收入}}{\text{规上工业营业收入}}\times 50\%+\frac{\text{软件业务收入}}{\text{GDP}}\times 50\%$	反映地区电子信息制造业和软件业的发展程度和水平，体现工业化与信息化的发展水平
两化融合指数	《中国两化融合发展数据地图》公布，包括单项应用、综合集成、协同与创新三个一级指标，评估内容主要是产品、企业管理、价值链三个维度	反映地区两化融合发展水平和发展进程，体现新时代两化融合发展的新目标、新内容、新要求
宽带人均普及率	$\frac{\text{互联网宽带接入用户数}}{\text{年末人口数}}\times 100\%$	宽带是信息化的基础，是两化融合的关键，宽带人均普及率能够反映区域两化融合基础设施建设效果

资料来源：赛迪智库整理，2024 年 5 月。

第六，人力资源类。人才是第一资源。人力资源是知识经济时代经济增长的重要源泉，也是我国建设创新型国家的基础和加速推进我国工业转型升级的重要动力。这里主要选取了工业城镇单位就业人员平均工资增速、第二产业全员劳动生产率和就业人员平均受教育年限 3 项指标来反映人力资源情况（见表 2-7）。

表 2-7　人力资源类指标及说明

指　标	计算公式	说　明
工业城镇单位就业人员平均工资增速	$\left(\frac{当年工业企业职工平均工资}{上年工业企业职工平均工资}-1\right)\times100\%$	体现一定时期内工业企业职工以货币形式得到的劳动报酬的增长水平，反映工业发展对改善民生方面的贡献
第二产业全员劳动生产率	$\frac{不变价第二产业增加值}{第二产业就业人员数}$	综合反映第二产业的生产技术水平、经营管理水平、职工技术熟练程度和劳动积极性
就业人员平均受教育年限	就业人员小学学历占比×6+就业人员初中学历占比×9+就业人员高中学历占比×12+就业人员大专及以上学历占比×16	能够较好地反映就业人员的总体素质

资料来源：赛迪智库整理，2024 年 5 月。

第四节　评价方法

一、指数构建方法

指数是综合反映由多种因素组成的经济现象在不同时间和空间条件下平均变动的相对数。从不同角度，统计指数可以被分为不同的种类：按照所反映现象的特征不同，可分为质量指标指数和数量指标指数；按照所反映现象的范围不同，可分为个体指数和总指数；按照所反映对象的对比性质不同，可分为动态指数和静态指数。

本书通过构建工业发展质量时序指数来反映全国及各省（区、市）工业发展质量的时序变化情况，旨在进行自我评价；通过构建工业发展质量截面指数来反映全国行业发展质量、地方工业发展质量在某个时点上的截面比较情况，旨在进行对比评价。按照统计指数的分类，工业发展质量时序指数即动态指数中的定基指数；工业发展质量截面指数即静态指数；在上述过程中计算的速度效益、结构调整等指数，即个体指数。

（一）时序指数的构建

首先，以 2012 年为基期计算 2012—2022 年全国及各省（区、市）各项指标的发展速度。然后，根据所确定的权重，对各年发展速度加权计算，得到全国及各省（区、市）工业发展质量时序指数和分类指数。

（二）截面指数的构建

首先，按照式（2-1）将 2012—2022 年各省（区、市）的原始指标进行无量纲化处理。然后，按照式（2-2）和式（2-3）进行加权求和，分别得到各省（区、市）工业发展质量截面指数和分类指数。

$$X'_{ijt}=\frac{X_{ijt}-\min\{X_{jt}\}}{\max\{X_{jt}\}-\min\{X_{jt}\}} \tag{2-1}$$

$$\mathrm{IDQI}_{it}=\frac{\sum_{j=1}^{20}X'_{ijt}W_j}{\sum_{j=1}^{20}W_j} \tag{2-2}$$

$$I_{it}=\frac{\sum X'_{ijt}W_j}{\sum W_j} \tag{2-3}$$

式中，i 代表各省（区、市）；j 代表 20 项二级指标；X_{ijt} 代表 t 年 i 省（区、市）j 指标；$\max\{X_{jt}\}$ 和 $\min\{X_{jt}\}$ 分别代表 t 年 j 指标的最大值和最小值；X'_{ijt} 代表 t 年 i 省（区、市）j 指标的无量纲化指标值；W_j 代表 j 指标的权重；IDQI_{it} 代表 t 年 i 省（区、市）的工业发展质量截面指数；I_{it} 代表 t 年 i 省（区、市）的分类指数。其中，分类指数的权重为该分类指数所对应指标的权重。

需要说明的是，由于全国工业发展质量无须做截面比较，因此全国工业发展质量指数是时序指数。

二、权重确定方法

在工业发展质量评价体系中，权重确定是一项十分重要的内容，因为权重直接关系到评价结果的准确性与可靠性。从统计学上来看，权重确定一般分为主观赋权法和客观赋权法。其中，前者一般包括德尔菲法（Delphi Method)、层次分析法（Analytic Hierarchy Process，AHP）等；后者一般包括主成分分析法、变异系数法、离差及均方差法等。

主观赋权法的优点在于能够充分利用专家对于各指标的内涵说明及其相互之间关系的经验判断，并且简便易行，但存在因评价主体偏好不同有时会有较大差异这一缺陷；客观赋权法的优点在于不受主观因素的影响，能够充分挖掘指标数据本身所蕴含的信息，但存在有时会弱化指标的内涵及其现实意义这一缺陷。由于主观赋权法的经验性较强及客观赋权法的数据依赖性较强，本书利用德尔菲法和变异系数法进行主、客观综合赋权。

选择变异系数法的原因：从工业发展质量评价体系中的各项指标来看，差异越大的指标越重要，因为它更能反映各地区工业发展质量的差异。如果全国及各省（区、市）的某项指标没有多大差别，则没有必要将其作为一项衡量的指标。所以，对于差异大的指标要赋予更大的权重。

权重的测算过程如下。首先，按照式（2-4）计算各项指标的变异系数。然后，按照式（2-5）计算各项指标的客观权重。最后，综合考虑由德尔菲法得到的主观权重和由变异系数法得到的客观权重，得到各项指标的最终权重。

$$V_{jt} = \frac{\sigma_{jt}}{X_{jt}} \quad (2\text{-}4)$$

$$W_{jt} = \frac{V_{jt}}{\sum_{j=1}^{19} V_{jt}} \quad (2\text{-}5)$$

式中，V_{jt}代表t年j指标的变异系数；σ_{jt}代表t年j指标的标准差；$\bar{X}_{jt}$代表t年j指标的均值；W_{jt}代表t年j指标的权重；W_j代表j指标的最终权重。

第五节 数据来源及说明

一、数据来源

本书所使用的数据主要来源于国家统计局发布的历年《中国统计年鉴》《中国高技术产业统计年鉴》《中国劳动统计年鉴》等，各省（区、市）统计局发布的历年地方统计年鉴，工业和信息化部发布的电子信息制造业年度统计数据，中国企业联合会和中国企业家协会联合发布的《中国制造业企业500强》榜单等。

二、研究对象

有些省（区、市）的数据不宜参与本评价，如西藏自治区缺失数据较多，港、澳、台地区的数据来源有限。因此，本书的最终研究对象为全国及30个省（区、市）。

三、指标说明

第一，部分指标调整为不变价。由于历年统计年鉴没有直接公布全国及各省（区、市）单位工业增加值能耗、单位工业增加值用水量数据，所以为保证时序指数在时间维度上的可比性，我们利用各地历年统计年鉴中的工业增加值、工业增加值指数、工业能耗总量、工业用水量数据，计算得到30个省（区、市）以2015年为不变价的单位工业增加值能耗和单位工业增加值用水量。在计算第二产业全员劳动生产率时，将第二产业增加值数据调整为2015年不变价，以保证时序指数能够真实反映走势情况。在计算单位工业企业R&D经费支出发明专利数时，采用R&D价格指数进行平减。该指数由工业生产者出厂价格和消费者价格指数按等权合成。

第二，部分指标统计口径调整。由于从2019年开始只公布营业收入，不再公布主营业务收入，因此涉及主营业务收入的指标，自2018年起均改为营业收入。由于两化融合水平的衡量指标由往年的两化融合水平改为两化融合指数，统计口径发生变化，因此对往年两化融合数据进行了调整。

第三，部分指标在衡量全国及分省（区、市）时进行差异化设定。制造业 500 强企业占比这一指标，衡量全国时是用世界 500 强企业中的中国企业数量占比，在衡量地方时是用中国企业联合会和中国企业家协会联合发布的历年中国制造业企业 500 强中的各省（区、市）企业数量占比。

第四，部分指标逆向调整。由于单位工业增加值能耗、单位工业增加值用水量、工业企业资产负债率是逆向指标，因此在指数计算过程中我们对其进行取倒数处理，以便于统一分析。

全　国　篇

第三章 全国工业发展质量分析

在第二章构建的工业发展质量评价体系的基础上，本章测算了2012—2022 年全国工业发展质量总指数及分类指数，并分析了全国工业发展质量分类指数对全国工业发展质量总指数的贡献率。结果显示，2012—2022 年，全国工业发展质量总指数呈逐年提升趋势，从 2012 年的 100.0 上涨至 2022 年的 167.2，年均增速为 5.3%。这表明党的十八大以来，我国工业发展质量稳步提升。

从全国工业发展质量分类指数来看，全国工业发展质量的六大分类指数整体呈上升趋势。其中，两化融合指数、技术创新指数、资源环境指数提升较快，年均增速分别为 8.0%、6.9%、6.8%，快于全国工业发展质量总指数年均增速；速度效益指数、结构调整指数、人力资源指数提升较慢，年均增速分别为 1.8%、3.9%、5.1%，低于全国工业发展质量总指数年均增速。

从全国工业发展质量分类指数对全国工业发展质量总指数的影响来看，与 2012 年相比，2022 年全国工业发展质量的六大分类指数对工业发展质量总指数的贡献率和拉动作用差别较大。其中，技术创新指数和两化融合指数对全国工业发展质量总指数的贡献率较高，均超过25%；结构调整指数、资源环境指数、人力资源指数对全国工业发展质量总指数的贡献率均超过 10%；速度效益指数对全国工业发展质量总指数的贡献率低于 10%。

第一节　全国工业发展质量总指数走势分析

利用本书所构建的工业发展质量评价体系，根据主、客观综合赋权法，按照时序指数计算方法，得到 2012—2022 年全国工业发展质量总指数及分类指数（见表 3-1）。根据表 3-1 的最后一行数据绘制 2012—2022 年全国工业发展质量总指数走势图（见图 3-1）。需要说明的是，由于全国工业发展质量无须做截面比较，因此全国工业发展质量总指数为时序指数。

表 3-1　2012—2022 年全国工业发展质量总指数及分类指数

	2012	2013	2014	2015	2016	2017	2018	2019	2020	2021	2022	2012—2022 年年均增速
速度效益	100.0	101.8	101.1	101.6	105.8	111.3	114.7	112.1	114.5	124.7	119.9	1.8%
结构调整	100.0	108.9	114.4	120.7	129.1	131.4	134.5	137.9	147.4	147.6	147.2	3.9%
技术创新	100.0	104.6	109.2	112.0	119.5	130.9	149.1	159.8	174.1	176.8	194.0	6.9%
资源环境	100.0	99.6	107.6	114.6	122.6	130.6	137.9	145.3	162.9	175.2	192.4	6.8%
两化融合	100.0	105.0	110.4	125.0	134.6	147.4	160.2	173.2	185.2	197.8	216.3	8.0%
人力资源	100.0	105.7	111.4	117.1	122.6	129.7	138.2	145.4	147.4	156.9	163.7	5.1%
工业发展质量总指数	100.0	104.5	108.6	114.2	121.2	128.8	137.5	143.3	152.4	159.6	167.2	5.3%

资料来源：赛迪智库整理，2024 年 5 月。

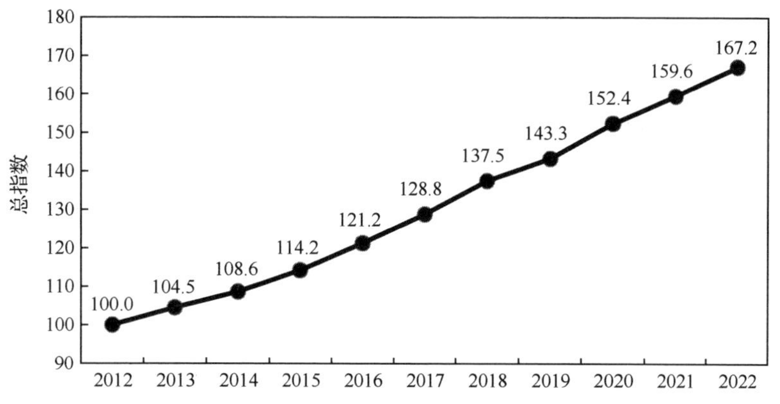

图 3-1　2012—2022 年全国工业发展质量总指数走势图

（资料来源：赛迪智库整理，2024 年 5 月）

结合表3-1和图3-1，2012—2022年，全国工业发展质量总指数呈逐年提升趋势，从2012年的100.0上涨至2022年的167.2，年均增速为5.3%。这表明党的十八大以来，我国工业发展质量稳步提升。

从增速来看，党的十八大以来我国经济逐步进入新常态，工业经济从高速增长转入中速增长，2012—2022年规上工业增加值年均增速为6.4%。2020年，受新冠病毒感染影响，我国规上工业增加值增速回落至2.8%，虽然增速较往年有较大幅度回落，但我国是全球唯一实现经济正增长的主要经济体。2021年，我国工业经济继续快速恢复，规上工业增加值同比增长9.6%，反弹至2013年以来的新高。2022—2023年规上工业增加值平均增长4.1%，增速有所放缓，较2019年回落1.6个百分点。

从结构来看，2012年以来我国产业结构不断优化，产业新动能加速释放。2022年，我国高技术制造业增加值同比增长7.4%，增速高出规上工业3.8个百分点，占规上工业增加值的比重为15.5%；装备制造业增加值较上年增长5.6%，增速高出规上工业2.0个百分点，占规上工业增加值的比重为31.8%。

从国际来看，2012年以来我国工业品的国际竞争力显著增强。在我国，制造业产出规模稳居世界第一，工业品出口结构不断优化，中高端工业品的国际竞争力持续增强。2022年，我国规上工业企业实现出口交货值超过15.3万亿元，同比增长5.5%，2020—2022年平均增长7.4%，较2019年加快6.1个百分点。其中，汽车、电气机械技术密集型行业出口交货值当年同比增速分别为30%、14.9%，2020—2022年平均增速分别为21.6%、13.4%，增速遥遥领先规上工业平均水平。

综上，2012年以来，我国工业经济整体保持中速增长，工业企业效益逐步改善，产业结构调整取得积极成效，技术创新能力不断提升，两化融合水平继续提高，资源环境有所改善，人力资源水平明显改善。从整体来看，我国工业发展质量稳步提高。

第二节　全国工业发展质量分类指数分析

第三章第一节分析了2012—2022年全国工业发展质量总指数走势，本节着重分析全国工业发展质量分类指数的走势及其影响因素。

一、全国工业发展质量分类指数走势及其对总指数的影响

（一）评价结果分析

2012—2022 年全国工业发展质量的六大分类指数整体呈上升趋势（见图 3-2）。其中，两化融合指数、技术创新指数、资源环境指数提升较快，年均增速分别为 8.0%、6.9%、6.8%，快于全国工业发展质量总指数年均增速；速度效益指数、结构调整指数、人力资源指数提升较慢，年均增速分别为 1.8%、3.9%、5.1%，低于全国工业发展质量总指数年均增速。从全国工业发展质量分类指数对全国工业发展质量总指数的影响看，与 2012 年相比，2022 年全国工业发展质量的六大分类指数对工业发展质量总指数的贡献率和拉动作用差别较大。其中，技术创新指数和两化融合指数对全国工业发展质量总指数的贡献率较高，均超过 25%；结构调整指数、资源环境指数、人力资源指数对全国工业发展质量总指数的贡献率均超过 10%；速度效益指数对全国工业发展质量总指数的贡献率低于 10%（见表 3-2）。

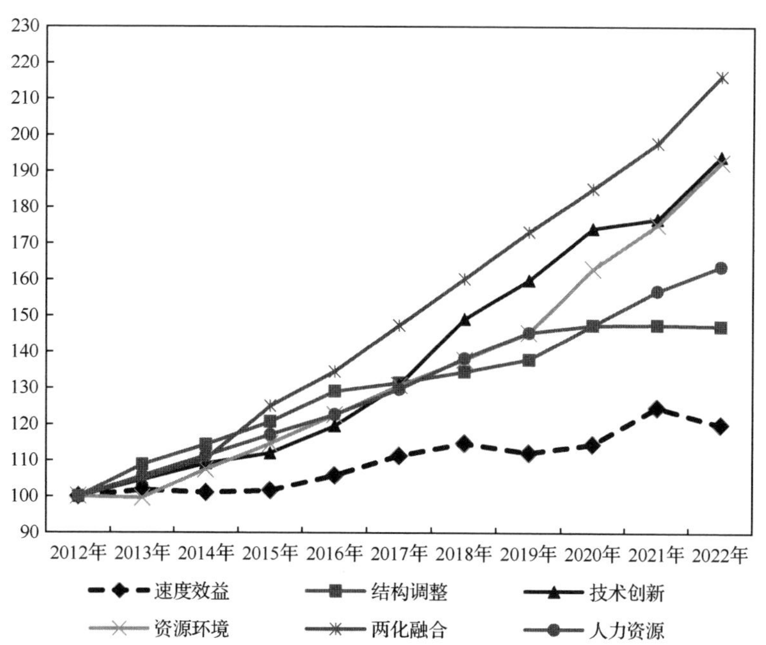

图 3-2　2012—2022 年全国工业发展质量分类指数

（资料来源：赛迪智库整理，2024 年 5 月）

表 3-2　2022 年全国工业发展质量分类指数对全国工业发展质量总指数的贡献率和拉动作用

	速度效益	结构调整	技术创新	资源环境	两化融合	人力资源	合计
贡献率/%	6.8	14.1	28.0	13.8	26.0	11.4	100.0
拉动/百分点	0.4	0.7	1.5	0.7	1.4	0.6	5.3

注：表中数据经四舍五入，累加后数值与实际“合计”数值可能会有偏差，未做机械调整。特此说明，全书同。

资料来源：赛迪智库整理，2024 年 5 月。

（二）原因分析

1. 技术创新

第一，从创新投入来看，我国工业企业 R&D 经费投入强度和工业企业 R&D 人员投入强度都持续提高。2022 年，我国规上工业企业 R&D 经费支出达 19361.8 亿元，与营业收入之比达到 1.45%，比 2012 年提升了约 0.7 个百分点。2022 年，我国规上工业企业 R&D 人员全时当量为 421.5 万人年，比 2012 年增加了 196.8 万人年；占工业平均用工人数的比重为 5.43%，比 2012 年提高了 3.08 个百分点。

第二，从创新产出来看，近些年我国工业企业专利数量不断攀升。2022 年我国规上工业企业专利申请数达到 1507296 件。其中，发明专利数为 554615 件；规上工业企业有效发明专利数为 1981098 件。专利数量的持续增长，反映出我国工业自主创新能力和水平日益提高。

2. 结构调整

2012 年以来，我国工业在结构调整方面取得显著成效。

第一，高技术制造业规模不断扩大。从收入来看，2022 年我国高技术制造业主营业务收入达到 22.3 万亿元，占规上工业主营业务收入的 16.8%，比 2012 年提高 5.8 个百分点。从增加值来看，2022 年，我国高技术制造业增加值占规上工业的比重为 15.5%，比 2012 年提高 6.1 个百分点，产业结构明显优化。

第二，工业企业组织结构不断优化。从大企业来看，2023 年发布的《财富》世界 500 强榜单中，我国有 142 家企业上榜。我国上榜企业

数量连续五年位居全球第一，我国大企业的国际竞争力稳步提高。从我国中小企业来看，2022 年年末，我国规上小型企业达到 426948 家，累计吸纳 3403.8 万人就业；我国小型企业数量和吸纳就业人数在规上工业企业中占比分别为 90.5%和 43.8%，较 2012 年分别提高 8.9 个和 10.7 个百分点。当前，我国中小企业已经成为支撑我国国民经济和社会发展的力量，在促进经济增长、保障就业稳定等方面发挥着不可替代的作用。可以预见，随着我国经济发展环境的逐步完善，大众创业、万众创新将成为我国经济增长的新引擎，我国中小企业特别是小微企业的发展将对宏观经济增长起到重要作用。

3. 人力资源

2012 年以来，我国就业人员的平均受教育年限稳步提高，职工工资水平不断提高，劳动生产率持续提升，人力资源水平明显提高。从工资增速来看，2022 年我国规上工业城镇单位就业人员平均工资达到 10.4 万元，较 2012 年增长 133.1%；从劳动生产率来看，2022 年我国第二产业全员劳动生产率（2015 年不变价）达到 19.0 万元/人，较 2012 年提高 92.3%；从平均受教育年限来看，2022 年我国就业人员平均受教育年限达到 10.4 年，比 2012 年增加 0.7 年。

4. 两化融合

近几年，我国在两化融合方面取得较大进展，电子信息产业收入占比、两化融合水平等都有明显突破。

第一，从电子信息产业的发展来看，2022 年我国规上电子信息制造业增加值同比增长 7.6%，增速超过工业增加值 4.0 个百分点；电子信息制造业收入同比增长 5.5%，增速较上年放缓 9.2 个百分点；电子信息产品出口交货值同比增长 1.8%，增速较上年放缓 10.9 个百分点；软件和信息技术服务业完成软件业务收入达 10.8 万亿元，同比增长 11.2%。

第二，从两化融合水平来看，2012 年以来我国两化融合程度稳步提高。2022 年我国规上工业企业关键工序数控化率和数字化研发设计工具普及率分别达到 58.6%和 77.0%，较 2012 年分别提高 34.0 个和 28.2 个百分点。

5. 速度效益

从规模和速度来看，2022 年我国全部工业增加值达到 39.5 万亿元，同比增长 3.6%；2020—2022 年我国全部工业增加值平均增长 5.3%；对 GDP 增长的贡献率保持在 36%以上。从经济效益来看，2022 年我国规上工业企业资产负债率为 57.4%，较 2012 年减少 0.6 个百分点，但较上年增加 0.9 个百分点；工业营业收入利润率为 6.3%，较 2012 年回落 0.4 个百分点，较上年回落 0.8 个百分点。可以看出，新冠病毒感染对企业效益的影响尚未消除，我国工业企业效益出现波动。

6. 资源环境

自 2012 年以来，我国主要工业行业能耗和水耗都显著下降。

首先，我国单位工业增加值能耗明显下降。党的十八大以来，我国单位工业增加值能耗（2015 年不变价）持续下降。2022 年，我国单位工业增加值能耗（2015 年不变价）为 0.97 吨标准煤/万元，较 2012 年累计下降 25.3%。

其次，我国单位工业增加值用水量快速下降。2022 年，我国工业用水总量降至 968.4 亿立方米，用水绝对量持续下降；单位工业增加值用水量（2015 年不变价）降至 28.44 立方米/万元，较 2012 年累计下降 60.2%。可见，我国工业用能和用水效率提升显著。

综上，党的十八大以来，我国工业发展取得了较大成绩，技术创新能力明显提升，两化融合不断深化，人力资源素质和待遇明显改善，资源利用效率持续提升，结构持续调整和优化，速度回落至中速增长水平，工业企业效益稳步提升。

二、全国工业发展质量分类指数影响因素分析

为清楚地看到影响全国工业发展质量分类指数的内部因素，本书计算了 2012—2022 年 20 项指标对全国工业发展质量分类指数的贡献率和拉动作用（见表 3-3）。

表 3-3　2012—2022 年 20 项指标对全国工业发展质量分类指数的贡献率和拉动作用

一级指标	二级指标	贡献率	拉动
速度效益	规上工业增加值增速/%	113.6%	2.1%
	工业企业资产负债率/%	1.0%	0.0%

续表

一级指标	二级指标	贡献率	拉动
速度效益	工业成本费用利润率/%	-7.7%	-0.1%
	工业营业收入利润率/%	-6.9%	-0.1%
	合计	100.0%	1.8%
结构调整	高技术制造业主营业务收入占比/%	33.2%	1.3%
	制造业500强企业占比/%	50.6%	2.0%
	规上小型工业企业收入占比/%	-0.1%	0.0%
	新产品出口占货物出口额比重/%	16.3%	0.6%
	合计	100.0%	3.9%
技术创新	工业企业R&D经费投入强度/%	27.9%	1.9%
	工业企业R&D人员投入强度/%	41.9%	2.9%
	单位工业企业R&D经费支出发明专利数/（件/亿元）	7.5%	0.5%
	工业企业新产品销售收入占比/%	22.7%	1.6%
	合计	100.0%	6.9%
资源环境	单位工业增加值能耗/（吨标准煤/万元）	18.4%	1.2%
	单位工业增加值用水量/（立方米/万元）	81.6%	5.5%
	合计	100.0%	6.8%
两化融合	电子信息产业占比/%	22.5%	1.8%
	两化融合水平/%	13.6%	1.1%
	宽带人均普及率/%	63.9%	5.1%
	合计	100.0%	8.0%
人力资源	工业城镇单位就业人员平均工资增速/%	34.8%	1.8%
	第二产业全员劳动生产率/（万元/人）	60.4%	3.0%
	就业人员平均受教育年限/年	4.8%	0.2%
	合计	100.0%	5.1%

资料来源：赛迪智库整理，2024年5月。

2012—2022年，在全国工业发展质量的六大分类指数中，两化融合指数、技术创新指数、资源环境指数增长较快。其中，两化融合指数主要是由宽带人均普及率和电子信息产业占比联合拉动的，它们对两化融合指数的贡献率分别为63.9%和22.5%，拉动两化融合指数分别提升

5.1个和1.8个百分点。技术创新指数显著提升，主要是由工业企业R&D人员投入强度、工业企业R&D经费投入强度，以及工业企业新产品销售收入占比提高联合驱动的，它们对技术创新指数的贡献率分别为41.9%、27.9%和22.7%。资源环境指数增长主要是由单位工业增加值用水量下降推动的，它对资源环境指数的贡献率高达81.6%。

人力资源指数、结构调整指数和速度效益指数增长低于全国工业发展质量总指数。其中，人力资源指数主要是由第二产业全员劳动生产率及工业城镇单位就业人员平均工资增速所共同带动的，它们对人力资源指数的贡献率分别为60.4%和34.8%。结构调整指数增长主要是由制造业500强企业占比持续提高、高技术制造业主营业务收入占比提高联合推动的，它们对结构调整指数的贡献率分别为50.6%和33.2%；分别拉动结构调整指数增长2.0个和1.3个百分点。速度效益指数增长缓慢，且主要靠规上工业增加值增速带动，其对速度效益指数的贡献率高达113.6%。

第四章

工业大类行业发展质量分析

本章通过构建工业大类行业发展质量评价体系，对 2015—2022 年我国工业大类行业发展质量进行评价。该评价体系涵盖速度效益和技术创新两大类、8 项具体指标。基于该评价体系从横向和纵向分别计算截面指数和时序指数，以便于分别评价工业大类行业发展质量水平和提升速度。评价结果表明，装备制造业在技术创新的带动下，发展质量水平普遍较高，但质量提升速度亟待加快；消费品中大多数行业属于传统劳动密集型行业，个别行业质量水平较高，大部分行业速度效益和技术创新水平均一般，质量提升速度也有待加快，持续发展压力较大；采矿业受技术创新的制约，发展质量水平整体一般；原材料行业在速度效益提升方面呈现较大的行业间差异，导致发展质量提升速度明显分化。

第一节　评价体系构建与数据收集

一、指标选取

行业和地区通常是工业发展质量评价的两个维度，而在省（区、市）的工业发展质量评价体系中，部分指标不适用于工业大类行业发展质量评价，如结构调整类指标。同时，对于资源环境、两化融合、人力资源类指标，大部分行业未公布统计数据或难以收集数据，且由于行业自身特点，对这几类指标在行业间比较意义不大。因此，为了体现工业大类行业间的主要差异和特色，本书仅构建速度效益和技术创新两大类、8 项具体指标的评价体系（见表 4-1）。

表 4-1　工业大类行业发展质量评价指标及说明

指　标	计 算 公 式	说　明
规上工业增加值增速	$\left(\frac{\text{当年工业增加值}}{\text{上年工业增加值}}-1\right)\times100\%$	反映规模以上工业增加值的增长速度
工业劳动生产率	$\frac{\text{规上工业营业收入}}{\text{规上工业从业人数}}\times100\%$	反映单位从业人员创造的营业收入；反映工业企业生产技术水平、经营管理水平、职工技术熟练程度和劳动积极性
工业成本费用利润率	$\frac{\text{工业利润总额}}{\text{工业成本费用总额}}\times100\%$	反映工业企业投入的生产成本及费用的经济效益；反映工业企业降低成本所取得的经济效益
工业营业收入利润率	$\frac{\text{规上工业利润总额}}{\text{规上工业营业收入}}\times100\%$	反映工业企业所营业务的获利能力
工业企业 R&D 经费投入强度	$\frac{\text{规上R\&D经费支出}}{\text{规上工业营业收入}}\times100\%$	反映规模以上工业企业研发经费的投入强度
工业企业 R&D 人员投入强度	$\frac{\text{工业企业R\&D人员数}}{\text{工业企业从业人员年平均人数}}\times100\%$	反映规模以上工业企业研发人员的投入强度
单位工业企业 R&D 经费支出发明专利数	$\frac{\text{工业企业发明专利申请数}}{\text{工业企业R\&D经费支出}}$	反映不变价规模以上工业企业单位研发经费投入所创造的科技成果的实力
工业企业新产品销售收入占比	$\frac{\text{规上工业企业新产品营业收入}}{\text{规上工业营业收入}}\times100\%$	反映规模以上工业企业自主创新成果转化能力及产品结构

资料来源：赛迪智库整理，2024 年 5 月。

二、行业选取

根据国家统计局对国民经济行业的分类，我国工业大类行业分为 41 个。由于开采辅助活动业、其他采矿业、废弃资源综合利用业 3 个行业的部分指标数据缺失，故本评价体系仅对其他 38 个工业大类行业发展质量进行评价。

三、数据来源

表 4-1 中的规上工业增加值增速由国家统计局直接公布；表 4-1 中的另外 7 项指标数据均通过公式计算得出；原始数据全部来自国家统计局数据库、历年中国统计年鉴等。

第二节　工业大类行业发展质量指数分析

为突出行业发展特点，本章在确定指标权重时，对 8 项具体指标取相等权重。

从横向来看，对原始数据进行标准化，对 38 个工业大类行业 2015—2022 年发展质量、速度效益、技术创新截面指数均值进行排名，旨在比较工业大类行业发展质量水平。

从纵向来看，将原始数据调整为以 2015 年为基期，对 38 个工业大类行业 2015—2022 年的发展质量、速度效益、技术创新的年均增速，即时序指数进行排名，旨在反映 2015—2022 年工业大类行业发展质量提升速度（见表 4-2）。

表 4-2　38 个工业大类行业发展质量截面指数均值和时序指数排名

工业大类行业		截面指数均值排名			时序指数排名		
		发展质量	速度效益	技术创新	发展质量	速度效益	技术创新
装备制造业	仪器仪表制造业	2	8	1	22	13	25
	计算机、通信和其他电子设备制造业	3	16	3	23	10	28
	铁路、船舶、航空航天和其他运输设备制造业	5	31	2	35	25	33
	电气机械和器材制造业	6	14	6	26	15	26
	专用设备制造业	7	15	4	14	12	19

续表

工业大类行业		截面指数均值排名			时序指数排名		
		发展质量	速度效益	技术创新	发展质量	速度效益	技术创新
装备制造业	汽车制造业	8	11	8	33	24	27
	通用设备制造业	9	22	7	24	20	21
	金属制品业	19	27	14	17	26	13
消费品制造业	医药制造业	1	2	5	16	7	24
	烟草制品业	4	1	20	38	21	37
	化学纤维制造业	10	21	9	36	29	32
	酒、饮料和精制茶制造业	13	3	30	19	4	35
	印刷和记录媒介复制业	20	24	16	12	32	9
	食品制造业	22	12	25	20	22	20
	造纸和纸制品业	24	29	15	31	31	23
	家具制造业	26	33	17	8	27	6
	文教、工美、体育和娱乐用品制造业	31	35	24	18	23	15
	纺织业	32	37	22	29	38	16
	木材加工及木、竹、藤、棕、草制品业	34	34	28	11	37	7
	农副食品加工业	35	32	31	28	36	18
	皮革、毛皮、羽毛及其制品和制鞋业	37	36	29	7	35	4
	纺织服装、服饰业	38	38	27	27	33	17
原材料行业	化学原料和化学制品制造业	11	13	11	21	8	29
	橡胶和塑料制品业	14	28	12	13	28	11
	有色金属冶炼和压延加工业	17	19	19	25	6	31
	黑色金属冶炼和压延加工业	21	23	18	32	18	30

续表

工业大类行业		截面指数均值排名			时序指数排名		
		发展质量	速度效益	技术创新	发展质量	速度效益	技术创新
原材料行业	非金属矿物制品业	23	18	23	9	17	8
	石油加工、炼焦和核燃料加工业	28	9	33	37	34	36
采矿业	石油和天然气开采业	18	6	26	6	2	12
	有色金属矿采选业	27	5	32	5	3	5
	煤炭开采和洗选业	30	7	37	1	1	34
	非金属矿采选业	33	20	35	4	11	3
	黑色金属矿采选业	36	26	34	2	9	1
其他制造业	其他制造业	12	30	10	15	19	14
	金属制品、机械和设备修理业	15	25	13	34	5	38
电力、热力、燃气及水的生产和供给业	电力、热力的生产和供应业	16	17	21	30	30	22
	燃气的生产和供应业	25	4	38	3	16	2
	水的生产和供应业	29	10	36	10	14	10

资料来源：赛迪智库整理，2024 年 5 月。

从截面指数均值来看，工业大类行业发展质量呈现以下特点。

（1）装备制造业发展质量普遍较高。在国家统计局所统计的 8 个装备制造业中，除金属制品业外，其他行业发展质量均处于前列，这主要由于此类行业研发投入强度和创新产出效率较高。因此，印证了装备制造业和高技术产业在我国经济发展和科技创新中的重要战略地位。另一方面，2022 年装备制造业在速度效益方面的排名表现较上年变化不大，且这 8 个行业中有 4 个行业的排名保持不变。其中，汽车制造业、专用设备制造业的速度效益排名较上年有较大提升。

（2）多数消费品制造业发展质量不高。其中，酒、饮料和精制茶制造业以及烟草制品业由于行业特殊性，速度效益水平长期居于高位，带动其发展质量排名靠前；其他消费品制造业因为速度效益水平一般、技

术创新水平整体不高，导致其发展质量整体不高。值得一提的是，医药制造业发展质量排第 1 位，且其技术创新和速度效益分别排第 2 位和第 5 位。

（3）原材料行业和采矿业发展质量整体呈现分化的态势。有色金属矿采选业、石油和天然气开采业、煤炭开采和洗选业速度效益排名领先，分列第 5、6、7 位。由于技术创新排名靠后，采矿业整体发展质量排名靠后，仅石油和天然气开采业发展质量排名保持中游。在原材料行业中，化学原料和化学制品制造业、橡胶和塑料制品业、有色金属冶炼和压延加工业的发展质量继续保持中游。从速度效益来看，采矿业的速度效益排名继续保持前列。其中，煤炭开采和洗选业、石油和天然气开采业、黑色金属矿采选业、有色金属矿采选业等行业的速度效益排名均进入前 10 位；由于这些行业技术创新排名靠后，拖累其发展质量提升。

从时序指数来看，工业大类行业发展质量呈现以下特点。

（1）多数原材料行业和采矿业发展质量提升速度快。2015—2022 年发展质量年均增速排名靠前的行业中，超过一半是原材料和采矿等上游行业，其中采矿业排名全部进入前 10 位，推动采矿业发展质量加快提升。这主要由于近年来国际大宗商品价格上涨，此类行业速度效益水平大幅提升。此外，黑色金属矿采选业、有色金属矿采选业、非金属矿采选业、非金属矿物制品业的技术创新水平实现较大幅度提升，从而带动其发展质量提升。

（2）装备制造业发展质量提升速度有所改善。专用设备制造业、仪器仪表制造业、和金属制品业在速度效益的带动下，发展质量分别排在第 14 位、第 17 位和第 23 位，呈现了上升态势。在其余 6 个行业中，汽车制造业，铁路、船舶、航空航天和其他运输设备制造业在发展质量方面有所提升。但是铁路、船舶、航空航天和其他运输设备制造业在技术创新和速度效益方面提升相对较慢，拖累了其发展质量的提升。

（3）消费品制造业发展质量提升速度大多处于中下游水平。2015—2022 年，家具制造业，木材加工及木、竹、藤、棕、草制品业，印刷和记录媒介复制业，医药制造业，皮革、毛皮、羽毛及其制品和制鞋业，文教、工美、体育和娱乐用品制造业等行业发展质量提升速度较快，而其他行业发展质量提升速度排名普遍靠后。其中皮革、毛皮、羽毛及其制品和制鞋业，木材加工及木、竹、藤、棕、草制品业和纺织业在速度效益方面受到拖累，导致其整体发展质量提升速度排名靠后。

综上，不同类型的行业各有特点。装备制造业发展质量普遍较高，但提升速度不快；原材料行业和采矿业在速度效益方面提升明显，从而带动其发展质量快速提升；大多数消费品制造业属于劳动密集型行业，其发展质量不高，且其提升速度一般，可持续发展压力较大。

区　域　篇

第五章

四大区域工业发展质量分析

本章对我国东部、东北、中部和西部四大区域工业发展质量进行比较分析与评价，从而为区域协调发展战略的实施推进提供量化分析参考。根据四大区域工业发展质量截面指数测算结果：2012—2022 年，东部地区的工业发展质量具有显著的领先优势，稳居四大区域之首；中部地区工业发展质量总体呈稳步提升态势，紧紧追赶东部地区；西部地区和东北地区工业发展质量提升相对缓慢。此外，本章基于工业发展质量分类指数分析了四大区域工业发展质量指数变化的具体影响因素。

第一节　四大区域工业发展质量截面指数分析

基于第二章构建的工业发展质量评价体系和评价方法，我们测算出 2012—2022 年四大区域工业发展质量截面指数，并基于各省（区、市）工业发展质量的指标给出四大区域工业发展质量截面指数及其排名（见表 5-1 和表 5-2）。

表 5-1　2012—2022 年四大区域工业发展质量截面指数

区域	2012	2013	2014	2015	2016	2017	2018	2019	2020	2021	2022	2012—2022 年均值
东北地区	33.9	31.5	33.2	34.9	32.7	29.5	29.1	29.3	30.6	23.1	26.5	30.4
东部地区	51.5	50.8	54.6	57.3	56.1	51.4	51.7	53.0	52.8	48.2	48.7	52.4

续表

区域	2012	2013	2014	2015	2016	2017	2018	2019	2020	2021	2022	2012—2022年均值
西部地区	33.0	32.6	33.5	35.4	34.4	32.7	34.1	36.5	35.9	30.7	34.8	34.0
中部地区	36.1	36.0	38.4	41.5	40.3	38.5	41.6	45.5	44.1	37.9	42.8	40.2

资料来源：赛迪智库整理，2024年5月。

表5-2　2012—2022年四大区域工业发展质量截面指数排名

区域	2012	2013	2014	2015	2016	2017	2018	2019	2020	2021	2022	2012—2022年均值排名
东北地区	3	4	4	4	4	4	4	4	4	4	4	4
东部地区	1	1	1	1	1	1	1	1	1	1	1	1
西部地区	4	3	3	3	3	3	3	3	3	3	3	3
中部地区	2	2	2	2	2	2	2	2	2	2	2	2

资料来源：赛迪智库整理，2024年5月。

2012—2022年，东部地区以深化改革开放引领创新发展，工业发展质量始终处于领先地位；中部地区持续推进“中部崛起”“长江经济带发展”战略，工业发展质量有明显提升，逐步缩小了与东部地区的差距；西部地区大开发不断开创新局面，以“一带一路”建设释放对外开放新活力，工业发展质量有所提升；东北地区经济下行压力增大，体制结构性矛盾凸显，工业发展质量提升较慢。

东部地区是引领我国创新发展的前沿阵地，其科技创新是工业质量发展的重要驱动力，持续发挥着引领示范作用。未来应大力支持东部地区进一步提升创新能力，在全产业链中发挥带动作用。西部地区工业发展质量水平和协调性持续提升，以川藏铁路、西部陆海新通道和沿江高

铁等为代表的重大项目建设稳步推进，港航设施项目加快建设；在此背景下，更高水平的交通“大动脉”、综合运输体系正在加快建立，将发挥有效带动地区资源互通和要素更高水平流动的关键作用，推动发展提速。东北地区的国资企业和国有企业改革正在持续推进，进一步提升国有企业经济活力和市场效率，同时产业结构调整和产业资源布局优化的力度正在持续加大，未来应当在先进制造业、高技术制造业领域着力引进高水平外资，助力推动东北地区技术改造，提升地区供给水平。在《中共中央　国务院关于新时代推动中部地区高质量发展的意见》的指引下，中部地区的重大工程正在加速推进，电子信息、新能源等高技术产业和战略性新兴产业集群快速发展，以先进制造业为关键支撑的现代化产业体系被着力发展。

第二节　四大区域工业发展质量分类指数分析

本节基于速度效益、结构调整、技术创新、资源环境、两化融合、人力资源这六大分类指数，比较分析四大区域工业发展质量的影响因素。

如表 5-3 和图 5-1 所示，2012 年，东部地区在结构调整、技术创新、资源环境、两化融合和人力资源方面都大幅领先于其他地区；中部地区在速度效益、结构调整、技术创新、资源环境方面领先于东北地区和西部地区，在两化融合和人力资源方面处于中下游水平；西部地区在速度效益方面处于领先，在人力资源方面处于中上游水平，在其他方面排名都比较靠后；东北地区在两化融合方面处于中上游水平，在其他方面则处于中下游水平。

表 5-3　2012 年四大区域工业发展质量分类指数

区域	速度效益	结构调整	技术创新	资源环境	两化融合	人力资源
东北地区	40.1	29.3	30.8	21.6	37.3	41.1
东部地区	34.4	47.2	62.3	52.9	68.2	51.5
西部地区	48.7	21.5	29.4	20.2	29.4	42.8
中部地区	40.5	33.6	39.5	28.1	34.6	34.6

资料来源：赛迪智库整理，2024 年 5 月。

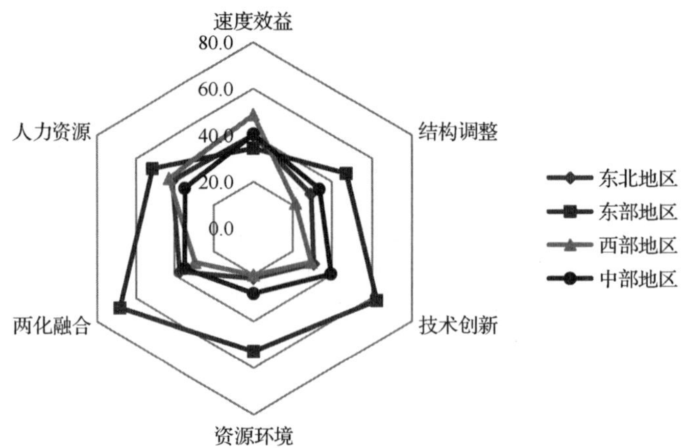

图 5-1　2012 年四大区域工业发展质量分类指数
（资料来源：赛迪智库整理，2024 年 5 月）

如表 5-4 和图 5-2 所示，2022 年，东部地区在结构调整、技术创新、资源环境、两化融合和人力资源方面领先优势明显，但发展速度明显放缓。这表明东部地区仍然是我国工业发展质量的引领者，创新发展的综合优势突出。经过近年来的持续积累，东部地区工业发展质量迈上了新台阶。

表 5-4　2022 年四大区域工业发展质量分类指数

区　域	速度效益	结构调整	技术创新	资源环境	两化融合	人力资源
东北地区	26.7	17.5	35.4	15.8	16.7	47.8
东部地区	33.8	48.9	62.1	36.9	59.8	50.5
西部地区	49.9	25.9	34.0	17.2	30.8	42.1
中部地区	38.9	45.9	61.5	22.6	37.1	37.8

资料来源：赛迪智库整理，2024 年 5 月。

中部地区在技术创新方面，相对于东北地区和西部地区的领先优势进一步扩大，与东部地区的差距显著缩小；中部地区在人力资源方面相对落后，一定程度上制约了工业发展质量的提升。为了进一步追赶东部地区，提升工业发展水平，中部地区需要加大高端人才引进力度，加强

人才、创业、创新支持政策，强化职业技术培训，全方位提升人力资源质量，为创新动能提供关键性支撑。

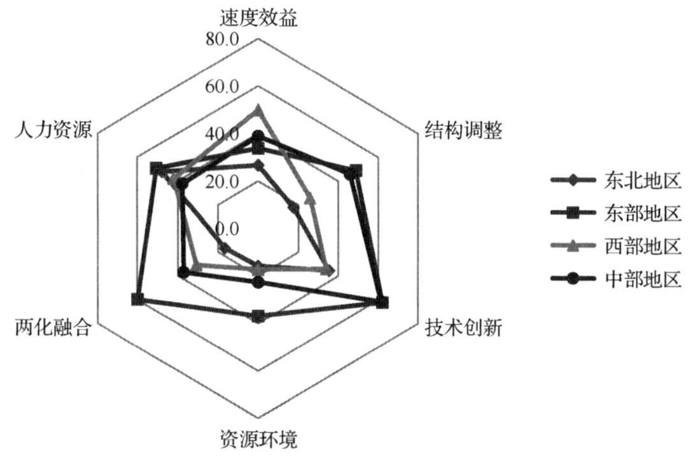

图 5-2　2022 年四大区域工业发展质量分类指数

（资料来源：赛迪智库整理，2024 年 5 月）

西部地区在速度效益方面具有优势，但技术创新水平较为滞后，以粗放式开发自然资源为主，资源利用效率偏低，传统产业占比较大，总体处于价值链底端。未来，西部地区需要着力全面提升科技创新发展水平，推动传统产业加快转型升级；加大基础设施建设力度，积极改善营商环境，吸引更多优质资源；着力推动高新技术产业发展，加快产业结构调整。

东北地区在人力资源方面取得显著成效，在速度效益、结构调整、技术创新、资源环境和两化融合方面仍显不足。未来，东北地区需要大力推动科技创新，加快推进传统优势产业转型升级，加大基础设施领域补短板力度，推动东北振兴取得实质性新突破。

第六章

各省（区、市）工业发展质量分析

本章重点分析了各省（区、市）工业发展质量。

首先，从时序指数和截面指数两个维度对 30 个省（区、市）工业发展质量进行梯队分析，描绘出 30 个省（区、市）工业发展质量综合表现。

其次，按照工业发展质量分类指数进行地区排序，同时通过离散系数判断地区之间的差距程度。结果显示，当前在速度效益和人力资源 2 个方面各省（区、市）之间差距较小；在结构调整、技术创新和两化融合 3 个方面各省（区、市）之间有一定差距，离散系数分别为 0.47、0.43 和 0.45；在资源环境方面各省（区、市）之间差距最大，离散系数达 0.68。

最后，在介绍 30 个省（区、市）宏观经济总体情况、工业经济运行情况的基础上，具体分析其工业发展质量时序指数和截面指数的表现及背后成因。

第一节　梯队分析

通过前面介绍的评价体系计算得到 2012—2022 年全国 30 个省（区、市）工业发展质量截面指数及排名（见表 6-1 和表 6-2）。表 6-1 和表 6-2 的最后一列分别是 2012—2022 年工业发展质量截面指数的均值和均值排名，横向比较了 2012—2022 年 30 个省（区、市）工业发展质量的水平。表 6-3 为 2012—2022 年全国及 30 个省（区、市）工业发展质量时

序指数。表 6-3 的最后一列是 2012—2022 年时序指数的年均增速，反映了 2012—2022 年全国及 30 个省（区、市）工业发展质量的增长水平。同时，以 30 个省（区、市）截面指数均值和时序指数年均增速为基准绘制散点图（见图 6-1）。通过图 6-1 中 30 个省（区、市）在 4 个象限中的位置，可直观地看出各地区工业发展质量在截面指数和时序指数两个维度上的表现。

表 6-1　2012—2022 年 30 个省（区、市）工业发展质量截面指数

省（区、市）	2012	2013	2014	2015	2016	2017	2018	2019	2020	2021	2022	2012—2022 年均值
北　京	73.8	70.4	74.3	75.2	74.7	72.0	69.0	71.4	71.9	80.4	64.8	72.5
天　津	59.5	57.8	58.8	61.2	59.1	52.1	51.5	50.9	49.3	44.7	46.7	53.8
河　北	31.1	30.5	32.8	38.6	38.0	34.7	33.8	37.6	36.7	25.6	30.9	33.7
山　西	29.1	23.8	20.2	21.4	23.8	27.5	28.4	31.4	30.8	27.6	31.5	26.8
内蒙古	37.0	35.6	34.0	36.3	36.6	35.4	36.8	35.7	32.8	32.0	36.9	35.4
辽　宁	35.4	37.4	37.1	36.5	32.4	32.6	36.8	33.6	33.3	24.3	27.7	33.4
吉　林	32.1	27.5	32.3	35.8	35.2	29.2	27.0	29.1	32.7	26.3	27.7	30.4
黑龙江	34.2	29.7	30.4	32.3	30.3	26.8	23.6	25.1	25.9	18.7	24.2	27.4
上　海	55.8	56.1	61.8	63.8	64.0	58.6	57.0	55.1	56.4	47.8	49.7	56.9
江　苏	56.9	56.1	58.7	63.4	61.8	57.5	58.3	62.2	62.7	56.9	58.9	59.4
浙　江	51.8	54.0	59.2	64.5	65.2	61.2	61.9	65.0	65.0	57.3	56.9	60.2
安　徽	39.4	38.4	41.3	45.6	44.6	43.4	46.9	50.2	51.5	44.2	47.0	44.8
福　建	47.6	46.8	49.3	50.4	49.0	44.7	47.2	51.6	48.2	45.5	49.6	48.2
江　西	31.1	33.7	36.6	40.9	39.7	37.7	42.4	47.0	46.5	37.8	43.8	39.7
山　东	49.1	48.3	51.2	54.3	52.4	48.6	46.9	43.8	49.7	43.7	48.7	48.8
河　南	33.3	37.7	43.0	46.0	42.5	38.6	43.2	46.8	43.4	34.0	42.1	41.0
湖　北	40.7	40.4	44.0	46.1	45.2	41.4	45.2	48.4	43.5	43.7	45.5	44.0
湖　南	43.1	42.3	45.0	48.9	45.8	42.6	43.5	49.0	48.8	40.2	46.9	45.1
广　东	56.7	55.9	60.6	63.4	62.1	58.7	61.4	62.1	59.9	51.1	52.7	58.6
广　西	28.6	29.3	31.7	34.6	32.3	27.3	26.7	29.4	29.3	21.5	22.9	28.5
海　南	33.0	32.6	39.4	38.2	34.4	26.1	29.9	30.4	28.5	29.4	28.1	31.8
重　庆	43.6	44.5	50.7	55.1	52.2	54.2	49.5	53.8	55.1	49.9	51.6	50.9
四　川	36.5	35.6	39.2	42.2	40.4	39.7	43.0	46.2	46.2	38.5	42.4	40.9

续表

省（区、市）	2012	2013	2014	2015	2016	2017	2018	2019	2020	2021	2022	2012—2022年均值
贵　州	35.9	35.7	36.6	38.1	37.2	34.3	38.9	43.8	43.3	32.4	34.1	37.3
云　南	26.9	26.8	26.2	31.7	28.9	30.8	34.0	36.0	33.6	25.0	28.0	29.8
陕　西	46.4	48.1	48.0	49.3	47.9	46.8	51.5	47.6	44.7	42.4	45.1	47.1
甘　肃	22.3	20.3	21.4	20.0	20.4	16.8	18.5	26.2	28.1	19.9	24.5	21.7
青　海	24.1	22.8	22.5	22.8	24.0	20.9	19.7	24.7	23.3	20.3	37.0	23.8
宁　夏	28.5	28.6	26.7	30.0	31.6	27.3	29.0	32.5	30.9	25.9	27.9	29.0
新　疆	32.8	31.6	31.9	29.6	27.4	26.5	27.0	26.1	28.1	29.8	32.7	29.4

资料来源：赛迪智库整理，2024 年 5 月。

表 6-2　2012—2022 年 30 个省（区、市）工业发展质量截面指数排名

省（区、市）	2012	2013	2014	2015	2016	2017	2018	2019	2020	2021	2022	2012—2022年均值排名
北　京	1	1	1	1	1	1	1	1	1	1	1	1
天　津	2	2	5	6	6	7	7	8	9	8	11	6
河　北	23	22	21	17	17	18	21	18	18	24	22	19
山　西	25	28	30	29	29	23	24	23	24	21	21	28
内蒙古	14	18	20	21	19	17	19	20	21	18	18	18
辽　宁	17	15	17	20	22	20	18	21	20	26	26	20
吉　林	22	26	22	22	20	22	25	26	22	22	27	22
黑龙江	18	23	25	24	25	26	28	29	29	30	29	27
上　海	5	4	2	3	3	4	5	5	5	6	6	5
江　苏	3	3	6	4	5	5	4	3	3	3	2	3
浙　江	6	6	4	2	2	2	2	2	2	2	3	2
安　徽	13	13	14	14	13	11	10	9	7	9	9	12
福　建	8	9	9	9	9	10	9	7	11	7	7	9
江　西	24	19	18	16	16	16	16	13	12	15	14	16
山　东	7	7	7	8	7	8	11	16	8	11	8	8
河　南	19	14	13	13	14	15	14	14	16	16	16	14
湖　北	12	12	12	12	12	13	12	11	15	10	12	13
湖　南	11	11	11	11	11	12	13	10	10	13	10	11
广　东	4	5	3	5	4	3	3	4	4	4	4	4
广　西	26	24	24	23	23	24	27	25	25	27	30	26
海　南	20	20	15	18	21	28	22	24	26	20	23	21

续表

省（区、市）	2012	2013	2014	2015	2016	2017	2018	2019	2020	2021	2022	2012—2022年均值排名
重　庆	10	10	8	7	8	6	8	6	6	5	5	7
四　川	15	17	16	15	15	14	15	15	13	14	15	15
贵　州	16	16	19	19	18	19	17	17	17	17	19	17
云　南	28	27	27	25	26	21	20	19	19	25	24	23
陕　西	9	8	10	10	10	9	6	12	14	12	13	10
甘　肃	30	30	29	30	30	30	30	27	28	29	28	30
青　海	29	29	28	28	28	29	29	30	30	28	17	29
宁　夏	27	25	26	26	24	25	23	22	23	23	25	25
新　疆	21	21	23	27	27	27	26	28	27	19	20	24

资料来源：赛迪智库整理，2024年5月。

表6-3　2012—2022年全国及30个省（区、市）工业发展质量时序指数

全国及地区	2012	2013	2014	2015	2016	2017	2018	2019	2020	2021	2022	2012—2022年年均增速
全　国	100.0	104.5	108.6	114.2	121.2	128.8	137.5	143.3	152.4	159.6	167.2	5.27%
北　京	100.0	100.8	104.5	107.3	111.6	119.2	121.4	127.6	134.8	151.1	146.2	3.87%
天　津	100.0	103.0	105.4	109.9	115.9	119.0	122.3	122.6	126.8	133.6	137.0	3.20%
河　北	100.0	106.8	112.0	117.8	125.6	137.3	140.7	150.8	153.6	158.9	171.2	5.52%
山　西	100.0	96.9	95.3	98.9	111.3	125.8	133.7	136.7	142.4	152.1	160.8	4.86%
内蒙古	100.0	103.4	101.9	109.7	115.7	135.3	138.6	137.6	142.3	158.5	176.3	5.83%
辽　宁	100.0	109.0	109.4	109.0	118.2	123.7	127.9	124.3	132.5	135.3	140.2	3.44%
吉　林	100.0	100.6	109.6	109.3	117.4	119.9	122.9	133.7	151.8	169.0	177.0	5.88%
黑龙江	100.0	101.4	103.7	108.4	116.2	118.5	111.2	118.7	123.8	133.7	145.5	3.82%
上　海	100.0	101.3	107.6	109.4	116.0	118.5	123.0	124.7	127.9	128.1	131.4	2.77%
江　苏	100.0	102.3	106.8	113.7	119.9	124.5	132.5	139.6	147.2	150.9	155.3	4.50%
浙　江	100.0	108.0	114.5	123.7	131.9	139.0	145.5	152.7	164.0	166.4	168.9	5.38%
安　徽	100.0	103.3	111.8	123.7	133.4	144.6	159.9	170.9	187.1	199.3	209.9	7.69%
福　建	100.0	100.1	102.4	106.7	112.6	118.6	128.1	139.4	150.6	165.7	186.9	6.45%
江　西	100.0	105.2	108.1	116.5	128.2	143.1	166.4	182.3	196.2	204.4	229.9	8.68%
山　东	100.0	102.9	106.4	112.0	117.1	122.9	129.6	127.8	139.9	152.3	164.2	5.09%
河　南	100.0	137.2	143.2	152.3	156.2	164.2	191.4	184.3	201.0	207.4	241.2	9.20%
湖　北	100.0	107.9	111.2	116.4	125.8	132.3	143.2	149.6	157.2	169.7	183.9	6.28%
湖　南	100.0	106.2	111.4	120.0	126.7	132.0	137.1	145.7	159.9	168.7	188.0	6.52%

续表

全国及地区	2012	2013	2014	2015	2016	2017	2018	2019	2020	2021	2022	2012—2022 年年均增速
广　东	100.0	103.7	108.3	113.5	122.5	130.1	141.1	144.2	148.8	153.3	156.0	4.54%
广　西	100.0	107.3	109.8	114.1	122.5	126.1	132.4	139.3	146.1	152.4	156.3	4.56%
海　南	100.0	106.6	103.9	106.5	108.3	109.1	114.9	117.0	124.6	141.1	144.3	3.74%
重　庆	100.0	105.5	118.0	142.0	144.1	169.1	163.4	164.8	183.8	193.5	199.5	7.15%
四　川	100.0	106.5	109.9	114.9	122.4	134.7	147.7	156.9	175.2	183.7	201.0	7.23%
贵　州	100.0	105.7	109.7	116.8	125.9	142.6	159.0	172.7	182.0	190.8	220.8	8.24%
云　南	100.0	102.1	101.6	112.3	123.3	141.5	156.7	170.5	187.3	206.1	224.4	8.42%
陕　西	100.0	104.9	108.8	118.5	123.2	132.3	146.8	150.0	155.9	169.1	175.9	5.81%
甘　肃	100.0	108.4	108.7	105.0	123.1	139.6	144.5	168.6	181.7	197.9	208.7	7.63%
青　海	100.0	108.8	114.1	128.5	159.6	176.3	191.2	238.6	251.0	255.7	287.9	11.15%
宁　夏	100.0	107.7	106.1	118.9	138.4	145.2	149.1	153.3	167.8	190.5	210.6	7.73%
新　疆	100.0	106.0	114.8	119.9	129.1	135.5	147.8	150.3	164.2	167.7	166.7	5.24%

资料来源：赛迪智库整理，2024 年 5 月。

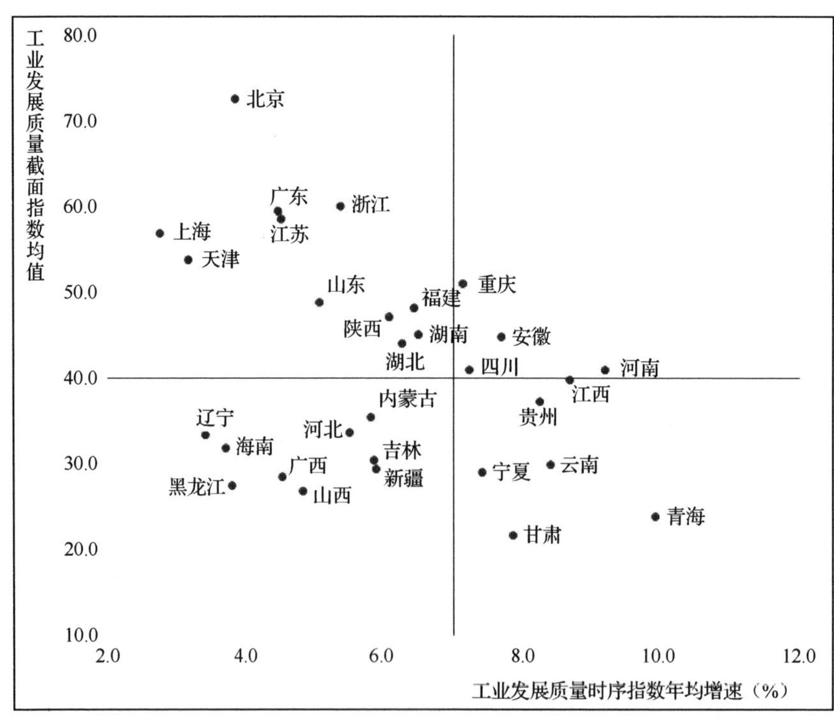

图 6-1　2012—2022 年 30 个省（区、市）工业发展质量综合表现

（资料来源：赛迪智库整理，2024 年 5 月）

从工业发展质量截面指数排名（见表 6-2）来看，北京、浙江、江苏、广东和上海是我国工业发展质量较好的地区，2012—2022 年始终处于全国前列。

北京工业发展质量始终处于全国首位，其多年来在速度效益、技术创新、资源环境、两化融合和人力资源 5 个方面始终处于全国前列，其 2012—2022 年中资源环境、两化融合和人力资源指数均值均处于全国第 1 位。

浙江工业发展质量处于全国第 2 位，主要由于其在结构调整和技术创新方面的突出表现。2012—2022 年，浙江结构调整和技术创新指数均值处于全国第 1 位，而资源环境和两化融合指数均值均排在全国第 5 位。浙江工业发展质量在速度效益和人力资源方面处于全国中游水平，有较大提升空间。

江苏工业发展质量处于全国第 3 位。2012—2022 年，江苏结构调整和两化融合指数均值均处于全国第 2 位；技术创新和人力资源指数均值分别处于全国第 5 和第 7 位，表现较好；资源环境和速度效益指数均值分别处于全国第 11 和第 12 位，稍微靠后。

广东工业发展质量处于全国第 4 位。2012—2022 年，广东结构调整、技术创新、两化融合指数均值均处于全国第 3 位；资源环境指数均值处于全国第 4 位，人力资源指数均值处于全国第 10 位，而速度效益指数均值位于全国后半段。

上海工业发展质量处于全国第 5 位。2012—2022 年，上海人力资源指数均值排在全国第 2 位，优势最为明显；两化融合和技术创新指数均值分别排在全国第 3 位和第 4 位，也表现优异；速度效益、资源环境和结构调整指数均值分别排在全国第 9、第 10 和第 14 位，稍微靠后。

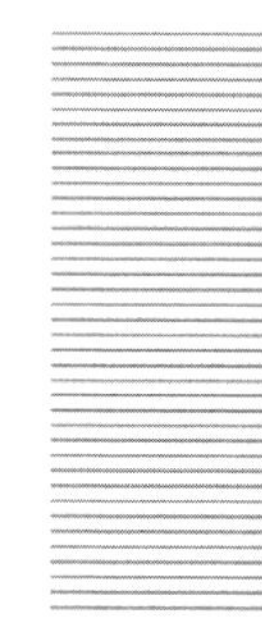

从地区工业发展质量截面指数来看，东部沿海地区大多处于全国前列，但天津从 2012 年的第 2 位下滑至 2022 年的第 11 位；中部地区的安徽、江西、山西三省上升较为明显，其中，江西从 2012 年的第 24 位上升至 2022 年的第 14 位，安徽从 2012 年的第 13 位上升至 2022 年的第 9 位，而山西从 2012 年的第 25 位上升至 2022 年的第 21 位；西部地区的重庆、云南表现较好，其中，重庆从 2012 年的第 10 位上升至 2022 年的第 5 位，而云南从 2012 年的第 28 位上升至 2022 年的第 25 位；东

北三省均出现下滑，而辽宁和黑龙江下滑幅度较大，其中，辽宁从2012年的第17位下滑至2022年的第26位，黑龙江从2012年的第18位下滑至2022年的第29位。

从工业发展质量分类指数来看，东部地区和中西部地区具有自身的特点和优势。其中，陕西、内蒙古等西部地区在速度效益和人力资源等方面优势显著，位于全国前列；浙江、北京、江苏、广东等东部地区在结构调整、技术创新、两化融合3个方面表现较好。综合来看，工业发展质量分类指数的走势体现了各地区在不同发展阶段的发展特点及优势。

从工业发展质量时序指数（见表6-3）来看，中部地区的河南、江西及西部地区的青海、云南、贵州2012—2022年年均增速均超过8%。而北京、天津、辽宁、黑龙江、上海和海南6个省（市）2012—2022年工业发展质量增长相对较慢，年均增速均处于4%以下。

在图6-1中，位于水平线上方的地区是工业发展质量截面指数均值位于全国平均水平以上的省（区、市）；位于垂直线右侧的地区是工业发展质量时序指数年均增速高于全国平均水平的省（区、市）；因此，位于第一象限的地区是工业发展质量截面指数和时序指数均高于全国平均水平的省（区、市）。从总体情况来看，第一象限主要集中了重庆、安徽、四川、河南等中西部省（区，市），即这些地区在横向比较中处于全国中上游水平，在纵向走势上也处于质量提升较快阶段，工业发展质量截面指数和时序指数均处于相对领先位置；北京、广东、江苏、浙江、上海和山东等东部省（区，市）位于第二象限，这是由于当前东部地区在工业发展质量上已经处于较高水平，发展速度减慢，因此工业发展质量截面指数处于领先水平，工业发展质量时序指数偏低；位于第三象限的主要包括辽宁、黑龙江、广西和山西等省（区，市），这些地区的工业发展质量截面指数和工业发展质量时序指数均表现较弱，处于全国平均水平之下；还有一些中西部省（区，市）处于第四象限，如江西、贵州、云南、宁夏、青海和甘肃等，这些地区的工业发展速度处于较快增长阶段，但工业发展质量排名在全国仍处于相对靠后的位置。

第二节　分类指数分析

根据 2012—2022 年全国 30 个省（区、市）工业发展质量六大分类指数的均值，并按照工业发展质量六大分类指数进行地区排序，同时计算工业发展质量六大分类指数的离散系数，结果如表 6-4 所示。

表 6-4　2012—2022 年全国工业发展质量分类指数各省（区、市）的表现

排名	速度效益		结构调整		技术创新		资源环境		两化融合		人力资源	
	省（市、区）	指数	省（市、区）	指数	省（市、区）	指数	省（市、区）	指数	省（市、区）	指数	省（市、区）	指数
1	陕　西	70.4	浙　江	61.8	浙　江	82.0	北　京	99.8	北　京	86.4	北　京	89.9
2	贵　州	65.4	江　苏	57.8	北　京	78.3	天　津	49.5	江　苏	84.3	上　海	74.1
3	北　京	60.2	广　东	55.7	广　东	76.5	广　东	49.0	上　海	79.3	内蒙古	68.4
4	内蒙古	60.0	山　东	51.5	上　海	72.7	山　东	48.4	广　东	77.8	陕　西	64.1
5	江　西	55.2	北　京	46.4	江　苏	71.5	浙　江	47.6	浙　江	73.8	新　疆	58.9
6	福　建	55.1	河　南	43.0	天　津	69.4	陕　西	45.6	福　建	69.0	天　津	58.0
7	新　疆	53.8	重　庆	42.9	安　徽	69.3	重　庆	37.8	天　津	65.3	江　苏	56.2
8	河　南	51.7	安　徽	41.2	湖　南	60.1	福　建	33.7	重　庆	64.4	湖　北	51.8
9	上　海	50.0	湖　南	40.3	重　庆	59.5	河　南	33.2	山　东	61.3	宁　夏	51.5
10	湖　北	49.8	江　西	40.0	湖　北	55.9	上　海	31.6	四　川	52.3	重　庆	51.1
11	四　川	49.7	四　川	37.2	山　东	52.9	江　苏	29.2	辽　宁	47.4	福　建	50.0
12	江　苏	48.9	天　津	35.4	福　建	44.0	河　北	29.1	湖　北	42.4	广　东	48.8
13	天　津	48.3	福　建	34.8	陕　西	39.2	江　西	28.9	安　徽	42.3	湖　南	48.2
14	湖　南	48.0	上　海	34.6	辽　宁	38.1	四　川	28.6	陕　西	41.4	辽　宁	47.0
15	重　庆	47.4	湖　北	34.3	贵　州	37.1	湖　南	25.3	河　南	39.2	海　南	46.4
16	安　徽	46.6	河　北	29.0	河　南	36.2	辽　宁	23.5	河　北	38.6	吉　林	46.4
17	云　南	45.8	贵　州	28.4	四　川	35.9	安　徽	21.1	山　西	37.9	浙　江	44.5
18	海　南	45.0	广　西	23.5	海　南	35.0	吉　林	19.7	湖　南	37.7	山　西	41.8
19	浙　江	44.5	辽　宁	23.0	宁　夏	34.8	湖　北	19.1	江　西	36.5	黑龙江	40.4
20	广　东	42.2	陕　西	22.9	河　北	34.8	山　西	18.6	宁　夏	34.0	山　东	39.9
21	吉　林	40.3	吉　林	21.7	黑龙江	33.5	云　南	16.8	海　南	30.8	云　南	38.1

续表

排名	速度效益		结构调整		技术创新		资源环境		两化融合		人力资源	
	省（市、区）	指数	省（市、区）	指数	省（市、区）	指数	省（市、区）	指数	省（市、区）	指数	省（市、区）	指数
22	广　西	39.9	黑龙江	17.6	江　西	32.5	贵　州	15.0	广　西	29.4	青　海	37.1
23	山　东	39.5	山　西	17.0	云　南	31.3	黑龙江	13.9	内蒙古	28.9	江　西	34.7
24	青　海	38.2	云　南	16.7	甘　肃	26.6	海　南	12.8	吉　林	28.0	四　川	34.3
25	河　北	36.2	海　南	15.0	广　西	26.0	甘　肃	12.2	新　疆	26.8	河　南	33.5
26	黑龙江	33.3	宁　夏	14.8	吉　林	25.5	内蒙古	11.5	贵　州	25.0	广　西	33.4
27	宁　夏	30.8	甘　肃	14.7	山　西	25.4	新　疆	10.2	青　海	23.4	贵　州	32.8
28	辽　宁	26.3	内蒙古	14.5	内蒙古	24.9	广　西	10.1	云　南	22.9	河　北	32.3
29	山　西	25.3	青　海	13.8	青　海	18.0	青　海	7.3	甘　肃	21.8	甘　肃	30.9
30	甘　肃	22.7	新　疆	7.7	新　疆	17.0	宁　夏	7.0	黑龙江	21.8	安　徽	29.2
离散系数	0.25		0.47		0.44		0.68		0.45		0.30	

资料来源：赛迪智库整理，2023年5月。

速度效益方面，陕西、贵州和北京位于全国前3位，其速度效益指数分别为70.4、65.4和60.2；辽宁、山西、甘肃位于全国最后3位，其速度效益指数分别为26.3、25.3和22.7。由计算结果可知，速度效益指数表现较好的主要为西部省份，而东部发达地区的北京、福建、上海的速度效益指数位居前列，其他省（区，市）处于中等或中等偏下位置。同时，速度效益指数的离散系数为0.25，在工业发展质量六大分类指数中离散程度低，表明在这方面各地区之间差距较小。

结构调整方面，浙江、江苏和广东位于全国前3位，其结构调整指数分别为61.8、57.8和55.7；内蒙古、青海、新疆位于全国最后3位，结构调整指数分别为14.5、13.8和7.7。可以看出，东部发达省份在结构调整方面成绩显著，中部地区结构调整的速度在加快，而西部地区的结构调整进展相对较慢。同时，结构调整指数的离散系数为0.47，在工业发展质量六大分类指数的离散程度中位于第2位，表明在结构调整方面各地区存在一定差距。

技术创新方面，浙江、北京、广东位于全国前3位，其技术创新指数分别为82.0、78.3和76.5；内蒙古、青海和新疆位于全国最后3位，

技术创新指数分别为 24.9、18.0 和 17.0。从整体来看，在技术创新方面，东部省（区，市）表现较好，中部地区的安徽处于领先水平，西部省（区，市）普遍排名靠后。同时，技术创新指数的离散系数为 0.45，表明在技术创新方面各地区之间仍然有一定差距。

资源环境方面，北京、天津、广东位于全国前 3 位，其资源环境指数分别为 99.8、49.5 和 49.0；广西、青海和宁夏位于全国最后 3 位，资源环境指数分别为 10.1、7.3 和 7.0。同时，资源环境指数的离散系数为 0.68，是分类指数中离散程度最大的，表明在资源环境方面各地区之间存在明显差距。

两化融合方面，北京、江苏和上海位于全国前 3 位，其两化融合指数分别为 86.4、84.3 和 79.3；云南、甘肃、黑龙江位于全国最后 3 位，两化融合指数分别为 22.9、21.8 和 21.8。同时，两化融合指数的离散系数为 0.45，表明各地区之间在两化融合方面差距相对较大。

人力资源方面，北京、上海、内蒙古位于全国前 3 位，其人力资源指数分别 89.9、74.1 和 68.4；河北、甘肃、安徽位于全国最后 3 位，人力资源指数分别为 32.3、30.9 和 29.2。同时，人力资源指数的离散系数为 0.30，表明在人力资源方面各地区之间差距相对较小。

从上述工业发展质量六大分类指数的地区分析中可以看出，各地区在资源环境、结构调整、技术创新、两化融合方面分化比较明显，差距较大；东部发达地区普遍表现较好；中部地区的安徽在结构调整、技术创新方面处于全国前列；各地区之间在速度效益、人力资源方面差距较小，其中，陕西、贵州在速度效益方面位于前两位，内蒙古在人力资源方面位于第 3 位，表现突出。

第三节　地区分析

一、北京

（一）总体情况

1．宏观经济总体情况

2023 年，北京实现地区生产总值 43760.7 亿元，同比增速为 5.2%。

其中，第一产业、第二产业、第三产业增加值分别为105.5亿元、6525.6亿元、37129.6亿元，同比分别增长-4.6%、0.4%和6.1%。三次产业构成为0.2∶14.9∶84.8，与上年相比，第一产业比重稳定，第三产业比重上升，第二产业比重下降。全社会固定资产投资较上年增长4.9%，三次产业分别增长-45.7%、-1.1%、6.0%。制造业投资下降1.6%，信息传输、软件和信息技术服务业投资增长47.1%。全年社会消费品零售总额增长10.2%，进出口总值增长0.3%。其中，进口与上年持平，出口增长2.0%。

2. 工业经济运行情况

2023年，北京实现工业增加值5088.5亿元，按不变价格计算，较上年增长0.3%；规模以上工业增加值同比增长0.4%，其中，电力、热力生产和供应业同比增长7.9%，汽车制造业同比增长5.2%，五大装备制造业同比增长10.6%。

（二）指标分析

1. 时序指数（见图6-2和表6-5）

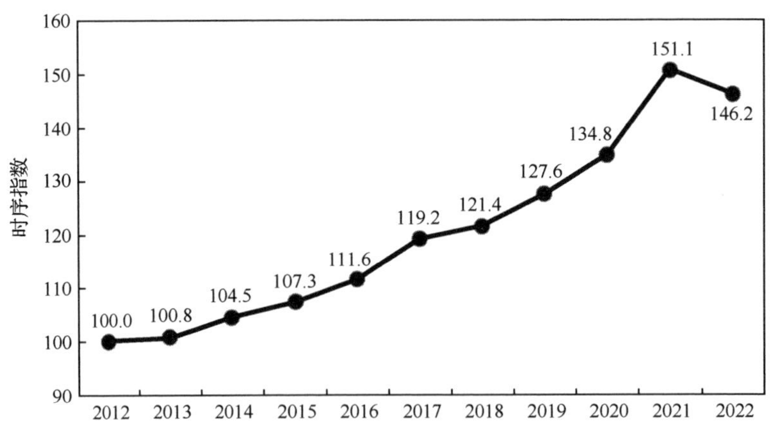

图6-2 北京工业发展质量时序指数

（资料来源：赛迪智库整理，2024年4月）

表 6-5 2012—2022 年北京工业发展质量时序指数

	2012	2013	2014	2015	2016	2017	2018	2019	2020	2021	2022	2012—2022 年年均增速
速度效益	100	97.3	105.4	113.3	113.0	126.8	110.0	113.9	113.3	115.8	108.3	0.8%
结构调整	100	97.5	93.5	85.0	86.2	88.0	97.0	106.0	116.1	132.9	111.4	1.1%
技术创新	100	98.8	101.8	99.6	101.3	103.8	102.6	104.3	109.8	111.8	119.8	1.8%
资源环境	100	113.8	123.6	145.9	172.8	189.7	203.2	206.1	227.7	306.5	289.8	11.2%
两化融合	100	100.7	102.7	104.4	105.9	113.9	126.8	136.2	153.1	164.2	175.4	5.8%
人力资源	100	105.4	111.7	117.5	124.6	130.1	140.4	152.3	148.2	168.5	165.2	5.1%
时序指数	100	100.8	104.5	107.3	111.6	119.2	121.4	127.6	134.8	151.1	146.2	3.87%

资料来源：赛迪智库整理，2023 年 4 月。

纵向来看，北京工业发展质量时序指数从 2012 年的 100.0 上涨至 2022 年的 146.2，年均增速为 3.87%，低于全国平均增速 1.4 个百分点。

北京在资源环境、两化融合、人力资源方面的年均增速均高于工业发展质量整体增速，年均增速分别达到 11.2%、5.8%和 5.1%。资源环境方面，单位工业增加值能耗和单位工业增加值用水量两项指标年均增速分别达到 10.3%和 12.1%，均显著高于工业发展质量整体增速。两化融合方面，电子信息产业占比、宽带人均普及率两项指标年均增速分别为 7.7%和 5.8%，高于工业发展质量整体增速，而两化融合水平低于工业发展质量整体增速。人力资源方面，工业城镇单位就业人员平均工资增速和第二产业全员劳动生产率增长较快，年均增速分别达到 10.7%和 6.0%，而就业人员平均受教育年限增速仅为 0.7%，低于工业发展质量整体增速。

北京在速度效益、结构调整、技术创新方面的年均增速均低于工业发展质量整体增速，分别为 0.8%、1.1%、1.8%。速度效益方面，规上工业增加值增速、工业企业资产负债率、工业成本费用利润率和工业营业收入利润率的年均增速均低于工业发展质量整体增速，分别为 2.3%、1.6%、-0.3%、-0.4%。结构调整方面，除新产品出口占货物出口额比重年均增速略高于工业发展质量整体增速外，高技术制造业主营业务收入占比、制造业 500 强企业占比、规上小型工业企业收入占比、新产品出口占货物出口额比重年均增速低于工业发展质量整体增速，分别为 3.4%、-2.9%、-1.4%。技术创新方面，只有工业企业 R&D 人员投入强度年均增速略高于工业发展质量整体增速，工业企业新产品销售收入占比、工业企业 R&D 经费投入强度、单位工业企业 R&D 经费支出发明专利数年均增速均低于工业发展质量整体增速。

2. 截面指数（见表 6-6）

表 6-6　2012—2022 年北京工业发展质量截面指数排名

	2012	2013	2014	2015	2016	2017	2018	2019	2020	2021	2022	2012—2022 年均值排名
速度效益	23	22	11	2	1	1	7	8	2	1	17	3
结构调整	4	5	6	9	9	9	8	4	4	3	4	5
技术创新	1	1	1	2	4	3	5	5	5	7	8	2
资源环境	1	1	1	1	1	1	1	1	1	1	1	1
两化融合	1	1	1	2	3	3	1	1	1	2	2	1
人力资源	1	1	1	1	1	1	1	1	1	1	1	1
截面指数	1	1	1	1	1	1	1	1	1	1	1	1

资料来源：赛迪智库整理，2024 年 4 月。

横向来看，北京工业发展质量截面指数连续 11 年排名全国第 1。2012—2022 年北京工业发展质量截面指数均值为 72.5，排名全国第 1。

具体来看，2022 年北京在结构调整、技术创新、资源环境、两化融合和人力资源方面表现较好，均排在全国前 10 位。

结构调整方面，高技术制造业主营业务收入占比、新产品出口占货物出口额比重表现较好，均排在全国第 2 位，制造业 500 强企业占比排在全国第 5 位，规上小型工业企业收入占比排在全国最后 1 位。技术创新方面，单位工业企业 R&D 经费支出发明专利数、工业企业 R&D 人员投入强度分别排在全国第 2 位和第 4 位，表现较好，工业企业新产品销售收入占比、工业企业 R&D 经费投入强度则分别排在全国第 12 位和第 13 位，仍有提升空间。资源环境方面，单位工业增加值能耗和单位工业增加值用水量两项指标均表现较好，分别排在全国第 1 位和第 2 位。

两化融合方面，电子信息产业占比表现较好，排在全国第 1 位，两化融合水平同样排名靠前，位居全国第 4 位，宽带人均普及率则排名靠后，仅排在全国第 20 位。人力资源方面，就业人员平均受教育年限连续 11 年位于全国第 1 位，第二产业全员劳动生产率排在全国第 3 位，连续 11 年进入全国前 3，工业城镇单位就业人员平均工资增速排在全国第 17 位，较 2021 年出现了大幅下降。

北京在速度效益方面排名靠后，仅排在全国第 17 位。工业企业资产负债率位居全国之首，但其余三项指标均有提升空间，其中，规上工业增加值增速排在全国最后 1 位，表现较差。

3. *原因分析*

近年来，北京充分发挥科技创新引领作用，加快建设国际科技创新中心，出台了通用人工智能、人形机器人等 30 多项细分产业政策支持企业发展，2022 年，大多数指标居于全国前列，其中，在资源环境、两化融合和人力资源方面常年领先其他地区。

资源环境方面，牢固树立和践行绿水青山就是金山银山的理念，完善重污染天气预警措施，积极打造绿色低碳发展高地。2023 年，全市污水处理率提高到 97.3%，万元地区生产总值能耗水耗指标保持全国省级地区最优水平。

两化融合方面，全力打造全球数字经济标杆城市，已率先建成全球性能领先的区块链基础设施，获准向公众开放的生成式人工智能大模型产品占全国近 50%，截至 2023 年年底，数字经济增加值占 GDP 比重达 42.9%。

（三）结论与展望

综合时序指数和截面指数来看，北京工业发展质量排名全国第 1。具体来看，分类指数也都处于全国领先水平。未来，北京可以从以下两个方面着手，推动工业发展质量再上新台阶。一是积极培育工业经济新增长点。充分发挥科技、产业、人才、金融优势，推动新能源、新材料、低空经济等新兴产业快速发展，培育量子科技、脑机科学等未来产业新增长点。二是做强做优做大数字经济。加快算力、数据、区块链、人工智能等方面建设，推动制造业数字化转型，以数字化驱动工业生产方式全面变革。

二、天津

（一）总体情况

1. 宏观经济总体情况

2023 年，天津地区生产总值达到 16737.30 亿元，按不变价格计算，较上年增长 4.3%。其中，第一产业、第二产业和第三产业增加值分别为 268.53 亿元、5982.62 亿元和 10486.15 亿元，较上年分别增长 1.2%、3.2%、4.9%。全年固定资产同比下降 16.4%，第二产业实现正增长，增速为 5.9%；第一产业和第三产业则分别同比下降 14.0%、25.2%。分领域来看，工业投资同比增长 5.4%，占全市投资比重达到 35.1%，较上年提高 7.3 个百分点。

2. 工业经济运行情况

2023 年，天津工业增加值为 5359.01 亿元，较上年增长 3.6%。规模以上工业增加值同比增长 3.7%。分行业看，采矿业，制造业，电力、热力、燃气及水生产和供应业分别同比增长 3.9%、2.7%、11.1%；汽车制造业、电气机械和器材制造业、石油和天然气开采业增长较快，增速分别达到 11.1%、5.0%、4.3%。

（二）指标分析

1. 时序指数（见图 6-3 和表 6-7）

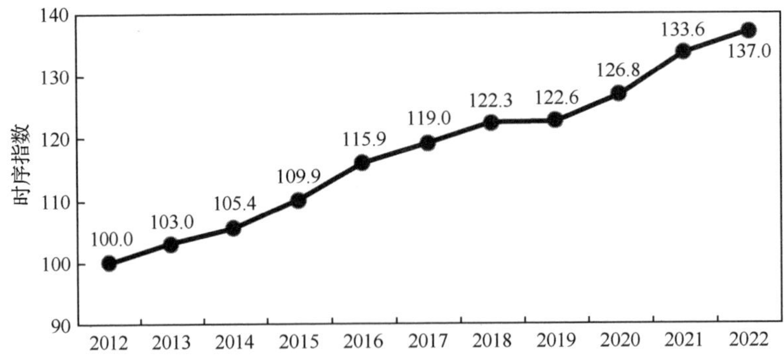

图 6-3　天津工业发展质量时序指数

（资料来源：赛迪智库整理，2024 年 4 月）

表 6-7 2012—2022 年天津工业发展质量时序指数

	2012	2013	2014	2015	2016	2017	2018	2019	2020	2021	2022	2012—2022 年年均增速
速度效益	100.0	100.0	101.4	104.0	107.3	100.6	103.9	103.7	96.8	108.9	111.3	1.1%
结构调整	100.0	103.5	99.6	97.6	102.7	92.3	94.5	90.2	88.4	90.1	88.0	-1.3%
技术创新	100.0	106.8	111.2	115.7	122.4	134.2	125.0	112.1	115.6	118.6	121.3	1.9%
资源环境	100.0	102.9	108.8	116.4	127.5	135.0	139.0	140.0	158.4	163.6	167.7	5.3%
两化融合	100.0	100.5	103.8	113.3	121.3	140.2	159.2	176.9	185.5	195.1	207.0	7.5%
人力资源	100.0	104.9	112.6	122.4	127.6	133.5	139.1	147.7	167.3	176.6	180.5	6.1%
时序指数	100.0	103.0	105.4	109.9	115.9	119.0	122.3	122.6	126.8	133.6	137.0	3.2%

资料来源：赛迪智库整理，2024 年 4 月。

纵向来看，天津工业发展质量时序指数从 2012 年的 100.0 上涨至 2022 年的 137.0，年均增速仅为 3.2%，低于全国平均增速 2.1 个百分点。

天津在资源环境、两化融合、人力资源方面的年均增速均高于工业发展质量整体增速，分别为 5.3%、7.5%和 6.1%。资源环境方面，单位工业增加值用水量和单位工业增加值能耗两项指标年均增速分别为 5.0%和 5.6%，均高于工业发展质量整体增速。两化融合方面，三个指标年均增速均高于工业发展质量整体增速，其中，宽带人均普及率年均增速达到两位数，为 12.3%。人力资源方面，工业城镇单位就业人员平均工资增速和第二产业全员劳动生产率两项指标年均增速均高于工业发展质量整体增速，分别达到 7.7%、9.0%，而就业人员平均受教育年限为低速增长，年均增速仅为 1.2%。

其他 3 项指标则呈低速增长或负增长态势。速度效益方面，规上工业增加值增速指标年均增速高于工业发展质量整体增速，达到 5.7%，但工业企业资产负债率、工业成本费用利润率和工业营业收入利润率 3 项指标表现较差，年均增速分别仅为 1.6%、-2.6%、-2.4%。结构调整方面，规上小型工业企业收入占比年均增速为 4.3%，表现好于工业发展质量整体增速，高技术制造业主营业务收入占比、制造业 500 强企业占比、新产品出口占货物出口额比重则呈负增长状态，年均增速分别为 -0.4%、-6.3%、-4.3%。技术创新方面，除工业企业 R&D 人员投入强度年均增速略高于工业发展质量整体增速外，工业企业 R&D 经费投入强度、单位工业企业 R&D 经费支出发明专利数、工业企业新产品销售收入占比均有待进一步提升，年均增速分别仅为 0.8%、2.3%和 0.6%。

2. 截面指数（见表 6-8）

表 6-8　2012—2022 年天津工业发展质量截面指数排名

	2012	2013	2014	2015	2016	2017	2018	2019	2020	2021	2022	2012—2022 年均值排名
速度效益	6	5	5	4	6	22	21	19	21	20	16	13
结构调整	6	7	8	11	11	13	12	14	15	15	15	12
技术创新	3	3	4	3	3	2	6	9	11	11	14	6
资源环境	3	3	3	4	2	3	4	4	3	4	6	2
两化融合	7	7	7	8	8	8	7	7	7	7	7	7
人力资源	7	7	8	4	10	6	5	6	4	2	6	6
截面指数	2	2	5	6	6	7	7	8	9	8	11	6

资料来源：赛迪智库整理，2024 年 4 月。

横向来看，2022 年天津工业发展质量截面指数为 46.7，排在全国第 11 位。2012—2022 年天津截面指数均值为 53.8，排在全国第 6 位。

2022 年，天津的资源环境、两化融合、人力资源 3 项指标表现较好，分别排在全国第 6、第 7、第 6 位。资源环境方面，单位工业增加值用水量表现较好，排在全国第 3 位；单位工业增加值能耗则表现较差，排在全国第 17 位。两化融合方面，电子信息产业占比、两化融合水平、宽带人均普及率排名均高于工业发展质量整体排名，2022 年分别排在全国第 6、第 7、第 6 位。人力资源方面，工业城镇单位就业人员平均工资增速表现较差，排在全国第 23 位；第二产业全员劳动生产率、就业人员平均受教育年限分别排在全国第 9 和第 3 位，成为人力资源表现较好的主要支撑。

此外，速度效益、结构调整和技术创新 3 项指标均处于全国中游水平，分别排在第 13、第 12、第 14 位。速度效益方面，工业企业资产负债率、工业营业收入利润率两项指标表现较好，分别排在全国第 7、第 10 位；规上工业增加值增速则表现较差，排在第 27 位。结构调整方面，四项指标均排在全国中游，其中，规上小型工业企业收入占比排名最靠前，排在全国第 10 位。技术创新方面，工业企业 R&D 人员投入强度排名最高，排在全国第 11 位；工业企业 R&D 经费投入强度、单位工业企业 R&D 经费支出发明专利数、工业企业新产品销售收入占比分别排在第 15、第 19、第 13 位。

3. 原因分析

近年来，天津深入实施推动高质量发展“十项行动”，资源环境、两化融合、人力资源等方面长期位居全国前列，制造业高质量发展提速加力。

资源环境方面，始终坚持降碳、减污、扩绿、增长协同推进，积极推广应用“零碳示范单元标准体系”，推动工业全面绿色转型，地表水环境质量继续改善，2023 年，新创建 20 家国家级绿色制造单位。

两化融合方面，天津加快推动“智改、数转、网联”，培育了一批制造业数字化转型优秀服务商，建成了一批面向工业行业共性典型应用场景，2023 年，新建 100 家智能工厂和数字化车间、10 个 5G 全连接工厂。

人力资源方面，天津推进实施人才强市战略，为人才全面发展搭建平台、创新机制、优化环境，大力培养、引进各类人才，2023 年，“海河英才”行动计划累计引进各类人才 47.9 万人，新增博士后站 55 个。

（三）结论与展望

综合时序指数和截面指数来看，天津工业发展质量多项指标处于全国前列，但也存在一些不足。未来，天津可重点做好两个方面的工作：一是推动科技创新和产业创新深度融合，增强创新驱动发展能力，引领现代化产业体系建设，培育壮大新质生产力，形成经济新增长点。二是推动传统产业的智能化、高端化、绿色化转型，强化上下游供需合作、产业协作、创新协同，不断拓展传统产业发展新空间。

三、河北

（一）总体情况

1. 宏观经济总体情况

2023 年，河北地区生产总值达到 43944.1 亿元，较上年增长 5.5%。其中，第一产业增加值为 4466.2 亿元，第二产业增加值为 16435.3 亿元，第三产业增加值为 23042.6 亿元，分别较上年增长 2.6%、6.2%和 5.5%。全社会固定资产投资较上年增长 6.1%，其中，工业技改投资同比增长 9.8%，占工业投资比重达到 55.9%；进出口总值达到 5818.4 亿元，较上年增长 7.4%，出口增速、进口增速则分别达到 9.3%和 4.6%。

2. 工业经济运行情况

2023 年，河北实现工业增加值 13968.7 亿元，按不变价格计算，较上年增长 5.5%，规模以上工业增加值增速达到 6.9%。采矿业，制造业，电力、热力、燃气及水生产和供应业增速分别达到 13.0%、6.4%和 5.8%。其中，石油、煤炭及其他燃料加工业，汽车制造业，黑色金属冶炼和压延加工业增长较快，增速分别达到 17.3%、11.6%和 7.7%。

（二）指标分析

1. 时序指数（见图 6-4 和表 6-9）

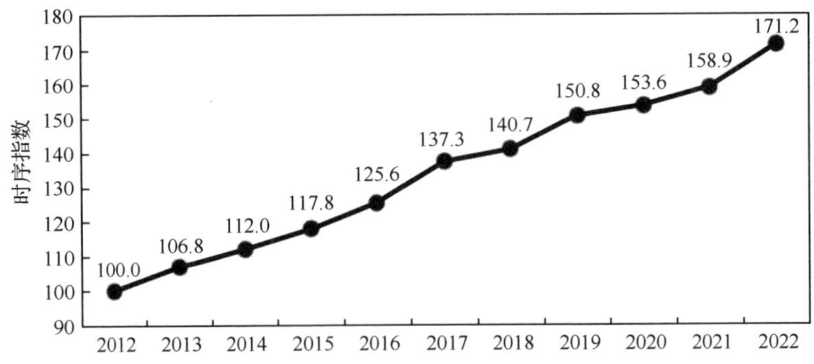

图 6-4　河北工业发展质量时序指数

（资料来源：赛迪智库整理，2024 年 4 月）

表 6-9 2012—2022 年河北工业发展质量时序指数

	2012	2013	2014	2015	2016	2017	2018	2019	2020	2021	2022	2012—2022 年年均增速
速度效益	100.0	103.2	101.9	100.2	109.4	113.9	109.0	105.3	105.4	102.6	85.2	-1.6%
结构调整	100.0	105.4	109.2	116.5	119.7	120.3	107.6	121.2	115.0	112.7	123.1	2.1%
技术创新	100.0	110.8	120.5	127.2	137.0	163.1	190.0	213.3	222.7	222.3	265.2	10.2%
资源环境	100.0	111.0	119.9	126.5	134.5	144.7	157.5	168.1	179.4	194.9	212.6	7.8%
两化融合	100.0	109.4	118.6	132.8	145.1	169.1	166.7	178.4	174.6	202.0	222.1	8.3%
人力资源	100.0	102.5	107.0	112.4	115.4	121.9	128.3	134.3	147.3	153.8	161.4	4.9%
时序指数	100.0	106.8	112.0	117.8	125.6	137.3	140.7	150.8	153.6	158.9	171.2	5.5%

资料来源：赛迪智库整理，2024 年 4 月。

纵向来看，河北工业发展质量时序指数从 2012 年的 100.0 上涨至 2022 年的 171.2，年均增速达到 5.52%，高于全国平均增速 0.25 个百分点。

河北在技术创新、两化融合、资源环境方面表现较好，年均增速分别为 10.2%、8.3%和 7.8%，均高于工业发展质量整体增速。具体来看，技术创新方面，工业企业 R&D 经费投入强度、工业企业 R&D 人员投入强度、工业企业新产品销售收入占比年均增速均高于工业发展质量整体增速，分别为 10.7%、11.1%和 12.7%；单位工业企业 R&D 经费支出发明专利数年均增速低于工业发展质量整体增速，为 4.2%。两化融合方面，电子信息产业占比、宽带人均普及率年均增速分别为 8.1%和 11.8%，高于工业发展质量整体增速；两化融合水平年均增速为 3.6%，低于工业发展质量整体增速。资源环境方面，单位工业增加值能耗、单位工业增加值用水量均高于工业发展质量整体增速，年均增速分别达到 5.6%和 9.7%。

此外，速度效益、结构调整和人力资源 3 项指标年均增速分别为 -1.6%、2.1%和 4.90%。速度效益方面，只有规上工业增加值增速实现了正增长，为 5.3%；工业企业资产负债率、工业成本费用利润率和工业营业收入利润率均为负增长，年均增速分别为-0.6%、-8.9%和-8.9%。结构调整方面，4 项指标的年均增速均低于工业发展质量整体增速，其中，高技术制造业主营业务收入占比、新产品出口占货物出口额比重两项指标实现了正增长，年均增速分别为 5.3%和 4.9%；制造业 500 强企业占比、规上小型工业企业收入占比两项指标年均增速分别为-3.2%和-0.4%，均为负增长。人力资源方面，工业城镇单位就业人员平均工资增速、第二产业全员劳动生产率两项指标年均增速高于工业发展质量整体增速，分别达到 7.9%和 6.9%；就业人员平均受教育年限则有待进一步提升，年均增速仅为 0.6%。

2. 截面指数（见表 6-10）

表 6-10　2012—2022 年河北工业发展质量截面指数排名

	2012	2013	2014	2015	2016	2017	2018	2019	2020	2021	2022	2012—2022 年均值排名
速度效益	21	23	26	22	18	21	22	22	18	30	30	25
结构调整	16	16	16	14	18	17	19	16	16	16	17	16
技术创新	26	24	22	20	20	18	15	13	16	16	15	20
资源环境	13	12	11	14	10	11	11	12	11	12	12	12
两化融合	13	14	14	18	15	16	17	17	18	17	19	16
人力资源	27	28	29	23	27	20	28	25	28	27	27	28
截面指数	23	22	21	17	17	18	21	18	18	24	22	19

资料来源：赛迪智库整理，2024 年 4 月。

横向来看，2012—2022 年河北工业发展质量截面指数均值为 33.7，排在全国第 19 位。2022 年河北工业发展质量截面指数为 30.9，排在全国第 22 位。

具体来看，2022 年河北的结构调整、技术创新、资源环境、两化融合 4 项指标排名处于全国中游水平。结构调整方面，制造业 500 强企业占比排名靠前，处于全国第 7 位；规上小型工业企业收入占比、新产品出口占货物出口额比重处于全国中游水平，分别排在第 16 和第 14 位；高技术制造业主营业务收入占比排名靠后，位居全国第 28 位。技术创新方面，工业企业 R&D 经费投入强度、工业企业 R&D 人员投入强度、工业企业新产品销售收入占比 3 项指标均处于全国中游水平，分别排在第 14、第 15 和第 14 位；单位工业企业 R&D 经费支出发明专利数则排在全国第 28 位，有待进一步提升。资源环境方面，单位工业增加值用水量处于全国前列，排在第 6 位；单位工业增加值能耗则处于全国下游水平，排在第 23 位。两化融合方面，两化融合水平、宽带人均普及率分别排在全国第 14 位和第 19 位，处于中游水平；电子信息产业占比排在全国第 25 位，表现较差。

2022 年，河北工业发展质量截面指数的速度效益和人力资源两项指标均值分别排在全国第 30 位、第 27 位。速度效益方面，除规上工业增加值增速排在全国第 15 位外，其余 3 项指标均处于全国下游，工业企业资产负债率、工业成本费用利润率和工业营业收入利润率分别排在第 27 位、第 31 位和第 31 位。人力资源方面，就业人员平均受教育年限处于全国中游水平，排在第 16 位；工业城镇单位就业人员平均工资增速、第二产业全员劳动生产率表现较差，分别排在全国第 24 位和第 30 位。

3. 原因分析

近年来，河北始终坚持投资、消费、出口协同发力，高质量发展扎实推进，技术创新、资源环境等方面表现较好。技术创新方面，制定科技特派团工作制度，推动创新链和产业链精准对接，2023 年，牵头组建了 4 家全国重点实验室，全省 26 家企业上榜我国民企研发投入 500 强。资源环境方面，出台《关于完整准确全面贯彻新发展理念认真做好碳达峰碳中和工作的实施意见》，严控钢铁、石化等高耗能行业产能扩大，加快节能环保、新能源等方面技术与产业，截至 2023 年年底，累计培育国家绿色工厂 236 家、绿色园区 15 家。

（三）结论与展望

综合时序指数和截面指数来看，河北各项指标处于全国中下游水平，仍有一定提升空间。未来，河北可以从以下两个方面着手：一是推动创新发展能力持续提升，传统产业转型升级，强化未来产业与优势产业的协同发展，开辟人工智能、人形机器人、量子技术等未来产业新赛道。二是实施重点项目攻坚工程，加快推动工业领域设备更新改造方案落地见效，盯紧抓实计划建成投产的项目，努力形成更多实物工作量。

四、山西

（一）总体情况

1. 宏观经济总体情况

2023 年，山西实现地区生产总值 25698.18 亿元，其中，第一产业增加值为 1388.86 亿元，同比增长 4.0%，占地区生产总值的比重为 5.4%；第二产业增加值为 13329.69 亿元，同比增长 5.1%，占地区生产总值的比重为 51.9%；第三产业增加值为 10979.64 亿元，同比增长 5.0%，占地区生产总值的比重为 42.7%。全年全省固定资产投资比上年下降 6.6%。其中，第一产业投资下降 6.1%；第二产业投资下降 3.9%；第三产业投资下降 8.6%；基础设施投资下降 18.1%；民间投资下降 9.0%。全省社会消费品零售总额为 7981.8 亿元，比上年增长 5.5%。其中，商品零售额为 7134.6 亿元，同比增长 4.8%；餐饮收入为 847.2 亿元，同比增长 12.2%。

2. 工业经济运行情况

2022 年，山西工业增加值为 12263.26 亿元，比上年增长 5.9%。规模以上工业增加值同比增长 4.6%。在规模以上工业中，分门类看，采矿业同比增长 3.3%，制造业同比增长 8.1%，电力、热力、燃气及水生产和供应业同比增长 2.4%；分煤与非煤看，煤炭工业同比增长 3.6%，非煤工业同比增长 6.2%。

（二）指标分析

1. 时序指数（见图 6-5 和表 6-11）

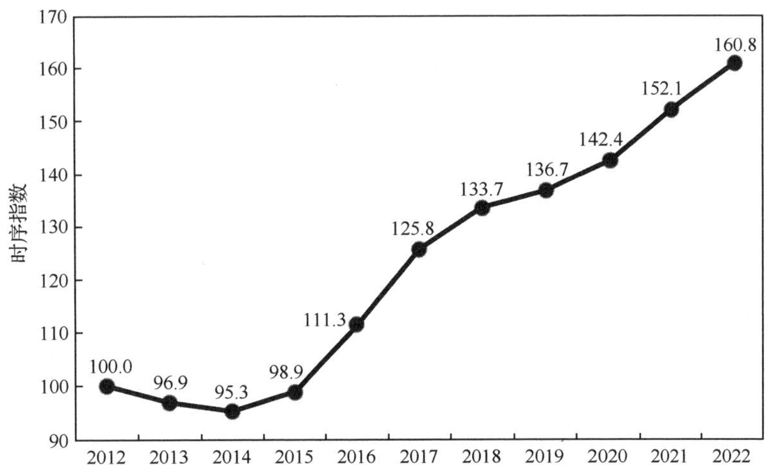

图 6-5　山西工业发展质量时序指数

（资料来源：赛迪智库整理，2024 年 5 月）

表 6-11　2012—2022 年山西工业发展质量时序指数

	2012	2013	2014	2015	2016	2017	2018	2019	2020	2021	2022	2012—2022 年年均增速
速度效益	100.0	80.8	63.5	46.9	68.2	106.1	120.4	106.6	103.2	150.2	163.2	5.0%
结构调整	100.0	87.4	83.9	106.1	115.5	130.4	127.7	145.9	147.1	133.7	140.0	3.4%
技术创新	100.0	109.6	111.2	104.6	115.6	120.6	132.1	128.0	142.1	134.1	137.6	3.2%
资源环境	100.0	109.0	115.8	118.3	123.0	125.9	127.2	135.4	148.2	167.0	183.2	6.2%
两化融合	100.0	105.6	117.2	143.5	161.8	168.0	177.9	184.1	199.5	198.4	205.7	7.5%
人力资源	100.0	101.6	104.8	105.5	107.1	112.0	122.0	135.1	133.5	145.7	154.6	4.5%
时序指数	100.0	96.9	95.3	98.9	111.3	125.8	133.7	136.7	142.4	152.1	160.8	4.9%

资料来源：赛迪智库整理，2024 年 5 月。

纵向来看，山西工业发展质量时序指数从 2012 年的 100.0 上涨至 2022 年的 160.8，年均增速为 4.9%，低于全国平均增速 0.4 个百分点。

山西在两化融合、资源环境、速度效益等方面表现较好，年均增速分别达到 7.5%、6.2%和 5.0%。两化融合方面，宽带人均普及率增速最快，为 11.7%；电子信息产业占比、两化融合水平年均增速分别达 5.2%和 4.1%。资源环境方面，各项指标年均增速差异较大，单位工业增加值用水量年均增速最快，为 8.3%；单位工业增加值能耗年均增速为 3.7%。速度效益方面，工业成本费用利润率表现较好，年均增速达到 6.8%；工业营业收入利润率、规上工业增加值增速年均增速分别达 6.0%和 5.4%。

山西在人力资源、结构调整和技术创新方面年均增速分别为 4.5%、3.4%和 3.2%，均保持低速增长态势。人力资源方面，第二产业全员劳动生产率、工业城镇单位就业人员平均工资增速表现较好，年均增速分别达到 6.6%和 6.4%；就业人员平均受教育年限年均增速仅为 0.7%。结构调整方面，规上小型工业企业收入占比、高技术制造业主营业务收入占比、制造业 500 强企业占比、新产品出口占货物出口额比重年均增速分别为 4.3%、3.7%、3.4%和 2.1%。技术创新方面，单位工业企业 R&D 经费支出发明专利数、工业企业新产品销售收入占比表现较好，年均增速分别达到 6.0%和 5.9%；工业企业 R&D 人员投入强度年均增速为 2.9%；工业企业 R&D 经费投入强度年均增速为-1.3%。

2. 截面指数（见表 6-12）

表 6-12　2012—2022 年山西工业发展质量截面指数排名

	2012	2013	2014	2015	2016	2017	2018	2019	2020	2021	2022	2012—2022 年均值排名
速度效益	24	30	30	30	29	25	23	25	26	10	7	29
结构调整	22	28	29	28	28	26	24	20	20	20	19	23
技术创新	21	20	20	24	24	25	22	27	27	27	28	27
资源环境	19	16	17	20	18	20	22	22	23	19	20	20
两化融合	14	16	16	15	18	18	18	19	19	15	18	17

续表

	2012	2013	2014	2015	2016	2017	2018	2019	2020	2021	2022	2012—2022 年均值排名
人力资源	17	22	25	25	26	12	18	15	15	12	15	18
截面指数	25	28	30	29	29	23	24	23	24	21	21	28

资料来源：赛迪智库整理，2024 年 5 月。

横向来看，2012—2022 年山西工业发展质量截面指数均值为 26.8，排在全国第 28 位。2022 年山西工业发展质量截面指数为 31.5，排在全国第 21 位，与 2021 年持平。

2012—2022 年，山西工业发展质量截面指数所有指标均值排名都处于全国下游水平，速度效益、技术创新、结构调整、资源环境、人力资源、两化融合分别排在第 29、第 27、第 23、第 20、第 18 和第 17 位。

速度效益方面，山西该项指标排名有所提升，从 2012 年的第 24 位提升到 2022 年的第 7 位。主要是规上工业增加值增速、工业成本费用利润率、工业营业收入利润率表现优异，2022 年分别位列全国第 4、第 7 和第 7 位，而工业企业资产负债率排在全国第 31 位。技术创新方面，4 项指标均处于全国下游水平，其中，工业企业 R&D 经费投入强度、工业企业 R&D 人员投入强度、单位工业企业 R&D 经费支出发明专利数、工业企业新产品销售收入占比分别排在第 28、第 27、第 21 和第 27 位。结构调整方面，新产品出口占货物出口额比重上升较快，位列第 4 位；制造业 500 强企业占比排名处于全国中游水平，位列第 18 位；高技术制造业主营业务收入占比、规上小型工业企业收入占比排名均靠后，分别排在全国第 27 和第 24 位。

资源环境方面，单位工业增加值用水量全国排名第 10 位；单位工业增加值能耗表现较差，排在全国第 27 位。人力资源方面，工业城镇单位就业人员平均工资增速、就业人员平均受教育年限表现较好，分别排在全国第 3 和第 5 位；第二产业全员劳动生产率排在全国第 25 位。两化融合方面，宽带人均普及率、两化融合水平、电子信息产业占比分别排在全国第 15、第 17 和第 24 位。

3. 原因分析

山西工业发展质量整体处于全国较低水平，2012—2022 年山西工业发展质量截面指数均值排在全国第 28 位，在结构调整、技术创新、资源环境、两化融合等方面的全国排名均处于下游。但近年来有一定进步，2022 年排在全国第 21 位。山西打造能源革命综合改革试点先行区，实施产业链“链长制”，梯度培育特色专业镇，推动钢铁企业完成超低排放改造等系列举措，支持加快传统优势产业率先转型。山西也加大工业技改投资，推动战略性新兴产业引领转型，信创、大数据、半导体、新能源汽车、新材料、新能源等产业逐步发展壮大。由此，全省经济结构持续优化、新动能蓬勃涌动，一批企业技术创新能力获得提升，一批关键技术和重要产品取得突破，一批重大标志性创新成果引领产业发展攀上新的高度。

（三）结论与展望

综合时序指数和截面指数来看，山西在速度效益、技术创新、结构调整等方面较弱，下一步需坚持提升传统和壮大新兴相结合，着力构建现代化产业体系：一是加快推动能源革命综合改革试点。着力构建新型电力系统，加快在建煤电项目建设，完成煤电机组“三改联动”，加快晋北采煤沉陷区新能源基地建设，积极开发地热能、生物质能。二是加快推动战略性新兴产业发展壮大和未来产业布局发展。推进上下游企业高效配合、大中小企业融通发展，打造协同创新更加紧密、配套体系更加完备、要素支撑更加有效的产业生态，开展梯度培育“链主+链核+专精特新”企业，加快重点产业补链延链升链建链。

五、内蒙古

（一）总体情况

1. 宏观经济总体情况

2023 年，内蒙古实现地区生产总值 24627 亿元，比上年增长 7.3%。其中，第一产业增加值为 2737 亿元，比上年增长 5.5%；第二产业增加值为 11704 亿元，比上年增长 8.1%；第三产业增加值为 10186 亿元，

比上年增长 7.0%。三次产业比例为 11.1∶47.5∶41.4。第一、第二、第三产业对地区生产总值增长的贡献率分别为 8.7%、45.7%和 45.6%。

2. 工业经济运行情况

2023 年，全年规模以上工业增加值同比增长 7.4%。其中，煤炭开采和洗选业比上年增长 1.4%，食品制造业比上年增长 18.3%，石油、煤炭及其他燃料加工业比上年增长 15.3%，化学原料和化学制品制造业比上年增长 2.5%，非金属矿物制品业比上年增长 20.2%，有色金属冶炼和压延加工业比上年增长 11.9%，专用设备制造业比上年增长 13.1%，电气机械和器材制造业比上年增长 89.2%，计算机、通信和其他电子设备制造业比上年增长 3.5%，电力、热力生产和供应业比上年增长 15.5%。

（二）指标分析

1. 时序指数（见图 6-6 和表 6-13）

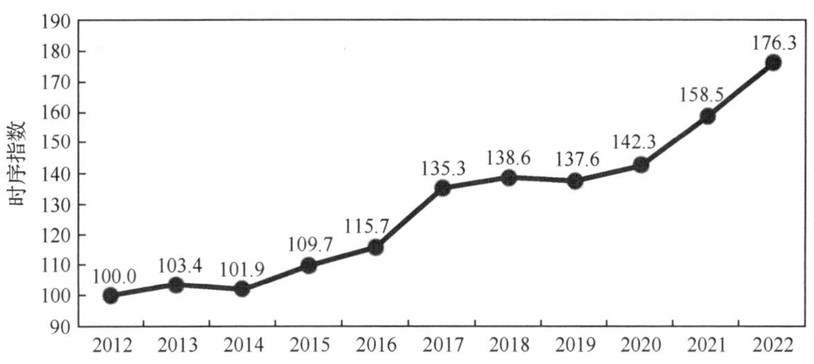

图 6-6　内蒙古工业发展质量时序指数

（资料来源：赛迪智库整理，2024 年 5 月）

表 6-13　2012—2022 年内蒙古工业发展质量时序指数

	2012	2013	2014	2015	2016	2017	2018	2019	2020	2021	2022	2012—2022 年均增速
速度效益	100.0	99.2	84.8	82.3	90.7	109.6	111.2	107.9	102.8	137.5	144.9	3.8%
结构调整	100.0	101.0	90.2	106.9	104.6	96.4	109.1	97.4	105.1	112.3	136.4	3.2%

续表

	2012	2013	2014	2015	2016	2017	2018	2019	2020	2021	2022	2012—2022年均增速
技术创新	100.0	111.0	111.0	122.9	132.2	182.3	159.7	158.7	172.9	160.7	208.2	7.6%
资源环境	100.0	115.1	135.8	146.8	157.2	170.8	170.8	188.3	195.1	209.4	222.0	8.3%
两化融合	100.0	97.2	107.1	110.7	114.1	145.2	172.7	165.6	169.0	215.0	206.6	7.5%
人力资源	100.0	100.9	104.9	112.8	122.1	128.8	136.0	149.0	151.4	159.4	173.7	5.7%
时序指数	100.0	103.4	101.9	109.7	115.7	135.3	138.6	137.6	142.3	158.5	176.3	5.8%

资料来源：赛迪智库整理，2024年5月。

纵向来看，内蒙古工业发展质量时序指数由2012年的100.00上涨至2022年的176.3，年均增速达到5.8%，高出全国平均增速0.5个百分点。

内蒙古在资源环境、技术创新方面增长较快，年均增速分别为8.3%和7.6%。在资源环境方面，单位工业增加值用水量年均增速最快，为13.0%；单位工业增加值能耗年均增速仅为0.6%。在技术创新方面，各指标年均增速差异较大，工业企业新产品销售收入占比、单位工业企业R&D经费支出发明专利数年均增速较快，分别为13.0%、11.0%，工业企业R&D经费投入强度年均增速达到4.3%，工业企业R&D人员投入强度年均增速为2.2%。

内蒙古在两化融合、人力资源、速度效益方面表现较好，年均增速分别达到7.5%、5.7%和3.8%。两化融合方面，宽带人均普及率、电子信息产业占比年均增速分别达到12.6%、4.0%；两化融合水平年均增速为3.8%。人力资源方面，工业城镇单位就业人员平均工资增速、第二产业全员劳动生产率、就业人员平均受教育年限年均增速分别为10.0%、7.5%、0.6%。速度效益方面，规上工业增加值增速表现较好，年均增速为6.8%；工业成本费用利润率、工业营业收入利润率和工业企业资产负债率年均增速相对平稳，分别为3.3%、2.9%、0.9%。

结构调整方面，新产品出口占货物出口额比重、高技术制造业主营业务收入占比表现相对较好，年均增速分别为 4.7%、5.4%；制造业 500 强企业占比增速为 2.9%；规上小型工业企业收入占比年均增速较差，为-3.6%，成为结构调整的主要短板。

2. 截面指数（见表 6-14）

表 6-14　2012—2022 年内蒙古工业发展质量截面指数排名

	2012	2013	2014	2015	2016	2017	2018	2019	2020	2021	2022	2012—2022 年均值排名
速度效益	4	3	14	21	15	7	3	4	14	2	3	4
结构调整	23	22	23	23	23	30	28	29	29	29	28	28
技术创新	27	26	26	23	21	19	23	28	29	28	27	28
资源环境	26	28	23	25	24	24	25	25	26	25	26	26
两化融合	20	24	22	23	24	20	21	22	21	25	27	23
人力资源	3	3	4	5	4	4	3	4	3	3	2	3
截面指数	14	18	20	21	19	17	19	20	21	18	18	18

资料来源：赛迪智库整理，2024 年 5 月。

横向来看，2012—2022 年内蒙古工业发展质量截面指数均值为 35.4，排在全国第 18 位。2022 年内蒙古工业发展质量截面指数为 36.9，排在全国第 18 位，与 2021 年排名持平。

2022 年，内蒙古在人力资源、速度效益方面处于全国领先水平，分别位列第 2、第 4 位。人力资源方面，第二产业全员劳动生产率、工业城镇单位就业人员平均工资增速是促使内蒙古在人力资源方面处于全国领先地位的主要支撑指标，均处于全国第 1 位；就业人员平均受教育年限处于上游水平，排在全国第 8 位。速度效益方面，工业成本费用利润率、工业营业收入利润率、规上工业增加值增速全国领先，均位居第3位；工业企业资产负债率排名第11位。

2022年，内蒙古在结构调整、技术创新、两化融合、资源环境方面均处于全国下游水平，分别排在第28、第27、第27和第26位。结构调整方面，新产品出口占货物出口额比重处于全国中游水平，排在第17位；高技术制造业主营业务收入占比、规上小型工业企业收入占比、制造业500强企业占比排名均靠后，分别排在全国第30、第25、第20位。技术创新方面，工业企业R&D经费投入强度、工业企业R&D人员投入强度、单位工业企业R&D经费支出发明专利数、工业企业新产品销售收入占比均处于全国下游水平，分别排在第26、第25、第22和第24位。资源环境方面，单位工业增加值用水量排在全国第16位；单位工业增加值能耗排在全国第29位。两化融合方面，电子信息产业占比、两化融合水平、宽带人均普及率分别排在全国第28、第18和第27位。

3. *原因分析*

内蒙古拥有煤炭、稀土等高价值矿产资源，矿产资源行情较好，带动全区经济较快发展。但产业延伸升级不足，传统产业转型升级步伐不够快，科技创新引领产业创新能力还不够强，营商环境有待改进，资源浪费现象依然存在，产业断链、缺链问题凸显，上下游产业紧密协作发展程度不足，协作配套率、产品销售的本地化率、物料及配套的本地化率均较低，以及工业经济稳定增长基础不牢固，制约了内蒙古的工业发展。

（三）结论与展望

内蒙古工业发展要提质增效达到全国省份排名的中游水平，需紧密围绕锻长板、补短板、壮集群的发展路径，加快培育新质生产力，促进经济持续健康发展：一是发展新能源产业。培育绿色经济，带动工业经济绿色发展，加快促进新型工业化体系建设，促进产业资金、人才、创新等资源要素向先进制造业聚集，培育重点项目，进一步壮大内蒙古的工业基础。二是打造产业新引擎。发展新材料、现代装备制造、生物医药、商业航天、低空经济等新兴产业，以科技创新为引领，加快关键核心技术、核心零部件研发制造攻关，深入推进融合集群发展。三是深入

实施制造业重点产业链高质量发展行动，集中力量打造乳制品世界级集群，稀土新材料、现代煤化工、硅晶新材料及光伏制造等国家级集群，风电装备、氢能制造、新型储能、生物医药、精细化工、合金材料等集群，引领产业链向中下游延伸、价值链向中高端攀升。

六、辽宁

（一）总体情况

1. 宏观经济总体情况

2022 年，辽宁实现地区生产总值 30209.4 亿元，比上年增长 5.3%。其中，第一产业增加值为 2651.0 亿元，同比增长 4.7%；第二产业增加值为 11734.5 亿元，同比增长 5.0%；第三产业增加值为 15823.9 亿元，同比增长 5.5%。第一产业增加值占地区生产总值的比重为 8.8%，第二产业增加值占地区生产总值的比重为 38.8%，第三产业增加值占地区生产总值的比重为 52.4%。全年社会消费品零售总额为 10362.1 亿元，比上年增长 8.8%。全年固定资产投资比上年增长 4.0%。其中第二产业投资增长 18.2%，工业投资增长 18.1%。

2. 工业经济运行情况

2022 年，辽宁全省规模以上工业增加值比上年增长 5.0%，其中，高技术制造业增加值增长 8.8%。分行业看，全年规模以上装备制造业增加值比上年增长 9.1%，占规模以上工业增加值的比重为 28.8%。其中，计算机、通信和其他电子设备制造业增加值增长 22.2%，金属制品、机械和设备修理业增加值增长 19.1%，汽车制造业增加值增长 15.7%，仪器仪表制造业增加值增长 9.3%。全年规模以上工业企业营业收入 35677.3 亿元，比上年下降 1.0%；利润总额 1500.9 亿元，比上年下降 6.4%。

（二）指标分析

1. 时序指数（见图 6-7 和表 6-15）

纵向来看，辽宁工业发展质量时序指数自 2012 年的 100.00 上涨至 2022 年的 140.2，年均增速为 3.4%，低于全国平均增速 1.87 个百分点。

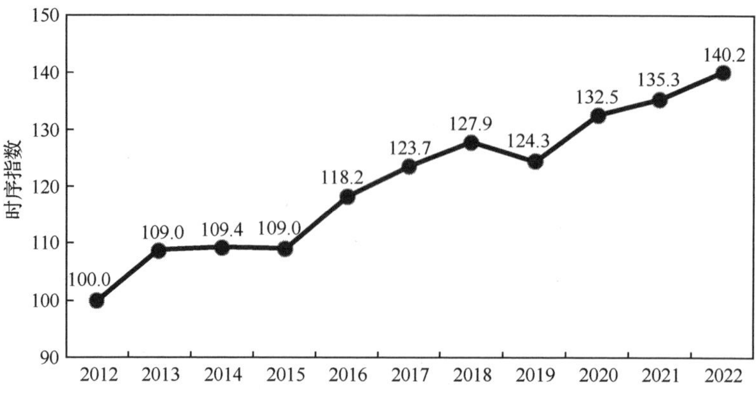

图 6-7 辽宁工业发展质量时序指数

（资料来源：赛迪智库整理，2024 年 5 月）

表 6-15 2012—2022 年辽宁工业发展质量时序指数

	2012	2013	2014	2015	2016	2017	2018	2019	2020	2021	2022	2012—2022 年年均增速
速度效益	100.0	109.8	95.8	81.8	70.3	91.3	104.6	93.8	95.4	103.9	96.9	-0.3%
结构调整	100.0	108.1	109.9	106.5	124.2	105.2	104.8	95.4	103.5	99.0	103.5	0.3%
技术创新	100.0	113.0	119.9	128.9	176.9	189.5	185.8	177.8	198.4	197.8	209.1	7.7%
资源环境	100.0	111.5	116.1	116.2	105.4	111.4	119.8	124.6	126.3	129.6	142.0	3.6%
两化融合	100.0	107.5	112.8	118.5	113.3	118.4	118.0	125.3	132.6	136.8	146.3	3.9%
人力资源	100.0	102.2	107.1	114.4	119.0	123.8	133.5	140.5	147.3	154.5	160.3	4.8%
时序指数	100.0	109.0	109.4	109.0	118.2	123.7	127.9	124.3	132.5	135.3	140.2	3.4%

资料来源：赛迪智库整理，2024 年 5 月。

辽宁在技术创新方面增长较快，年均增速为 7.7%，其中，工业企业 R&D 人员投入强度、工业企业新产品销售收入占比增速较快，年均增速分别为 10.8%、7.6%；单位工业企业 R&D 经费支出发明专利数、工业企业 R&D 经费投入强度年均增速分别为 5.4%、5.3%。

辽宁在人力资源、两化融合、资源环境、结构调整方面的年均增速分别为 4.8%、3.9%、3.6%和 0.3%，均保持低速增长态势。人力资源方面，工业城镇单位就业人员平均工资增速、第二产业全员劳动生产率年均增速分别为 8.1%、6.4%；就业人员平均受教育年限年均增速仅为 1.1%。两化融合方面，宽带人均普及率年均增速为 8.8%，是拉动两化融合发展的主要因素；两化融合水平年均增速为 3.2%；电子信息产业占比表现较差，年均增速为-3.6%。资源环境方面，单位工业增加值能耗年均增速为 7.1%；单位工业增加值用水量年均增速下降 1.5%，耗水问题应予以重视。辽宁在结构调整方面处于相对弱势地位，新产品出口占货物出口额比重、高技术制造业主营业务收入占比年均增速分别为 8.2%、3.6%；制造业 500 强企业占比、规上小型工业企业收入占比年均增速分别为-13.8%、-6.5%，是影响结构调整发展的主要因素。

辽宁在速度效益方面的年均增速为-0.3%，其中，规上工业增加值增速、工业企业资产负债率、工业成本费用利润率、工业营业收入利润率年均增速分别为 1.8%、-0.6%、-0.6%、-1.4%。

2. 截面指数（见表 6-16）

表 6-16　2012—2022 年辽宁工业发展质量截面指数排名

	2012	2013	2014	2015	2016	2017	2018	2019	2020	2021	2022	2012—2022 年均值排名
速度效益	28	25	27	28	30	28	19	23	28	29	28	28
结构调整	13	11	13	18	22	24	21	23	23	23	24	19
技术创新	20	19	19	18	11	11	12	18	17	18	19	14
资源环境	12	9	12	16	16	17	18	18	18	21	21	16
两化融合	9	9	10	10	11	11	12	13	14	21	21	11
人力资源	14	14	16	13	12	14	13	17	14	15	13	14
截面指数	17	15	17	20	22	20	18	21	20	26	26	20

资料来源：赛迪智库整理，2024 年 5 月。

横向来看，2012—2022 年辽宁工业发展质量截面指数均值为 33.4，排在全国第 20 位，处于全国中下游水平。2022 年辽宁工业发展质量截面指数为 27.7，排在全国第 26 位，与 2021 年持平。

2022 年，辽宁在人力资源、技术创新、资源环境、两化融合方面的排名均处于全国中游水平，分别排在第 13、第 19、第 21 和第 21 位。人力资源方面，就业人员平均受教育年限表现较好，排在全国第 6 位；工业城镇单位就业人员平均工资增速、第二产业全员劳动生产率分别排在全国第 19、第 17 位。技术创新方面，工业企业 R&D 经费投入强度、工业企业 R&D 人员投入强度、工业企业新产品销售收入占比分别排在全国第 19、第 19 和第 17 位；单位工业企业 R&D 经费支出发明专利数表现相对较差，排在全国第 26 位。资源环境方面，单位工业增加值能耗、单位工业增加值用水量分别排在全国第 26、第 12 位。两化融合方面，两化融合水平、电子信息产业占比、宽带人均普及率分别排在全国第 16、第 20 和第 24 位。

2022 年，辽宁在结构调整、速度效益方面处于全国下游水平，分别排在第 24、第 28 位。结构调整方面，制造业 500 强企业占比相对较好，排在全国第 19 位；新产品出口占货物出口额比重、高技术制造业主营业务收入占比、规上小型工业企业收入占比相对较弱，分别排在全国第 20、第 23、第 27 位。速度效益方面，规上工业增加值增速、工业成本费用利润率、工业营业收入利润率、工业企业资产负债率仍处于全国下游水平，分别排在第 29、第 27、第 27 和第 23 位。

3. 原因分析

2022 年辽宁工业发展质量截面指数为 27.7，排在全国第 26 位，在结构调整、速度效益方面处于全国下游水平。辽宁是东北重要的老工业基地，产业结构发展不平衡，结构调整的压力、产业结构的短板、创新能力的不足，都是制约辽宁经济发展的重要因素。另外，信息化是推动工业发展的重要力量，辽宁在两化融合方面下滑较快，在资源环境方面也呈现较快降幅，但辽宁人才储备基础好，高校众多，科研和技术工人的人力资源丰富，为辽宁在人力资源方面打下了较好的基础。未来，辽宁需要进一步推进结构调整，加快产业升级，提升创新能力，才能实现经济的可持续发展。

（三）结论与展望

综合时序指数和截面指数来看，辽宁在结构调整、速度效益等方面还有提升空间，应以创新促进产业优化升级，推动工业经济高质量发展。主要体现在：一是提振新能源汽车、电子产品等大宗消费，大力发展数字消费、绿色消费、健康消费，积极培育智能家居、文娱旅游、体育赛事、国货潮品等消费新增长点。二是着力推进新材料、航空航天、低空经济、机器人、生物医药和医疗装备、新能源汽车、集成电路装备等战略性新兴产业融合集群发展。三是塑造制造业新优势。推动新型工业化，深入实施产业基础再造和重大技术装备攻关工程，实施制造业重点产业链高质量发展行动，加快国家新型工业化产业示范基地建设。四是深化国资国企改革。持续实施国企改革深化提升行动，推进国有企业布局调整，加快国有资本向重要行业和关键领域集中，做强做优国有企业。

七、吉林

（一）总体情况

1．宏观经济总体情况

2023 年，吉林实现地区生产总值（GDP）13531.19 亿元，按可比价格计算，同比增长 6.3%。具体到产业分布，第一产业增加值为 1644.75 亿元，占 GDP 的比重为 12.2%，同比增长 5.0%；第二产业增加值为 4585.04 亿元，占 GDP 的比重为 33.9%，同比增长 5.9%；第三产业增加值为 7301.40 亿元，占 GDP 的比重为 54%，同比增长 6.9%。这一数据表明，吉林的经济增长主要由第三产业驱动，其对 GDP 的贡献率最高，达到 54%，而第一产业和第二产业分别贡献 12.2%和 33.9%的比重。尽管各产业均实现了正增长，但第三产业的增长速度最快，达到 6.9%，显示出吉林经济结构的优化和升级趋势。

2．工业经济运行情况

2023 年，全省全部工业增加值为 3705.02 亿元，比上年增长 6.6%。全省规模以上工业增加值同比增长 6.8%。从重点产业看，高技术制造业增加值增长 2.4%，装备制造业增加值增长 12.5%。

（二）指标分析

1. 时序指数（见图 6-8 和表 6-17）

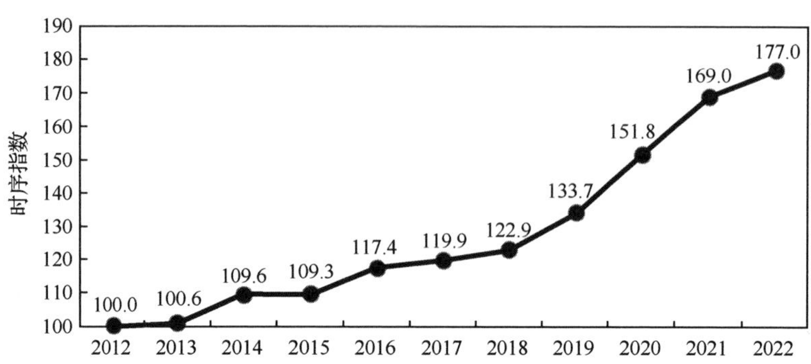

图 6-8　吉林工业发展质量时序指数

（资料来源：赛迪智库整理，2024 年 5 月）

表 6-17　2012—2022 年吉林工业发展质量时序指数

	2012	2013	2014	2015	2016	2017	2018	2019	2020	2021	2022	2012—2022 年年均增速
速度效益	100.0	99.1	104.8	99.4	102.5	99.7	109.7	104.1	100.8	127.6	113.0	1.2%
结构调整	100.0	107.8	125.1	109.8	113.2	94.1	67.1	80.0	94.2	93.2	86.1	-1.5%
技术创新	100.0	84.9	94.3	94.0	106.4	115.0	111.1	157.0	168.4	188.3	251.4	9.7%
资源环境	100.0	109.7	117.4	138.1	160.9	185.8	221.2	247.4	323.5	364.5	337.2	12.9%
两化融合	100.0	107.0	115.2	125.7	133.7	146.6	163.2	143.1	150.9	163.3	181.7	6.2%
人力资源	100.0	101.9	104.5	108.4	114.6	121.2	128.2	134.6	175.7	186.3	187.8	6.5%
时序指数	100.0	100.6	109.6	109.3	117.4	119.9	122.9	133.7	151.8	169.0	177.0	5.9%

资料来源：赛迪智库整理，2024 年 5 月。

纵向来看，吉林工业发展质量时序指数自 2012 年的 100.0 上涨至 2022 年的 177.0，年均增速为 5.9%，高于全国平均增速 0.6 个百分点。

吉林在资源环境和技术创新方面增长相对较快，年均增速分别为12.9%和 9.7%。资源环境方面，单位工业增加值用水量和单位工业增加值能耗改善较好，年均增速分别达到 16.6%和 7.6%。技术创新方面，除了工业新产品销售收入占比表现一般，其他 3 项指标均表现较好，年均增速均超过 8%，其中，单位工业企业 R&D 经费支出发明专利数年均增速更是高达 19.2%。

吉林在两化融合和人力资源方面的增速表现相对一般，年均增速分别为 6.2%和 6.5%。两化融合方面，宽带人均普及率增长较快，年均增速为 9.6%。人力资源方面，工业城镇单位就业人员平均工资增速和第二产业全员劳动生产率年均增速较快，分别为 9.4%和 9.3%，是支撑人力资源发展的有利因素。

吉林在速度效益和结构调整方面表现较差，年均增速分别为 1.2%和-1.5%。速度效益方面，规上工业增加值增速增长相对较快，年均增速达到 4.6%；工业企业资产负债率、工业成本费用利润率和工业营业收入利润率为低速增长或负增长。结构调整方面，规上小型工业企业收入占比和制造业 500 强企业占比是影响结构调整发展的不利因素，年均增速分别为-6.3%和-4.0%。

2. 截面指数（见表 6-18）

表 6-18　2012—2022 年吉林工业发展质量截面指数排名

	2012	2013	2014	2015	2016	2017	2018	2019	2020	2021	2022	2012—2022 年均值排名
速度效益	17	24	21	20	16	23	20	26	16	19	25	21
结构调整	17	18	19	19	16	18	27	26	28	27	27	21
技术创新	25	29	28	29	28	27	29	22	22	23	18	26
资源环境	22	21	21	22	21	19	15	15	13	11	17	18
两化融合	19	19	19	20	21	22	22	25	25	28	30	24

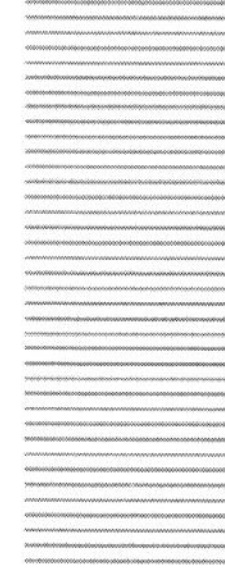

续表

	2012	2013	2014	2015	2016	2017	2018	2019	2020	2021	2022	2012—2022年均值排名
人力资源	13	16	17	19	18	16	17	19	9	9	10	16
截面指数	22	26	22	22	20	22	25	26	22	22	27	22

资料来源：赛迪智库整理，2024年5月。

横向来看，吉林工业发展质量截面指数连续多年处于中下游水平，2022年截面指数为27.7，排在全国第27位，较2021年下降5位。

2022年，吉林在人力资源方面表现较好，排在全国第10位。其中，第二产业全员劳动生产率排在全国第6位，是支撑人力资源发展的主要因素。

2022年，吉林在资源环境和技术创新方面处于中游水平或中下游水平。在资源环境方面排在全国第17位，其中，单位工业增加值能耗和单位工业增加值用水量排名比较接近，分别排在全国第16位和第18位。在技术创新方面排在全国第18位，其中，工业企业R&D经费投入强度和工业企业R&D人员投入强度在全国处于下游水平，分别处于第23位和第27位，影响了技术创新指标的排名。

2022年，吉林在速度效益、结构调整和两化融合方面均处于下游水平。在速度效益方面排在全国第25位，其中，规上工业增加值增速排在全国第30位，影响了速度效益的整体表现。在结构调整方面排在全国第27位。其中，高技术制造业主营业务收入占比、制造业500强企业占比和规上小型工业企业收入占比均排名比较落后，分别排全国第24、第26和第30位。在两化融合方面排在全国第30位，其中，电子信息产业占比、两化融合水平、宽带人均普及率均处于中下游水平，分别排在全国第23、第23、第31位，影响了吉林两化融合指标的排名。

3. 原因分析

近年来，吉林在资源环境和技术创新方面取得了一些显著成果，这得益于政府采取了一系列的努力和措施。例如，在资源优化利用方面，吉林致力于推动资源的高效利用和优化配置，通过加强资源管理和节约利用，促进资源循环利用，推动产业结构调整和优化，以实现资源的可

持续利用。吉林还加强了对矿产资源的保护和管理，制定了一系列矿产资源开发和利用的政策法规。在环境保护方面，吉林高度重视环境保护工作，加强了环境监测和治理能力，积极推动大气、水体和土壤污染治理，加强环境执法力度，加大对环境违法行为的处罚力度。吉林还鼓励企业实施清洁生产，推动绿色发展和可持续发展。在科技创新方面，吉林注重科技创新，加大了对科技研发的投入力度，积极推动产学研合作，建立高校和企业之间的合作机制，鼓励科技成果转化和技术创新。此外，吉林还设立了一系列科技创新基金和支持政策，吸引和扶持高科技企业和创新团队。

（三）结论与展望

吉林在工业经济发展、资源环境保护、技术创新和人力资源优化方面取得了一定的成绩，但仍面临挑战和改进空间。通过持续加大支持力度，并采取相应的政策和措施，吉林有望进一步提升经济发展的质量和效益，实现可持续发展的目标。吉林应继续加大对工业经济的支持力度，特别是在高技术制造业和装备制造业方面，通过引进先进技术和创新模式，提升产业竞争力，实现工业结构的优化和升级；吉林在资源环境方面表现较好，但仍需持续努力，应加强环境治理和资源利用的可持续性，推动绿色发展，减少能耗和污染排放，保护生态环境；吉林在技术创新方面取得了一定的成就，但仍需进一步加大投入和支持力度，加强与高校和研究机构的合作，培育创新人才，加速科技成果的转化和产业化，提高技术创新对经济发展的支撑作用；吉林应加强人力资源培训和教育，提高劳动者的技能水平和创新能力，优化就业结构，促进高技能人才的流动和就业，提高劳动生产率和人力资源的质量。

八、黑龙江

（一）总体情况

1. 宏观经济总体情况

2023 年，黑龙江实现地区生产总值 15883.9 亿元，按不变价格计算，比上年增长 2.6%。其中，第一产业增加值为 3518.3 亿元，比上年增长

2.6%；第二产业增加值为 4291.3 亿元，比上年下降 2.3%；第三产业增加值为 8074.3 亿元，比上年增长 5.0%。这一数据表明，尽管黑龙江的总体经济增长率与上年基本持平，但各产业的表现存在差异。第一产业和第三产业均实现正增长，第二产业则出现负增长。

2. 工业经济运行情况

2023 年，黑龙江全省规模以上工业增加值比上年下降 3.3%，工业生产承压前行，新动能不断积聚。具体来看，高技术制造业增加值增长 12.3%，高于全国 9.6 个百分点；工业技术改造投资同比增长 5.3%；社会消费品零售总额增长 8.1%、高于全国 0.9 个百分点，全年各月累计增速均高于全国；外贸进出口总额增长 12.3%、出口增长 39.4%，增速分别位居全国第 6 位和第 3 位。

（二）指标分析

1. 时序指数（见图 6-9 和表 6-19）

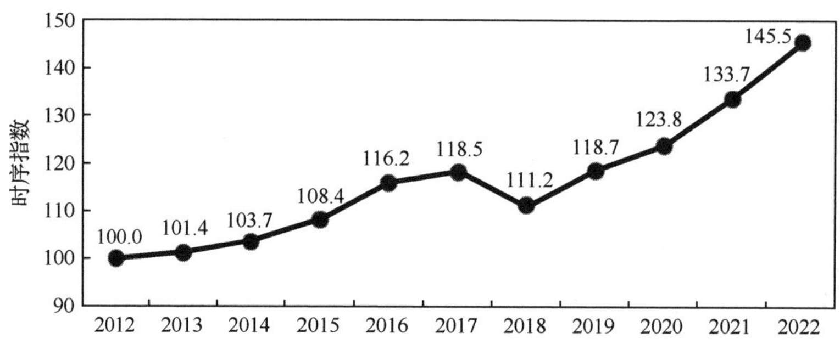

图 6-9 黑龙江工业发展质量时序指数

（资料来源：赛迪智库整理，2024 年 5 月）

表 6-19 2012—2022 年黑龙江工业发展质量时序指数

	2012	2013	2014	2015	2016	2017	2018	2019	2020	2021	2022	2012—2022 年年均增速
速度效益	100.0	91.2	86.5	69.4	63.6	74.0	77.9	72.5	68.2	77.1	80.8	2.1%
结构调整	100.0	97.1	94.5	100.6	119.4	119.1	79.5	88.6	83.5	87.7	94.7	-0.5%

续表

	2012	2013	2014	2015	2016	2017	2018	2019	2020	2021	2022	2012—2022 年年均增速
技术创新	100.0	102.9	105.2	104.9	110.8	114.5	100.3	121.7	134.8	143.3	149.8	4.1%
资源环境	100.0	121.4	142.0	187.0	204.9	215.5	207.1	210.6	223.4	238.0	278.8	10.8%
两化融合	100.0	105.2	113.1	127.8	139.0	121.9	138.4	145.2	149.8	165.9	179.6	6.0%
人力资源	100.0	103.9	106.2	112.1	118.3	124.3	131.7	142.9	163.7	175.5	192.9	6.8%
时序指数	100.0	101.4	103.7	108.4	116.2	118.5	111.2	118.7	123.8	133.7	145.5	3.8%

资料来源：赛迪智库整理，2024 年 5 月。

纵向来看，黑龙江工业发展质量时序指数自 2012 年的 100.0 上涨至 2022 年的 145.5，年均增速为 3.8%，低于全国平均增速 1.5 个百分点。

黑龙江在资源环境方面增长较快，年均增速为 10.8%。其中，单位工业增加值用水量表现较好，年均增速达到 14.6%，促进了资源环境指标的增长。

黑龙江在技术创新、两化融合、人力资源方面表现一般。技术创新方面，年均增速为 4.1%。其中，单位工业企业 R&D 经费支出发明专利数和工业企业新产品销售收入占比增长较快，年均增速分别为 8.6%和 9.0%；工业企业 R&D 人员投入强度年均增速表现欠佳，为-1.6%。两化融合方面，年均增速为 6.0%。其中，宽带人均普及率年均增速为 12.4%，表现较好；电子信息产业占比表现较差，年均增速为-3.3%。人力资源方面，年均增速为 6.8%。其中，工业城镇单位就业人员平均工资增速和第二产业全员劳动生产率增长快速，年均增速分别为 8.7%和 9.9%；就业人员平均受教育年限增长较慢，年均增速仅为 1.3%。

黑龙江在速度效益和结构调整方面表现较差，年均增速均分别为-2.1%和-0.5%。具体来看，速度效益方面，工业企业资产负债率、工业成本费用利润率和工业营业收入利润率均呈负增长，年均增速分别为-0.7%、-7.5%和-6.8%。结构调整方面，制造业 500 强企业占比和规上小型工业企业收入占比表现较差，年均增速分别为-8.8%和 0.3%。

2. 截面指数（见表 6-20）

表 6-20 2012—2022 年黑龙江工业发展质量截面指数排名

	2012	2013	2014	2015	2016	2017	2018	2019	2020	2021	2022	2012—2022 年均值排名
速度效益	5	18	22	25	27	27	26	29	29	28	24	26
结构调整	25	21	21	21	19	22	25	25	26	22	23	22
技术创新	13	15	15	15	16	14	24	23	23	25	26	21
资源环境	25	25	22	19	20	21	23	23	25	26	25	23
两化融合	26	26	26	29	29	30	29	30	30	30	29	30
人力资源	20	24	28	21	17	19	20	18	17	17	11	19
截面指数	18	23	25	24	25	26	28	29	29	30	29	27

资料来源：赛迪智库整理，2024 年 5 月。

横向来看，2022 年黑龙江工业发展质量截面指数为 24.2，排在全国第 29 位，排名较 2021 年上升 1 位。

黑龙江在人力资源方面处于全国上游水平，2022 年排在第 11 位，较 2021 年上升 6 位。其中，工业城镇单位就业人员平均工资增速、第二产业全员劳动生产率和就业人员平均受教育年限排名均相对较好，分别排在全国第 13 位、第 12 位和第 12 位。

2022 年，黑龙江在速度效益、结构调整、技术创新、资源环境、两化融合方面表现均比较一般。在速度效益方面排在全国第 24 位，较上一年上升了 4 位。其中，工业企业资产负债率表现较差，排在全国第 25 位。在结构调整方面排在全国第 23 位。其中，高技术制造业主营业务收入占比和制造业 500 强企业占比表现较差，均排在全国第 26 位。在技术创新方面排在全国第 26 位。其中，工业企业 R&D 人员投入强度表现较差，排在全国第 26 位。在资源环境方面排在全国

第 25 位，其中，单位工业增加值用水量排名比较靠后，为第 24 位。在两化融合方面排在全国第 29 位。其中，电子信息产业占比表现较差，排在全国第 30 位。

3. 原因分析

黑龙江在人力资源方面取得了一些显著成果，这得益于政府采取一系列的努力和政策措施。例如，在教育培训方面，黑龙江注重教育培训，提高人力资源的素质和技能水平，加大对职业教育的投入力度，改善职业教育设施和师资条件，培养高素质的技术技能人才。黑龙江还鼓励居民继续教育，提供各类培训机会，提升就业者的综合素质。在就业创业扶持方面，黑龙江积极推动产业结构调整和转型升级，鼓励企业扩大就业规模，提供更多的就业机会。同时，黑龙江还出台一系列就业扶持政策，包括财政补贴、创业扶持、职业培训等，支持和激励人才创业就业。在人才引进和留住方面，黑龙江采取积极的人才引进政策，吸引高层次人才和专业人才到该省工作和生活，提供各种优惠政策和福利待遇，包括人才公寓、科研经费支持、优先就业等，为人才提供良好的发展环境和条件。同时，黑龙江还加强人才培养和人才流动管理，鼓励留住本地人才。在劳动保障和社会福利方面，黑龙江加强劳动法律法规的宣传和执行，保护劳动者的合法权益，扩大社会保障覆盖范围，提供养老保险、医疗保险、失业保险等福利待遇，提高居民的生活保障水平。

（三）结论与展望

黑龙江经济整体发展较为平稳，但第二产业的下降对经济增长造成一定压力，需要进一步优化产业结构和推动产业转型升级。技术创新和两化融合方面相对滞后，需要加大科技投入和创新力度，提升产业技术水平和竞争力。资源环境方面增长较快，说明黑龙江在环境保护和可持续发展方面有一定成效，应继续加强环境治理和推动绿色发展。人力资源方面的增长相对一般，需要提高教育培训水平，提升劳动力素质和创新能力，以支持经济结构升级和产业发展。综合来看，黑龙江在经济发展中面临一些挑战，但也有一些机遇。通过加大创新投入、优化产业结构、加强环境保护和人力资源培养等努力，可进一步推动黑龙江经济的可持续发展。

九、上海

（一）总体情况

1. 宏观经济总体情况

2023年，上海实现地区生产总值47218.66亿元，比上年增长5.0%。其中，第一产业增加值为96.09亿元，下降1.5%；第二产业增加值为11612.97亿元，增长1.9%；第三产业增加值为35509.60亿元，增长6.0%。第三产业增加值占上海地区生产总值的比重比上年提高1.1个百分点，达到75.2%。

2. 工业经济运行情况

2023年，上海全年实现工业增加值10846.16亿元，比上年增长1.1%。全年完成规模以上工业总产值39399.57亿元，比上年下降0.2%。在规模以上工业总产值中，国有控股企业总产值为14042.60亿元，增长5.3%。全年新能源、高端装备、生物、新材料、节能环保、新一代信息技术、新能源汽车、数字创意等工业战略性新兴产业完成工业总产值17304.61亿元，比上年下降1.8%，占全市规模以上工业总产值的比重达43.9%。全年规模以上工业品销售率为100.1%。在规模以上工业企业主要产品中，全年发电机组产量为2807.49万千瓦，增长7.2%；汽车产量为215.61万辆，增长4.8%，其中，新能源汽车产量为128.68万辆，增长34.4%；工业机器人产量为6.57万套，下降14.3%；笔记本电脑产量为1166.20万台，下降38.7%；化学药品原药产量为4.45万吨，增长12.3%；智能手机产量为2367.08万台，下降19.5%；集成电路圆片产量为853.00万片，下降13.1%。全年规模以上工业企业实现利润总额2519.49亿元，比上年下降0.3%；实现税收总额1876.55亿元，比上年增长7.3%。

（二）指标分析

1. 时序指数（见图6-10和表6-21）

纵向来看，上海工业发展质量时序指数自2012年的100.00增长到2022年的131.4，年均增速达到2.8%，低于全国平均增速2.5个百分点。

从细分指标来看，上海在资源环境、两化融合、技术创新、人力资源方面增长较快，年均增速分别达到 4.7%、4.2%、3.6%和 3.9%。资源环境方面，单位工业增加值用水量和单位工业增加值能耗年均增速分别达到 4.9%和 4.4%，成为促进资源环境指标快速增长的主要因素。两化融合方面，宽带人均普及率年均增速达到 6.7%，成为促进两化融合指标快速增长的主要原因，两化融合水平年均增速为 3.1%。技术创新方面，工业企业 R&D 人员投入强度和工业企业 R&D 经费投入强度年均增速分别为 6.0%和 4.5%，成为促进技术创新指标快速增长的主要原因。人力资源方面，各指标差距较大，其中，工业城镇单位就业人员平均工资增速的年均增速为 9.7%，第二产业全员劳动生产率年均增速为 3.2%，而就业人员平均受教育年限年均增速仅为 1.1%，前两项指标成为拉动人力资源指标增长的主要因素。

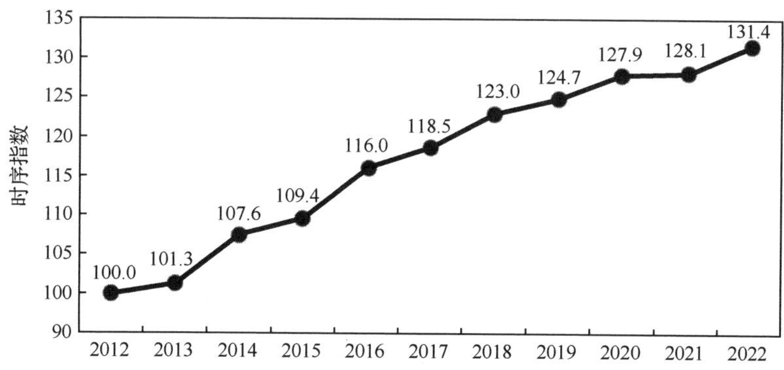

图 6-10　上海工业发展质量时序指数

（资料来源：赛迪智库整理，2024 年 5 月）

表 6-21　2012—2022 年上海工业发展质量时序指数

	2012	2013	2014	2015	2016	2017	2018	2019	2020	2021	2022	2012—2022 年年均增速
速度效益	100.0	106.9	113.1	117.3	123.1	125.8	128.1	116.4	116.1	116.8	104.7	0.5%
结构调整	100.0	90.8	93.8	91.2	98.9	96.7	101.7	105.9	112.2	107.1	114.0	1.3%

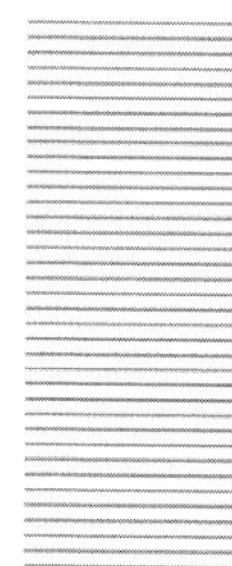

续表

	2012	2013	2014	2015	2016	2017	2018	2019	2020	2021	2022	2012—2022年年均增速
技术创新	100.0	108.0	114.6	114.6	125.3	123.1	125.3	125.1	136.2	131.6	142.8	3.6%
资源环境	100.0	99.8	117.4	119.8	122.7	136.1	144.2	145.4	151.8	154.0	158.0	4.7%
两化融合	100.0	98.5	101.5	106.2	110.9	114.1	121.4	129.9	135.2	140.3	151.0	4.2%
人力资源	100.0	101.2	107.5	111.7	116.1	124.1	129.5	147.6	133.8	142.3	146.0	3.9%
时序指数	100.0	101.3	107.6	109.4	116.0	118.5	123.0	124.7	127.9	128.1	131.4	2.8%

资料来源：赛迪智库整理，2024年5月。

结构调整方面，新产品出口占货物出口额比重和规上小型工业企业收入占比年均增速分别达到3.9%和2.4%，高技术制造业主营业务收入占比有所上升，但由于上年下降幅度较大，年均增速为-0.2%，成为拉低结构调整指标的主要原因。速度效益方面，规上工业增加值增速指标年均增速达到3.3%，工业企业资产负债率指标年均增速为0.3%，而工业成本费用利润率和工业营业收入利润率两项指标的年均增速均下降，分别为-1.2%和-1.1%。

2. 截面指数（见表6-22）

表6-22　2012—2022年上海工业发展质量截面指数排名

	2012	2013	2014	2015	2016	2017	2018	2019	2020	2021	2022	2012—2022年均值排名
速度效益	29	26	16	5	2	3	4	16	4	8	13	9
结构调整	8	10	9	12	13	15	14	15	14	14	14	14
技术创新	4	2	2	4	2	5	7	6	6	10	10	4
资源环境	7	8	8	8	11	10	10	13	14	15	14	10

续表

	2012	2013	2014	2015	2016	2017	2018	2019	2020	2021	2022	2012—2022 年均值排名
两化融合	2	2	3	4	4	4	4	4	3	5	5	3
人力资源	2	2	2	3	2	3	4	2	2	4	3	2
截面指数	5	4	2	3	3	4	5	5	5	6	6	5

资料来源：赛迪智库整理，2024 年 5 月。

横向来看，上海工业发展质量截面指数近年来在全国处于领先地位，11 年来各项指标排名均较为靠前。

从分项指标来看，上海在人力资源方面表现突出，2022 年排在全国第 3 位。其中，就业人员平均受教育年限和工业城镇单位就业人员平均工资增速分别位列全国第 2 和第 4 位。

上海在两化融合和技术创新方面表现较为突出，2022 年分别位列全国第 5 和第 10 位。两化融合方面，电子信息产业占比和两化融合水平两项指标表现突出，2022 年均位列全国第 3 位。技术创新方面，2022 年技术创新排名和上年持平，其中，工业企业 R&D 经费投入强度和工业企业 R&D 人员投入强度排名较上年均下降 1 位，分别位于全国第 8 和第 9 位。

上海在资源环境和结构调整方面表现一般，近 10 年均值排名分别为全国第 10 和第 14 位。其中，2022 年，单位工业增加值用水量排在全国第 30 位，规上小型工业企业收入占比和新产品出口占货物出口额比重分别排在全国第 23 和第 21 位，成为拖累两项指标排名的主要原因。

此外，在速度效益方面，2022 年上海排在全国第 13 位，比上年下降 5 位，在规上工业增加值增速、工业成本费用利润率和工业营业收入利润率方面表现均较差。

3. 原因分析

2012—2022 年，上海在全国工业发展质量排名中保持在较为靠前位置，在推动制造业高质量发展方面始终走在全国前列，但个别指标也呈现增速下降趋势，工业经济增速有所放缓。电子信息、汽车等传统产业增长乏力，产业结构面临深刻调整，在权衡工业发展质量和生态环境过程中，高污染和低附加值企业逐步迁出上海，工业发展的质量效益成为优先指标，这些都导致上海部分工业经济指标出现暂时回落。上海工业发展既面临守住制造业 25%占比的红线要求，更要面向未来产业进行布局，聚焦集成电路、生物医药、人工智能三大先导产业，持续实现关键环节的突破性技术创新，提升产业链供应链的韧性和安全水平。

（三）结论与展望

从时序指数和截面指数两方面的测算结果来看，上海工业发展整体仍保持全国领先水平，但部分指标已经出现下降。未来上海将继续推动工业从高增速向高质量发展的转型，实现产业整体发展达到世界领先水平，进一步加强集聚全球资源、完善产业链条、提升供应链韧性安全水平等方面的能力。围绕习近平总书记提出的聚焦建设国际经济中心、金融中心、贸易中心、航运中心、科技创新中心的“五个中心”重要使命，强化全球资源配置功能、强化科技创新策源功能、强化高端产业引领功能、强化开放枢纽门户功能，进一步支持上海加快发展新质生产力、大力推进新型工业化、构建现代化产业体系，保持上海战略性新兴产业的发展处于全国领先地位，实现三大先导产业发展质的飞跃。

十、江苏

（一）总体情况

1. 宏观经济总体情况

2023 年，江苏实现地区生产总值 128222.2 亿元，比上年增长 5.8%，规模持续位列全国第二位。从产业看，第二产业规模与增速显著提升，分别达到 56909.7 亿元和 6.7%，在国民经济中的占比有所下降；第三产业规模与增速分别达到 66236.7 亿元和 5.1%；第一产业增速有所提升，产业规模与增速分别达到 5075.8 亿元和 3.5%。至此，江苏全省三次产业比例结构为 4:44.4:51.7。从所有制性质来看，全省非公有制经济发展活力有效释放，实现增加值 96551.3 亿元，占全部 GDP 比重略有上升，达到 75.3%，其中，民营经济增加值占 GDP 比重达到 57.9%，增加 0.2

个百分点。从区域协调发展来看，扬子江城市群对全省经济增长的贡献率略有下降，为 71.4%；沿海经济带对全省经济增长的贡献率持续上升至 20.3%。

2. 工业经济运行情况

2023 年，江苏工业经济稳中有进，全年规模以上工业增加值比上年增长 7.6%，显著高出全国平均水平。先进制造业增长势头良好，其中，装备制造业增加值比上年增长 7.8%，占规模以上工业增加值比重达 53.4%，比上年提高 0.8 个百分点。分行业来看，40 个行业大类中，有 31 个行业实现增加值同比增长，行业增长面为 77.5%，比上年提升 7.5 个百分点，电气机械、汽车、铁路船舶行业增加值分别增长 15.9%、15.9%、15.2%。新能源、新一代信息技术相关产品产量增长较快，其中，新能源汽车、锂离子动力电池、家用电冰箱、太阳能电池、化学纤维、乙烯、智能手机、服务器产量分别增长 46.3%、18.7%、17.4%、45.6%、27.8%、47.7%、48.9%和 9.8%。全年工业战略性新兴产业、高新技术产业产值占规模以上工业产值的比重分别为 41.3%、49.9%，分别比上年提高 0.5 个百分点和 1.4 个百分点。规模以上战略性新兴服务业营业收入比上年增长 9.4%，互联网和相关服务业营业收入比上年增长 18%，全年数字经济核心产业增加值占 GDP 比重达 11.4%。

（二）指标分析

1. 时序指数（见图 6-11 和表 6-23）

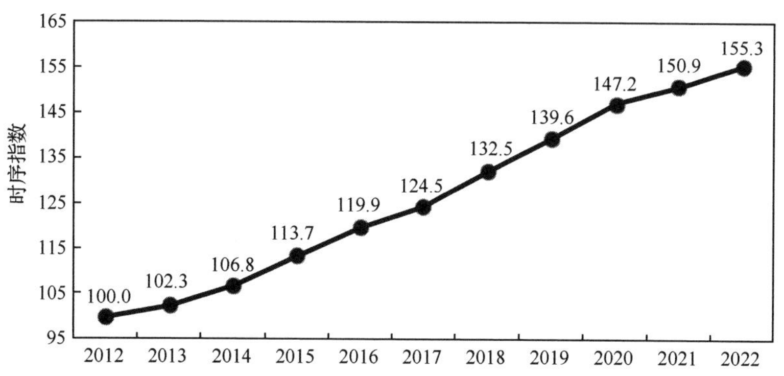

图 6-11 江苏工业发展质量时序指数

（资料来源：赛迪智库整理，2024 年 5 月）

表 6-23　2012—2022 年江苏工业发展质量时序指数

	2012	2013	2014	2015	2016	2017	2018	2019	2020	2021	2022	2012—2022 年年均增速
速度效益	100.0	104.9	109.4	114.7	119.4	121.9	122.7	117.7	123.0	130.1	128.2	2.5%
结构调整	100.0	94.7	95.8	98.2	105.1	100.9	104.7	109.3	115.1	114.3	112.7	1.2%
技术创新	100.0	104.0	112.1	114.6	120.8	128.5	151.7	174.6	187.0	181.0	190.2	6.6%
资源环境	100.0	102.2	105.3	113.1	118.0	126.8	135.7	143.3	152.5	161.1	166.2	5.2%
两化融合	100.0	101.2	105.7	125.4	134.5	145.6	150.6	158.4	165.1	172.2	187.1	6.5%
人力资源	100.0	108.4	113.6	122.0	127.3	133.3	140.4	147.6	153.8	166.5	171.3	5.5%
时序指数	100.0	102.3	106.8	113.7	119.9	124.5	132.5	139.6	147.2	150.9	155.3	4.5%

资料来源：赛迪智库整理，2024 年 5 月。

纵向来看，近年来江苏工业发展质量时序指数从 2012 年的 100.00 增长到 2022 年的 155.3，年均增速为 4.5%，略低于全国平均增速 0.8 个百分点。

江苏在两化融合和技术创新方面表现较为突出，年均增速分别为 6.5%和 6.6%，成为支撑江苏工业高质量发展的主要因素。两化融合方面，宽带人均普及率和两化融合水平年均增速较快，分别为 11.9%和 3.0%，这表明江苏在两化融合方面发展良好，宽带基础设施建设加快带动了工业化和信息化融合发展。技术创新方面，工业企业 R&D 人员投入强度、工业企业新产品销售收入占比和工业企业 R&D 经费投入强度均实现了较快增长，年均增速分别达到 8.3%、7.6%和 7.2%，这表明江苏工业企业在人力资本投入、产品开发和研发投入方面力度较大。

江苏在人力资源和资源环境方面表现一般，年均增速分别为 5.5%和 5.2%。人力资源方面，工业城镇单位就业人员平均工资增速及第二产业全员劳动生产率年均增速较快，分别为 9.8%和 7.2%；就业人员平均受教育年限增速较慢，年均增速为 0.8%。资源环境方面，单位工业

增加值用水量指标表现一般，年均增速为 4.7%，单位工业增加值能耗年均增速为 5.7%，这两项指标促进了江苏工业资源环境指标的增长。

速度效益方面，规上工业增加值增速增长仍然较快，年均增速为 8.0%；工业企业资产负债率、工业成本费用利润率和工业营业收入利润率年均增速分别仅为 0.4%、-0.6%和-0.5%，企业经营效益和盈利能力有所下降。

结构调整方面，2022 年江苏整体表现有待恢复，年均增速仅为 1.2%，其中，制造业 500 强企业占比、新产品出口占货物出口额比重和高技术制造业主营业务收入占比年均增速分别为 1.6%、1.4%和 1.2%。

2. 截面指数（见表 6-24）

表 6-24　2012—2022 年江苏工业发展质量截面指数排名

	2012	2013	2014	2015	2016	2017	2018	2019	2020	2021	2022	2012—2022 年均值排名
速度效益	20	17	10	7	7	11	16	15	10	17	14	12
结构调整	1	2	2	3	3	4	3	2	2	2	3	2
技术创新	6	6	6	6	6	7	3	3	2	3	4	5
资源环境	9	11	13	11	12	13	14	14	15	14	15	11
两化融合	4	4	4	1	1	1	2	2	2	1	1	2
人力资源	6	4	7	7	5	7	7	7	7	6	8	7
截面指数	3	3	6	4	5	5	4	3	3	3	2	3

资料来源：赛迪智库整理，2024 年 5 月。

横向来看，江苏工业发展质量截面指数的排名始终靠前，位于第一方阵，2022 年全国排名为第 2 位。2012—2022 年江苏截面指数均值排名为全国第 3 位。

从各细分指标排名来看，江苏在结构调整、两化融合和技术创新方面表现优异，2012—2022年均值排名分别为全国第2、第2和第5位，是支撑江苏工业发展质量全国排名靠前的主要原因。具体来说，结构调整方面，制造业500强企业占比与高技术制造业主营业务收入占比排名靠前，2022年分列全国第3和第5位，显示出江苏高技术制造业龙头企业的支撑能力较强，企业国际影响力水平保持全国前列；规上小型工业企业收入占比排名有所提升，2022年位列全国第8位，比上一年提升2位，中小企业发展水平进一步提升。两化融合方面，两化融合水平连续多年排名全国第1位；宽带人均普及率持续提升，2022年排名全国第1位；电子信息产业占比排名靠前，2022年保持全国第5位。技术创新方面，工业企业R&D人员投入强度和工业企业R&D经费投入强度分别排在全国第1和第2位，工业企业新产品销售收入占比排名保持在全国第6位，单位工业企业R&D经费支出发明专利数排名全国第17位，提升空间较大。

江苏在人力资源方面排名有所下降，2022年排名全国第8位。其中，就业人员平均受教育年限指标排名全国第7位，比上一年下降2位；第二产业全员劳动生产率指标排名下降1位，位列全国第8位；工业城镇单位就业人员平均工资增速指标排名下降3位，位列全国第10位，制造业人员收入水平有所下降。

资源环境和速度效益成为制约江苏工业发展质量进一步提升的主要因素，这两项指标2012—2022年均值排名全国第11和第12位。资源环境方面，2022年单位工业增加值能耗排名下降1位，排在全国第6位，单位工业增加值用水量仅排名全国第27位。速度效益方面，工业成本费用利润率和工业营业收入利润率表现比上年有所好转，2022年分别排在第19和第17位；规上工业增加值增速表现较差，排名比上年下降10位，位于全国第16位。

3. 原因分析

整体来看，2012—2022年江苏工业发展质量排名继续保持全国前列，这与江苏加大工业领域投入、加快高端化智能化绿色化转型、产业结构优化调整、制造业龙头企业持续壮大等有关。江苏是我国工业大省之一，但产业结构偏传统、产品结构偏中间的特征较为突出，面临推进传统产业焕新、新兴产业壮大、未来产业培育的核心问题，在增强产业

发展新动能、塑造产业竞争新优势方面压力较大。2023 年，江苏高标准建设 10 个国家先进制造业集群和 16 个省重点集群，大力发展生物制造、智能电网、新能源、低空经济等新兴产业，围绕前沿技术、示范企业、科创园区、应用场景、标准规范等部署未来网络、量子、生命科学、氢能和新型储能、深海深地空天等产业新赛道。编制了化工、钢铁、服装等 12 个分行业"智改数转"实施指南，加大基础设施、资金、技术、人才等要素供给，聚焦破解企业"不会转""不敢转"问题。

（三）结论与展望

从时序指数和截面指数两方面的测算结果来看，江苏工业发展质量继续保持全国领先，但在发展中也存在难题和瓶颈。江苏应继续扎实推进新型工业化各项重点任务，聚焦高端化、智能化、绿色化持续发力，积极主动适应和引领新一轮科技革命和产业革命，努力在推进新型工业化中展现更大的担当和作为。

十一、浙江

（一）总体情况

1. 宏观经济总体情况

2023 年，浙江实现地区生产总值 82553 亿元，较上年增长 6.0%。从三次产业看，第一产业增加值为 2332 亿元，较上年增长 4.2%；第二产业增加值为 33953 亿元，较上年增长 5.0%；第三产业增加值为 46268 亿元，较上年增长 6.7%。三次产业结构比例进一步优化为 2.8∶41.1∶56.0。从人均 GDP 来看，2023 年达到 125043 元，较上年增长 5.3%。

从经济发展质量来看，浙江近年来通过加快培育新动能，以新产业、新业态、新模式为主要特征的"三新"经济在国民经济发展中的重要地位不断巩固，占 GDP 比重达到 28.3%。尤其是数字经济发展迅猛，2023 年数字经济核心产业增加值达到 9867 亿元，增长 10.1%。此外，装备制造业、新能源和战略性新兴产业呈现良好发展态势，产业增加值较上年分别增长 9.4%、13.9%、6.3%。

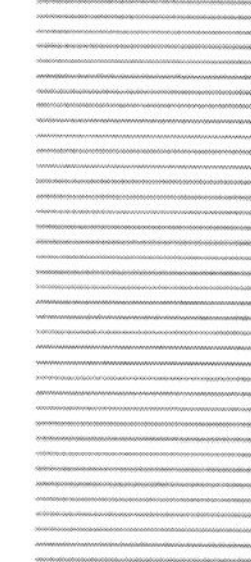

2. 工业经济运行情况

2023 年，浙江实现规模以上工业增加值 22388 亿元，增长 6.0%。从不同所有制性质来看，外商投资企业增加值较上年下降 0.5%；港澳台商投资企业增加值较上年增长 6.9%；国有及国有控股企业增加值较上年增长 3.3%。从不同工业行业来看，17 个传统制造业的增加值增长比较快，平均增速达到 6.8%。在 38 个工业行业大类中有 29 个行业较上年实现了增长，其中，6 个行业实现了两位数的增长。

（二）指标分析

1. 时序指数（见图 6-12 和表 6-25）

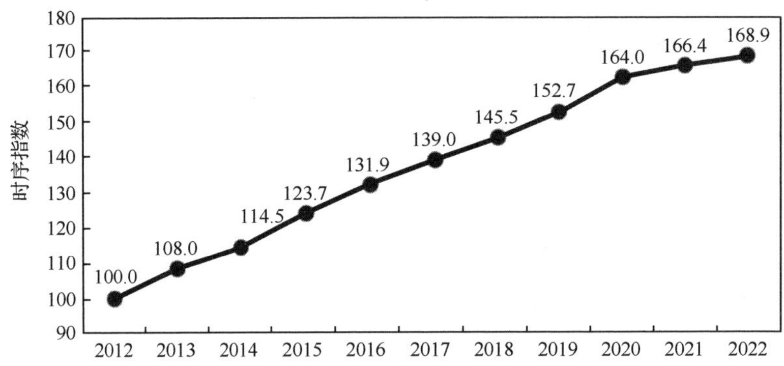

图 6-12　浙江工业发展质量时序指数

（资料来源：赛迪智库整理，2024 年 4 月）

表 6-25　2012—2022 年浙江工业发展质量时序指数

	2012	2013	2014	2015	2016	2017	2018	2019	2020	2021	2022	2012—2022 年年均增速
速度效益	100.0	106.4	108.7	113.5	123.8	128.4	125.5	129.2	139.7	141.5	127.7	2.5%
结构调整	100.0	106.9	113.5	115.9	120.0	122.9	121.6	123.9	132.7	136.7	138.7	3.3%
技术创新	100.0	112.4	119.4	131.0	138.3	145.9	164.5	171.0	180.0	171.6	177.3	5.9%
资源环境	100.0	108.3	121.9	135.4	147.2	157.8	173.3	195.7	223.2	232.0	238.4	9.1%
两化融合	100.0	107.7	115.0	135.3	146.6	160.1	167.7	178.2	191.1	196.5	215.7	8.0%
人力资源	100.0	106.0	112.4	119.7	125.8	132.7	141.4	147.2	153.0	163.0	167.6	5.3%
时序指数	100.0	108.0	114.5	123.7	131.9	139.0	145.5	152.7	164.0	166.4	168.9	5.4%

资料来源：赛迪智库整理，2024 年 4 月。

近年来，浙江工业发展质量始终保持平稳增长，2012—2022 年年均增速为 5.4%，高于全国年均增速。

从分项指标来看，资源环境和两化融合方面的优异表现是支撑浙江工业发展质量不断提升的主要原因，资源环境和两化融合的年均增速分别达到 9.1%和 8.0%。浙江在速度效益、结构调整与人力资源方面的表现较为落后，是制约工业发展质量提升的主要原因，这 3 项指标的年均增速仅为 2.5%、3.3%和 5.3%。

浙江工业发展质量的优势方面：从资源环境指标来看，单位工业增加值用水量表现较好，年均增速达到 12.5%，单位工业增加值能耗表现不太理想，年均增速为 4.3%，这表明浙江绿色发展仍有较大提升空间。从两化融合指标来看，电子信息产业占比和宽带人均普及率表现均较好，年均增速分别达到 10.2%和 9.4%，这充分表明浙江近年来是全国数字经济发展的主力军。

浙江工业发展质量的短板方面：从速度效益指标来看，规上工业增加值增速近年来保持较快增长，年均增速为 7.0%；而工业成本费用利润率、工业营业收入利润率及工业企业资产负债率年均增速相对较慢，分别为 0.2%、0.2%和 0.6%。这说明浙江工业企业发展在速度效益方面有待进一步提升。从结构调整指标来看，高技术制造业主营业务收入占比表现较好，年均增速为 7.2%；而制造业 500 强企业占比、规上小型工业企业收入占比、新产品出口占货物出口额比重近年来增长都不尽理想，年均增速分别为-0.8%、0.2%和 4.3%。

2. 截面指数（见表 6-26）

表 6-26 2012—2022 年浙江工业发展质量截面指数排名

	2012	2013	2014	2015	2016	2017	2018	2019	2020	2021	2022	2012—2022 年均值排名
速度效益	30	28	23	19	11	10	14	13	3	15	19	19
结构调整	2	1	1	1	1	1	1	1	1	1	1	1
技术创新	5	4	3	1	1	1	1	1	1	2	3	1

续表

	2012	2013	2014	2015	2016	2017	2018	2019	2020	2021	2022	2012—2022 年均值排名
资源环境	6	6	5	5	5	5	3	2	2	2	2	5
两化融合	6	6	6	5	5	5	6	5	4	3	3	5
人力资源	18	19	15	16	13	17	14	16	19	14	20	17
截面指数	6	6	4	2	2	2	2	2	2	2	3	2

资料来源：赛迪智库整理，2024 年 4 月。

从全国各省（区、市）的工业发展质量排名来看，浙江始终处于全国前列，2012—2022 年均值排名为第 2 位。

从分项指标来看，技术创新与结构调整近年来始终表现突出，成为支撑浙江工业发展的重要因素，自 2012 年以来排名始终靠前；资源环境和两化融合方面的表现也比较突出，2012—2022 年均值排名均为全国第 5 位；而人力资源和速度效益方面的表现相对落后，2012—2022 年均值排名分别仅为全国第 17 和第 19 位。

技术创新方面，工业企业新产品销售收入占比和工业企业 R&D 人员投入强度 2022 年分别位列全国第 1 和第 3 位，工业企业 R&D 经费投入强度位列全国第 9 位；而单位工业企业 R&D 经费支出发明专利数 2022 年排名仅为全国第 15 位，这说明浙江企业专项成果增长较慢，有进一步提升空间。

结构调整方面，制造业 500 强企业占比始终处于领先地位，2022 年排名全国第 1 位；规上小型工业企业收入占比排名全国第 1 位，也处于领先水平；而高技术制造业主营业务收入占比处于中游水平，2022 年排名全国第 15 位。

资源环境方面，单位工业增加值能耗和单位工业增加值用水量 2022 年分别位列全国第 8 和第 7 位，表现较好。两化融合方面，宽带人均普及率和两化融合水平 2022 年分别位列全国第 2 和第 5 位。

人力资源方面，就业人员平均受教育年限表现一般，2022 年排名全国第 10 位；第二产业全员劳动生产率表现较为落后，2022 年排名全国第 26 位，严重制约了人力资源方面的整体表现。

速度效益方面，工业营业收入利润率及工业成本费用利润率均处于全国下游水平，2022 年分别位列全国第 22 和第 23 位。

3. 原因分析

近年来，浙江持续推动 “三新”（新产业、新业态、新模式）经济发展，以发展数字经济为核心，带动本区域高新技术产业和战略性新兴产业发展，在技术创新及结构调整方面走在了全国前列。

从发展优势看，浙江持续强化技术创新工作，全面推动科技创新和数字化改革，从而提升了全省现代化产业体系建设水平。一是大力实施以数字经济创新提升为核心的“一号发展工程”，从而有力推动了先进制造业、战略性新兴产业及高新技术产业快速发展；二是围绕创新型省份建设及参与科技创新对人才的实际需求，实施“315”科技创新体系建设工程，着力加强高水平大学建设，推动高教强省建设工作，同时重点提升全社会研发投入强度，打造一流人才队伍，推动科技创新工作再上新台阶。

（三）结论与展望

浙江推动工业发展质量时应结合自身的发展条件，未来需要从以下几个方面做出努力：一是围绕推进新型工业化建设和打造数字经济高质量发展强省的目标，继续大力发展数字经济，推动国家数字经济创新发展试验区建设，推进工业的“智改数转”工作，着力加强数据基础设施建设和相关制度体系建设。二是推动制造业高端化、集群式发展，做大做强高端软件、人工智能和集成电路等产业集群，推动省级特色产业集群“核心区+协同区”建设，前瞻性发展布局一批未来产业，加快世界领航企业、“链主”企业及一流企业的培育。三是加快推进利用先进适用技术等改造提升传统产业，推动纺织服装、五金制品、装备制造等优势产业转型升级发展。四是应利用科技创新塑造提升制造业发展新优势，继续实施“315”科技创新体系建设工程，推动高能级科创平台建设，进一步做好“双尖双领+X”重大科技项目，落实好“三首”产品推广应用、研发经费加计扣除等优惠政策。

十二、安徽

（一）总体情况

1. 宏观经济总体情况

2023 年，安徽全年实现地区生产总值 47050.6 亿元，较上年增长

5.8%。其中，第一产业实现增加值 3496.6 亿元，较上年增长 3.9%；第二产业实现增加值 18871.8 亿元，较上年增长 6.1%；第三产业实现增加值 24682.2 亿元，较上年增长 5.8%。从人均 GDP 水平来看，全省人均 GDP 达到 76803 元，较上年增长 5.7%。

从全年投资看，安徽 2023 年固定资产投资总规模较上年增长 4%。其中，基础设施投资较上年增长 6.3%，民间投资较上年下降 1.5%，工业技改投资较上年增长 25.2%。分产业看，第一产业投资较上年增长 12.1%，第二产业投资较上年增长 22.7%，第三产业投资较上年下降 5.2%。工业投资较上年增长 22.7%，其中，制造业投资较上年增长 20%。

2. 工业经济运行情况

2023 年，安徽规模以上工业增加值较上年增长 7.5%。按照不同经济类型来看，国有及国有控股企业较上年增长 5.1%，外商及港澳台商投资企业较上年增长 5%，股份制企业较上年增长 7.7%。

从工业门类看，制造业较上年增长 8.8%，采矿业较上年增长 2.5%，电力、热力、燃气及水生产和供应业较上年增长 0.5%。此外，从重点行业看，电气机械和器材制造业较上年增长 20.0%，汽车制造业较上年增长 48.1%，计算机、通信和其他电子设备制造业较上年增长 4.2%。

（二）指标分析

1. 时序指数（见图 6-13 和表 6-27）

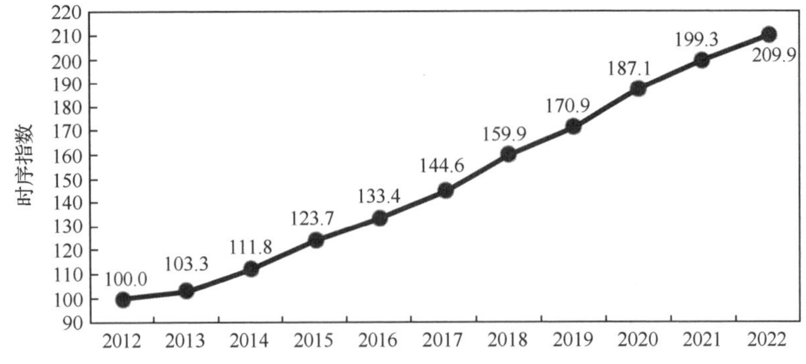

图 6-13 安徽工业发展质量时序指数

（资料来源：赛迪智库整理，2024 年 4 月）

表 6-27 2012—2022 年安徽工业发展质量时序指数

	2012	2013	2014	2015	2016	2017	2018	2019	2020	2021	2022	2012—2022 年年均增速
速度效益	100.0	101.8	97.7	99.4	104.4	109.3	118.9	121.0	126.9	131.3	124.6	2.2%
结构调整	100.0	94.1	109.5	128.4	141.1	147.7	160.0	161.0	173.9	181.8	174.0	5.7%
技术创新	100.0	104.6	115.2	121.3	129.5	141.6	160.8	179.6	197.6	212.4	228.2	8.6%
资源环境	100.0	113.9	127.8	136.9	148.2	160.7	177.5	193.1	200.6	213.0	227.8	8.6%
两化融合	100.0	110.1	125.3	159.5	178.0	207.4	234.7	262.4	298.5	325.9	381.8	14.3%
人力资源	100.0	102.1	106.8	110.3	114.5	120.1	128.3	135.9	157.0	167.0	172.6	5.6%
时序指数	100.0	103.3	111.8	123.7	133.4	144.6	159.9	170.9	187.1	199.3	209.9	2.4%

资料来源：赛迪智库整理，2024 年 4 月。

从历年发展情况来看，安徽工业发展质量增长态势较好，2012—2022 年年均增速为 7.7%，高出全国平均增速 2.4 个百分点。

从各分项指标来看，安徽在两化融合、技术创新和资源环境方面表现较为突出，年均增速分别为 14.3%、8.6%和 8.6%，是支撑全省工业经济发展质量不断提升的主要驱动力；在速度效益方面则表现相对落后，年均增速仅为 2.2%，成为制约浙江工业发展质量提升的短板。

安徽工业发展质量的优势方面：从两化融合指标看，宽带人均普及率和电子信息产业占比年均增速分别高达 17.8%和 17.0%，成为支撑两化融合指标不断快速提升的重要因素，这表明近年来安徽在信息基础设施建设和引入电子信息类重大项目方面成效显著。从技术创新指标看，工业企业 R&D 人员投入强度、工业企业 R&D 经费投入强度和工业企业新产品销售收入占比表现较好，年均增速分别高达 9.5%、9.2%和 11.3%，是提升安徽自主创新快速发展的主要因素；而单位工业企业 R&D 经费支出发明专利数表现不好，年均增速仅为 1.6%。从资源环境指标看，单位工业增加值用水量表现较好，年均增速高达 10.6%。

安徽工业发展质量的短板方面：从速度效益指标看，规上工业增加值增速年均增速为 8.9%，表现良好；而工业企业资产负债率、工业成本费用利润率及工业营业收入利润率表现相对较差，年均增速分别为 0.6%、-2.6%和-2.4%。

2. 截面指数（见表 6-28）

表 6-28　2012—2022 年安徽工业发展质量截面指数排名

	2012	2013	2014	2015	2016	2017	2018	2019	2020	2021	2022	2012—2022 年均值排名
速度效益	12	9	15	17	21	19	12	14	12	22	18	16
结构调整	10	15	12	8	8	7	7	7	8	7	9	8
技术创新	9	7	7	7	7	6	4	4	4	1	1	7
资源环境	17	18	18	17	17	16	16	17	17	17	18	17
两化融合	18	18	18	14	14	12	11	11	11	11	11	13
人力资源	28	30	30	30	30	27	30	29	26	23	26	30
截面指数	13	13	14	14	13	11	10	9	7	9	9	12

资料来源：赛迪智库整理，2024 年 4 月。

从与全国各省（区、市）的对比情况来看，安徽工业发展质量始终处在全国中游水平，2012—2022 年均值排名全国第 12 位。从分项指标来看，安徽在技术创新和结构调整方面表现均较好，2012—2022 年均值排名分别为全国第 7 和第 8 位，处于上游水平；但在人力资源方面表现较落后，2012—2022 年均值排名全国第 30 位。

技术创新方面，安徽从 2012 年的第 9 位提升到 2021 和 2022 年的第 1 位。这主要得益于工业企业新产品销售收入占比表现优异，这项指标 2022 年位列全国第 2 位。此外，单位工业企业 R&D 经费支出发明专利数、工业企业 R&D 经费投入强度和工业企业 R&D 人员投入强度也排名靠前，这 3 项指标 2022 年分别位列全国第 7、第 6 和第 5 位。

资源环境方面，安徽近年来表现一般，始终处在全国中等偏下水平，2022 年排名全国第 18 位。单位工业增加值用水量排名较靠后，2022 年排名全国第 29 位；单位工业增加值能耗 2022 年排名全国第 11 位。以

上表明安徽工业发展的综合能耗水平仍有待改善。

人力资源方面，就业人员平均受教育年限和第二产业全员劳动生产率均位列全国相对靠后的位置，2022 年分别排在全国第 26 和第 27 位；工业城镇单位就业人员平均工资增速 2022 年排在全国第 22 位。这表明安徽工业发展仍缺少大量高素质产业工人，相关产业工人的劳动效率、收入仍有待提升。

3. 原因分析

安徽近年来在科技创新方面表现良好，近期以高水平创新型省份建设为抓手，其采取的多项措施主要表现在：一是充分发挥合肥市作为综合性国家科学中心重大科技设施平台的作用，加快推动量子信息、聚变能源和深空探测三大科创高地的建设进度；二是积极推动国家级制造业创新中心、国家重点实验室、高新技术企业、科技型中小企业等创建与申报工作，各类创新平台和创新主体的数量均有明显增长；三是通过实施金融支持科创企业“共同成长计划”、举办第二届中国（安徽）科交会、推动“科大硅谷”建设等，为企业的创新创业活动提供全方位支持。

（三）结论与展望

为推动安徽新型工业化进程，促进工业高质量发展，建议未来做好以下几个方面的工作：一是在基础软件、工业母机、集成电路、智能成套装备等领域，以重点研发项目和重大科技专项建设为抓手，提升工业领域战略科技力量水平；二是建设和完善以企业为主体的技术创新体系，支持中小企业往专精特新方向发展，支持有实力的高新技术企业、科技领军企业做大做强；三是促进工业领域重点产业链供应链优化升级，按照“一链一策”原则，精心打造高水平现代化产业链，以提升产业竞争力。

十三、福建

（一）总体情况

1. 宏观经济总体情况

2023 年，福建实现地区生产总值 54355.1 亿元，较上年增长 4.5%。

分产业看，第一产业、第二产业和第三产业增加值分别达到 3217.66 亿元、23966.43 亿元和 27171.01 亿元，分别较上年增长 4.2%、3.7%和 5.2%。三次产业增加值的占比分别为 5.9%、44.1%和 50.0%。

2023 年，福建固定资产投资较上年增长 2.5%。分产业来看，第一产业投资较上年增长 9.7%，第二产业投资较上年增长 12.0%，第三产业投资较上年下降 2.5%。2023 年，福建农村居民和城镇居民家庭人均可支配收入分别为 26722 元和 56153 元，分别较上年增长 6.9%和 4.3%，扣除价格因素以后，分别实际增长 6.9%和 4.2%。

2. 工业经济运行情况

2023 年，福建全部工业增加值比上年增长 3.4%。规模以上工业增加值同比增长 3.3%。从细分行业来看，规模以上工业 38 个行业大类中有 23 个行业增加值均实现了增长。其中，电气机械和器材制造业较上年增长 6.0%，计算机、通信和其他电子设备制造业较上年增长 0.9%，汽车制造业较上年增长 15.6%，电力、热力生产和供应业较上年增长 2.3%。

（二）指标分析

1. 时序指数（见图 6-14 和表 6-29）

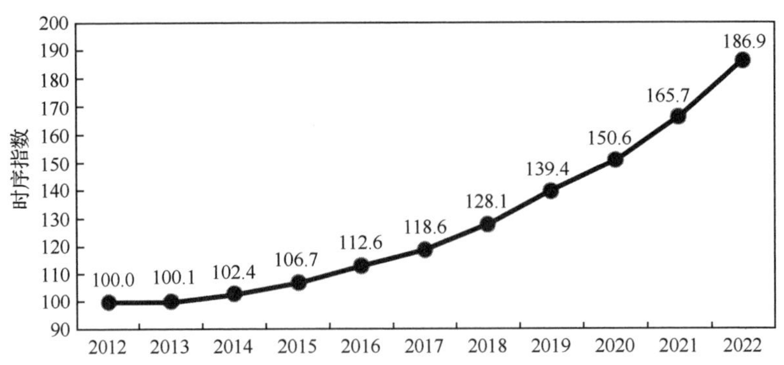

图 6-14 福建工业发展质量时序指数

（资料来源：赛迪智库整理，2024 年 4 月）

表 6-29　2012—2022 年福建工业发展质量时序指数

	2012	2013	2014	2015	2016	2017	2018	2019	2020	2021	2022	2012—2022 年年均增速
速度效益	100.0	101.5	102.0	102.5	112.1	117.3	120.1	129.3	127.4	135.1	129.4	2.6%
结构调整	100.0	84.6	79.7	90.0	85.9	85.6	96.6	122.4	126.6	143.1	149.9	4.1%
技术创新	100.0	102.9	105.1	100.6	106.4	109.4	118.2	116.3	132.4	146.1	176.6	5.9%
资源环境	100.0	109.7	120.4	133.6	148.7	164.2	183.6	202.5	249.8	294.8	407.6	15.1%
两化融合	100.0	103.1	108.1	115.5	122.3	134.0	145.7	151.1	149.6	158.2	177.0	5.9%
人力资源	100.0	107.3	114.5	119.4	126.4	134.0	144.3	158.2	184.0	196.7	204.0	7.4%
时序指数	100.0	100.1	102.4	106.7	112.6	118.6	128.1	139.4	150.6	165.7	186.9	6.5%

资料来源：赛迪智库整理，2024 年 4 月。

纵向来看，福建工业发展质量时序指数从 2012 年的 100.00 上涨到 2022 年的 186.9，年均增速达到 6.5%，高于全国平均增速。

从各分项指标来看，福建在资源环境和人力资源方面表现较为突出，年均增速分别为 15.1%和 7.4%，成为支撑全省工业发展质量不断提升的重要驱动力；但在速度效益与结构调整方面表现相对落后，年均增速分别为 2.6%和 4.1%，成为制约全省工业发展质量提升的短板。

福建工业发展质量的优势方面：从资源环境指标看，单位工业增加值用水量有较大改善，年均增速达到 20.7%，促进了资源环境指标的增长；单位工业增加值能耗年均增速为 4.6%。从人力资源指标看，工业城镇单位就业人员平均工资增速和第二产业全员劳动生产率表现较好，年均增速分别达 9.3%和 11.1%。

福建工业发展质量的短板方面：从速度效益指标看，规上工业增加值增速表现相对较好，年均增速达到 8.4%；工业企业资产负债率、工业成本费用利润率和工业营业收入利润率表现均相对较差，年均增速分别为-0.3%、-0.5%和-0.5%。从结构调整指标看，制造业 500 强企业占比表现很好，年均增速高达 8.2%；而高技术制造业主营业务收入占比、规上小型工业企业收入占比和新产品出口占货物出口额比重表现相对较差，年均增速分别为 4.1%、1.6%和-2.3%。

2. 截面指数（见表 6-30）

表 6-30 2012—2022 年福建工业发展质量截面指数排名

	2012	2013	2014	2015	2016	2017	2018	2019	2020	2021	2022	2012—2022 年均值排名
速度效益	10	7	6	10	8	8	6	2	9	9	11	6
结构调整	9	14	18	13	17	16	15	13	12	11	10	13
技术创新	11	12	12	13	13	13	14	16	15	13	12	12
资源环境	10	10	9	9	9	9	9	9	10	10	4	8
两化融合	5	5	5	6	6	7	8	8	8	4	4	6
人力资源	16	15	14	15	14	15	15	11	6	5	7	11
截面指数	8	9	9	9	9	10	9	7	11	7	7	9

资料来源：赛迪智库整理，2024 年 4 月。

横向来看，福建工业发展质量截面指数连续多年处于全国中上游水平，2012—2022 年截面指数均值排在全国第 9 位。2012—2022 年速度效益和两化融合均值排名全国第 6 位。速度效益方面，工业企业资产负债率表现优秀，2022 年排在全国第 1 位。两化融合方面，2022 年宽带人均普及率排在全国第 3 位，处于上游水平，是推动两化融合指标排名提升的主要因素。

资源环境方面，2012—2022 年均值排名全国第 8 位。其中，单位工业增加值能耗和单位工业增加值用水量均处于上游水平，两项指标均排在全国第 9 位。

福建在结构调整方面表现相对较差，2012—2022 年均值排在全国第 13 位，处于中游水平。其中，规上小型工业企业收入占比和制造业 500 强企业占比分别排在全国第 3 和第 8 位，均处于上游水平；高技术制造业主营业务收入占比和新产品出口占货物出口额比重分别排在全国第 10 和第 19 位，处于中游水平。

福建在技术创新和人力资源方面表现相对一般，2012—2022 年均值排名分别为全国第 12 和第 11 位，处于中游水平。技术创新方面，2022 年工业企业 R&D 经费投入强度和工业企业 R&D 人员投入强度分别排在全国第 11 和第 13 位。人力资源方面，2022 年就业人员平均受教育年限排名全国第 15 位，处于中游水平。

3. 原因分析

福建工业发展质量总体处于全国上游水平，得益于其在速度效益方面表现较好，主要表现在：一是大力培育工业经济发展的新动能，挖掘新的增长点，重点推进“智改数转”工作，提升省重点技术改造项目数量的同时，坚定不移地支持和推动企业数字化转型；二是通过持续扩大有效投资、提高地方政府专项债发行额度、实施扩消费“八大行动”等，千方百计扩大内需，有效拉动工业经济增长。三是通过出台《关于实施新时代民营经济强省战略推进高质量发展的意见》等文件，大力扶持民营经济发展，有效和扩大制造业民间投资。

（三）结论与展望

总体来看，福建工业发展质量表现良好。未来要推动福建工业高质量发展，应从以下几个方面做出努力：一是推动工业园区的标准化建设，有效盘活各个工业园区的闲置土地，规划指导有关工业企业进入园区发展，推动企业上楼，着力打造重点产业链上下游协同发展、大中小企业融通发展的先进制造业集群。二是以传统制造业的“智改数转”为抓手，推进工业企业的技术改造进度，构建一批工业互联网平台，重点提高工业企业的数字化发展水平。三是以发展新质生产力为导向，重点培育壮大生物医药、新能源、新材料、新一代信息技术等新兴产业，与此同时，加快前瞻性布局人工智能、量子科技等一批未来产业，抢占一批工业经济发展的新赛道。

十四、江西

（一）总体情况

1. 宏观经济总体情况

2023 年，江西地区实现生产总值 32200.1 亿元，比上年增长 4.1%。其中，第一产业增加值为 2450.4 亿元，增长 4.0%；第二产业增加值为

13706.5亿元，增长4.6%；第三产业增加值为16043.2亿元，增长3.6%。三次产业结构为7.6:42.6:49.8，三次产业对GDP增长的贡献率分别为8.1%、48.7%和43.1%。人均GDP为71216元，较上年增长4.1%。

2023年，江西全社会固定资产投资较上年下降5.9%，其中，第一产业投资下降9.9%，第二产业投资下降18.0%，第三产业投资增长5.6%。社会消费品零售总额为13659.8亿元，比上年增长6.3%。全省货物贸易进出口总值为5697.7亿元，比上年下降10.2%。其中，出口值3928.5亿元，下降17.3%；进口值1769.2亿元，增长11.1%。全年居民人均可支配收入为34242元，比上年增长5.6%。其中，城镇居民人均可支配收入为45554元，增长4.2%；农村居民人均可支配收入为21358元，增长7.1%。

2. 工业经济运行情况

2023年，江西全部工业增加值为11180.7亿元，比上年增长5.3%。规模以上工业增加值增长5.4%。规模以上工业中，有色金属冶炼和压延加工业增长20.0%，电气机械和器材制造业增长18.5%，化学原料和化学制品制造业增长13.3%，黑色金属冶炼和压延加工业增长17.1%，汽车制造业增长10.1%，战略性新兴产业、高新技术产业、装备制造业分别增长9.1%、9.1%、10.0%，占规模以上工业比重分别为28.1%、39.5%、31.6%。

（二）指标分析

1. 时序指数（见图6-15和表6-31）

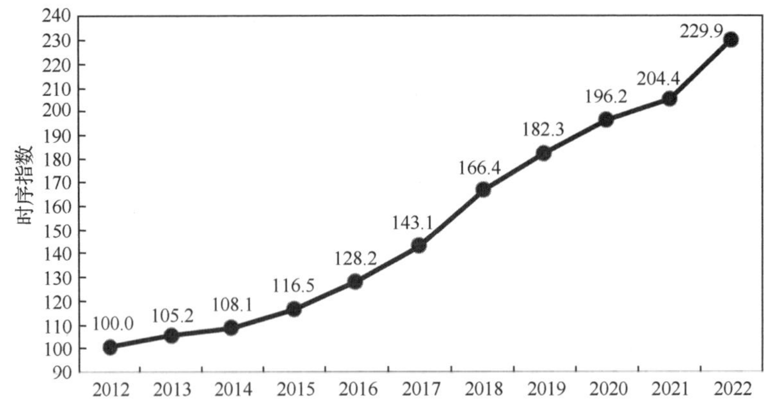

图6-15 江西工业发展质量时序指数

（资料来源：赛迪智库整理，2024年5月）

表 6-31　2012—2022 年江西工业发展质量时序指数

	2012	2013	2014	2015	2016	2017	2018	2019	2020	2021	2022	2012—2022 年年均增速
速度效益	100.00	103.4	109.0	109.6	116.7	120.4	121.8	123.4	130.7	137.5	132.8	2.9%
结构调整	100.00	99.1	92.3	102.6	115.1	124.7	140.1	158.1	160.5	160.5	167.1	5.3%
技术创新	100.00	109.2	112.3	113.2	130.5	161.1	219.8	256.7	284.8	288.3	344.2	13.2%
资源环境	100.00	108.8	117.4	126.4	138.3	150.2	166.9	177.7	201.0	217.2	247.5	9.5%
两化融合	100.00	104.5	109.8	138.9	153.9	181.3	215.5	232.7	246.5	266.4	335.9	12.9%
人力资源	100.00	110.2	116.0	121.9	127.4	133.6	144.6	152.3	166.4	177.5	183.3	6.2%
时序指数	100.00	105.2	108.1	116.5	128.2	143.1	166.4	182.3	196.2	204.4	229.9	8.7%

资料来源：赛迪智库整理，2024 年 5 月。

纵向来看，江西工业发展质量时序指数从 2012 年的 100.00 上涨至 2022 年的 229.9，年均增速达到 8.7%，高出全国平均增速 3.4 个百分点，位居全国第 3 位。

江西在技术创新方面表现最好，年均增速高达 13.2%，显著高于全国 6.9%的平均水平。其中，工业企业新产品销售收入占比和工业企业 R&D 人员投入强度增长较快，年均增速分别为 17.7%和 4.8%，是提升江西技术创新指标增长的主要驱动力。江西在两化融合方面的年均增速也实现了两位数增长，为 12.9%，高于全国 8.0%的平均水平。

2. 截面指数（见表 6-32）

表 6-32　2012—2022 年江西工业发展质量截面指数排名

	2012	2013	2014	2015	2016	2017	2018	2019	2020	2021	2022	2012—2022 年均值排名
速度效益	11	8	3	3	3	5	8	5	5	13	12	5

续表

	2012	2013	2014	2015	2016	2017	2018	2019	2020	2021	2022	2012—2022年均值排名
结构调整	12	12	17	16	14	10	9	6	5	6	5	10
技术创新	28	27	27	28	27	23	16	12	12	14	13	22
资源环境	11	13	14	12	13	12	12	11	12	13	11	13
两化融合	21	22	23	19	19	17	15	16	17	18	12	19
人力资源	30	17	24	22	24	25	22	26	23	24	23	23
截面指数	24	19	18	16	16	16	16	13	12	15	14	16

资料来源：赛迪智库整理，2024年5月。

横向来看，江西工业发展质量截面指数稳定在全国中游水平，2022年截面指数为39.7，排名全国第14位。

2012—2022年，江西在速度效益方面表现最好，均值排名全国第5位。结构调整和资源环境均值排名也均领先于截面指数排名，分别为全国第10和第13位。而在两化融合、技术创新和人力资源方面表现一般，处于中下游水平，分别排在全国第19、第22和第23位。技术创新方面，工业企业新产品销售收入占比表现最好，2022年排名全国第7位。两化融合方面，电子信息产业占比表现较好，2022年排名全国第8位。人力资源方面，工业城镇单位就业人员平均工资增速表现较差，2022年排名全国第29位，拉低了人力资源方面的整体位次。

3. 原因分析

从全国看，江西在速度效益、结构调整和环境资源方面发展较好。

速度效益方面，江西制定实施进一步促进和扩大消费“16条”，举办“消费提振年”“三百”文旅消费季等活动，大力实施电子商务“十百千万”行动、“引客入赣”工程，促进外贸稳规模优结构，生产型企业进出口占外贸比重为69.1%，太阳能电池、电动载人汽车、锂离子蓄电池“新三样”出口额增长73.5%。

结构调整方面，江西制定实施制造业重点产业链现代化建设“1269”行动计划，省现代产业引导基金、省未来产业发展基金落地，累计培育国家级中小企业特色产业集群 10 个，新增国家创新型产业集群 2 个、总数达 8 个，有效期内高新技术企业 6200 家以上，新增国家专精特新“小巨人”企业 56 家、总数达 255 家，战略性新兴产业、装备制造业增加值分别增长 9.1%、10%。

资源环境方面，江西全面落实碳达峰碳中和“1+N”政策，可再生能源发电项目装机容量占比突破 50%，新增国家级绿色工厂 70 家、绿色园区 8 家，实现国家级水效领跑者企业、园区“零的突破”，在国务院实行最严格水资源管理制度考核中连续 5 年获得优秀。签订新一轮东江、渌水跨省流域生态补偿协议，省内流域生态补偿实现县级全覆盖。累计创建国家生态文明建设示范区 28 个、“绿水青山就是金山银山”实践创新基地 10 个，数量居全国前列。

（三）结论与展望

综合来看，江西工业发展质量逐年稳步上升，未来应在技术创新方面着重发力。一是全面实施制造业重点产业链现代化建设“1269”行动计划，启动产业集群建设三年行动，更好地发挥省现代产业引导基金带动作用，积极构建“六个一”产业推进模式，创建一批国家级、省级先进制造业集群；二是深入推进数字经济做优做强“一号发展工程”，实施数字经济核心产业创新提升行动，做强核心元器件、关键电子材料、终端制造等链条，加快补齐专业芯片、软件等短板弱项；三是深入实施科技兴赣六大行动，积极对接国家战略科技资源，争创国家实验室研究基地及稀土、核资源、有色金属等领域全国重点实验室。

十五、山东

（一）总体情况

1. 宏观经济总体情况

2023 年，山东实现地区生产总值 92068.7 亿元，较上年增长 6.0%。从三次产业看，第一产业增加值为 6506.2 亿元，增长 4.5%；第二产业

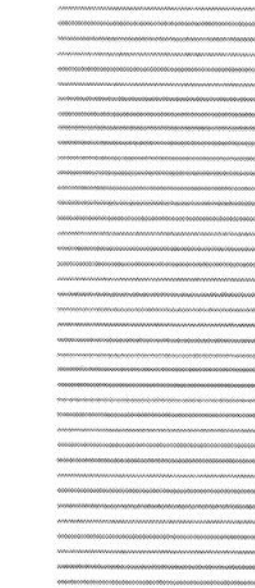

增加值为 35987.9 亿元，增长 6.5%；第三产业增加值为 49574.6 亿元，增长 5.8%。三次产业结构为 7.1∶39.1∶53.8。

2023 年，全省固定资产投资（不含农户）比上年增长 5.2%，三次产业投资构成比例为 1.6∶38.1∶60.3。在重点投资领域，制造业投资增长 11.5%，占全部投资的比重为 30.9%；基础设施投资增长 22.9%，占全部投资的比重为 23.4%；高新技术产业投资增长 22.8%，占全部投资的比重为 20.3%。社会消费品零售总额为 36141.8 亿元，比上年增长 8.7%。货物进出口总额为 3.26 万亿元。其中，出口额为 1.94 万亿元；进口 1.32 万亿元。全省居民人均可支配收入为 39890 元，比上年增长 6.2%。其中，城镇居民人均可支配收入为 51571 元，增长 5.1%；农村居民人均可支配收入为 23776 元，增长 7.5%。

2. 工业经济运行情况

2023 年，山东全部工业增加值达 29191.2 亿元，比上年增长 6.3%。规模以上工业增加值增长 7.1%。分门类看，采矿业增长 6.6%，制造业增长 7.8%，电力、热力、燃气及水的生产和供应业增长 0.9%。规模以上工业企业营业收入增长 3.8%。

（二）指标分析

1. 时序指数（见图 6-16 和表 6-33）

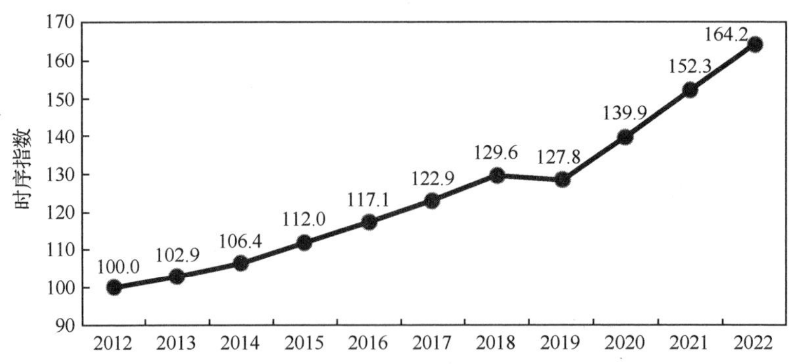

图 6-16　山东工业发展质量时序指数

（资料来源：赛迪智库整理，2024 年 5 月）

表 6-33　2012—2022 年山东工业发展质量时序指数

	2012	2013	2014	2015	2016	2017	2018	2019	2020	2021	2022	2012—2022 年年均增速
速度效益	100.0	100.8	100.9	101.5	103.2	104.5	100.7	93.8	101.3	106.8	102.8	0.3%
结构调整	100.0	96.3	100.0	108.0	111.8	109.7	97.9	92.1	99.2	99.9	110.0	1.0%
技术创新	100.0	104.8	105.2	109.6	116.2	133.3	170.4	163.7	191.7	225.6	256.2	9.9%
资源环境	100.0	106.2	114.2	116.0	120.1	132.4	130.0	133.5	136.3	142.3	141.6	3.5%
两化融合	100.0	107.2	115.2	131.3	142.8	145.9	156.7	163.7	172.7	189.6	214.9	7.9%
人力资源	100.0	106.8	112.0	115.4	119.6	126.1	135.8	143.4	157.5	166.7	174.5	5.7%
时序指数	100.0	102.9	106.4	112.0	117.1	122.9	129.6	127.8	139.9	152.3	164.2	5.1%

资料来源：赛迪智库整理，2024 年 5 月。

纵向来看，山东工业发展质量时序指数由 2012 年的 100.0 上涨至 2022 年的 164.2，年均增速为 5.1%，落后于全国平均增速 0.2 个百分点。

山东在技术创新方面表现最好，年均增速达 9.9%，高于全国平均水平。其中，工业企业 R&D 人员投入强度和工业企业新产品销售收入占比均实现两位数增长，年均增速分别达 12.0%和 12.2%，是提升山东技术创新指标增长的主要驱动力。

山东在速度效益和结构调整方面表现较差，年均增速分别为 0.3%和 1.0%，拉低了山东工业发展质量时序指数年均增速。速度效益方面，规上工业增加值增速表现较好，年均增速为 6.8%，是细分指标中唯一实现正增长的。结构调整方面，高技术制造业主营业务收入占比表现相对较好，年均增速为 2.5%；规上小型工业企业收入占比年均增速为-2.2%，是细分指标中唯一负增长的，制约了整体指标增速。

2. 截面指数（见表 6-34）

表 6-34　2012—2022 年山东工业发展质量截面指数排名

	2012	2013	2014	2015	2016	2017	2018	2019	2020	2021	2022	2012—2022 年均值排名
速度效益	19	14	13	11	14	20	25	30	20	26	23	23
结构调整	3	4	4	2	2	2	5	8	6	5	6	4
技术创新	12	14	14	11	12	12	10	11	10	5	6	11
资源环境	2	2	2	3	3	2	5	5	7	8	10	4
两化融合	8	8	8	7	7	9	9	9	9	9	8	9
人力资源	19	20	19	20	19	18	21	20	18	20	21	20
截面指数	7	7	7	8	7	8	11	16	8	11	8	8

资料来源：赛迪智库整理，2024 年 5 月。

横向来看，山东工业发展质量截面指数基本处于全国中游水平，2022 年截面指数为 46.9，排名全国第 8 位。

2012—2022 年，山东在资源环境和结构调整方面均值排名均为第 4 位，处于领先水平。资源环境方面，2022 年单位工业增加值用水量排名全国第 5 位，处于领先水平；而单位工业增加值能耗排名全国第 19 位，处于中下游水平。结构调整方面，2022 年制造业 500 强企业占比排名遥遥领先，位列全国第 1 位；而高技术制造业主营业务收入占比和规上小型工业企业收入占比排名较靠后，分别为全国第 21 和第 14 位。

山东在速度效益和人力资源方面表现较差，处于下游水平，2012—2022 年均值排名分别为第 23 和第 20 位。速度效益方面，规上工业增加值增速表现相对较好，2022 年排名全国第 16 位。人力资源方面，工业城镇单位就业人员平均工资增速表现相对较好，2022 年排名全国第 18 位。

3. 原因分析

山东工业发展质量和经济规模在全国处于较为领先水平，尤其是在结构调整和资源环境方面表现较为突出。

结构调整方面，山东加力提速工业经济、数字经济，雁阵形集群规模超过 9.2 万亿元。加快提升先进制造业，培育 11 条标志性产业链、10 个省级先进制造业集群，国家级中小企业特色产业集群达 15 个，新增专精特新"小巨人"299 家。推动石化、钢铁等产业布局进一步优化，深化数实融合，新增国家级工业互联网"双跨"平台 3 个、智能工厂 16 个，获批全国首个中小企业数字化转型促进中心，培育"产业大脑"32 家，产业数字化、制造业数字化转型指数居全国前列。

在资源环境方面，山东加快实施黄河战略，配套出台相关规划，扎实推进相关重点项目建设，顺利推进黄河口国家公园创建工作。加快推进绿色低碳发展，大力推进先行区建设，全省 3186 个项目有序推进。

（三）结论与展望

综合来看，山东工业发展质量在全国处于领先地位，但在人力资源和速度效益方面未来还需持续深化。

在人力资源方面，山东将继续办好港澳山东周、鲁台经贸洽谈会，推动华商企业科创合作，推进海峡两岸产业合作区建设。持续加强人才引进，充分发挥好跨国公司领导人青岛峰会等平台作用。支持"以才引才"，让山东成为施展才华的宝地。

在速度效益方面，山东将继续深化工业经济头号工程，实施先进制造业攻坚行动，加快创建国家新型工业化示范区。围绕化工、轻工、建材、机械、纺织服装等重点传统产业，开展"一业一策"提质增效工作。围绕新一代信息技术、新能源新材料、高端装备、现代医药、低空经济、商业航天等战略性新兴领域，加快培育新兴产业集群。

十六、河南

（一）总体情况

1. 宏观经济总体情况

2023 年，河南地区生产总值为 59132.4 亿元，比上年增长 4.1%。

从三次产业来看，第一、二、三产业增加值分别为 5360.15 亿元、22175.27 亿元和 31596.98 亿元，与上年相比分别增长 1.8%、4.7%和 4.0%。三次产业结构占比分别为 9.1%、37.5%和 53.4%。

2. 工业经济运行情况

2023 年，全省规模以上工业增加值比上年增长 5.0%。从经济类型看，国有控股企业增长 3.6%，股份制企业增长 6.9%，外商及港澳台商投资企业下降 1.8%，私营企业增长 1.1%。从经济门类看，采矿业增长 4.0%，制造业增长 6.1%，电力、热力、燃气及水生产和供应业下降 1.8%。从重点产业看，高技术制造业增长 11.7%，工业战略性新兴产业增长 10.3%，能源原材料工业增长 1.8%，传统产业增长 1.5%，消费品制造业增长 0.3%。

（二）指标分析

1. 时序指数（见图 6-17 和表 6-35）

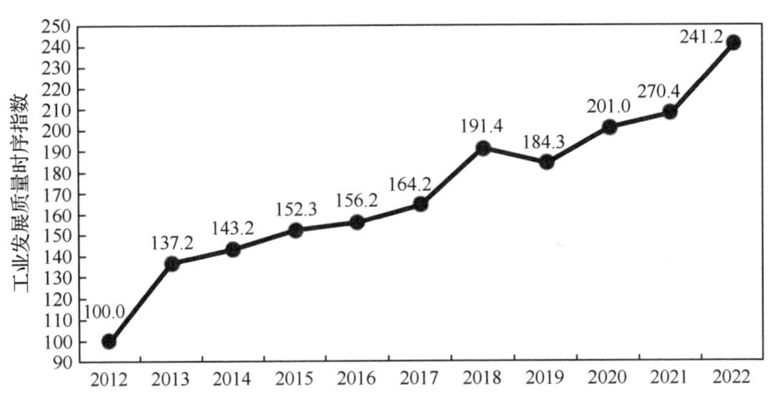

图 6-17 河南工业发展质量时序指数

（资料来源：赛迪智库整理，2024 年 5 月）

表 6-35 2012—2022 年河南工业发展质量时序指数

	2012	2013	2014	2015	2016	2017	2018	2019	2020	2021	2022	2012—2022 年年均增速
速度效益	100.00	103.57	105.36	104.00	105.76	109.38	108.09	115.39	106.45	104.42	95.29	−0.48%

续表

	2012	2013	2014	2015	2016	2017	2018	2019	2020	2021	2022	2012—2022 年年均增速
结构调整	100.00	250.71	256.87	278.65	276.42	276.95	288.72	223.47	244.65	250.20	251.18	9.65%
技术创新	100.00	117.49	116.78	114.89	116.21	128.41	209.37	202.61	230.62	231.30	317.65	12.25%
资源环境	100.00	110.53	135.95	152.29	169.79	185.32	201.23	235.37	267.11	285.40	359.15	13.64%
两化融合	100.00	109.69	117.26	138.73	148.68	166.28	207.67	212.24	231.03	252.00	318.06	12.27%
人力资源	100.00	101.95	109.18	113.20	117.04	121.06	130.78	142.94	167.44	173.02	182.06	6.17%
时序指数	100.00	137.20	143.25	152.25	156.18	164.23	191.44	184.28	201.00	207.42	241.15	9.20%

资料来源：赛迪智库整理，2024 年 5 月。

纵向来看，河南工业发展质量时序指数自 2012 年的 100.00 上涨至 2022 年的 241.15，年均增速达 9.20%，高出全国平均增速 3.93 个百分点。

河南在结构调整、资源环境、技术创新和两化融合方面表现均较好，年均增速分别为 9.65%、13.64%、12.25%和 12.27%，均显著高于全国平均水平。其中，结构调整方面，新产品出口占货物出口额比重、高技术制造业主营业务收入占比和制造业 500 强企业占比均保持较高增速，年均增速分别为 14.81%、11.10%和 8.56%。资源环境方面，单位工业增加值能耗和单位工业增加值用水量保持较高增速，分别为 4.09%和 18.99%，是支撑河南资源环境指标增长的重要因素。技术创新方面，工业企业新产品销售收入占比、工业企业 R&D 经费投入强度和工业企业 R&D 人员投入强度增长较快，年均增速分别达 16.38%、14.11%和 11.68%。两化融合方面，电子信息产业占比和宽带人均普及率呈较快增长，年均增速分别达 15.01%和 14.99%，是拉动两化融合指标增长的重要动力。

河南在人力资源方面表现一般，年均增速为 6.17%。其中，第二产业全员劳动生产率和工业城镇单位就业人员平均工资增速是支撑人力

资源指标增长的主要因素，年均增速分别达 9.69%和 7.22%。

河南在速度效益方面表现较差，年均增速为-0.48%，低于全国平均水平。除规上工业增加值增速增长较快外，工业成本费用利润率、工业营业收入利润率和工业企业资产负债率均呈负增长，年均增速分别为-7.76%、-7.33%和-1.75%。

2. 截面指数（见表 6-36）

表 6-36　2012—2022 年河南工业发展质量截面指数排名

	2012	2013	2014	2015	2016	2017	2018	2019	2020	2021	2022	2012—2022 年均值排名
速度效益	8	6	2	1	4	6	13	7	19	27	27	8
结构调整	18	6	5	5	5	6	6	9	9	9	7	6
技术创新	23	22	23	25	25	24	13	14	13	12	11	16
资源环境	14	14	10	10	8	8	8	7	8	9	7	9
两化融合	17	17	17	17	17	15	13	15	15	16	15	15
人力资源	29	29	26	24	29	28	23	23	21	21	22	25
截面指数	19	14	13	13	14	15	14	14	16	16	16	14

资料来源：赛迪智库整理，2024 年 5 月。

横向来看，河南工业发展质量截面指数始终处于中游水平，2022 年截面指数为 42.1，排名全国第 16 位。

2022 年，河南在结构调整和资源环境方面表现较好，处于全国上游水平，排名均为第 7 位，是拉动河南工业发展质量截面指数的重要动力。结构调整方面，新产品出口占货物出口额比重排在全国第 3 位，是推动河南结构调整发展的主要驱动力。资源环境方面，单位工业增加值用水量处于全国领先水平，排在第 2 位，单位工业增加值能耗处于全国中上游水平，排在第 18 位。

2022 年，河南在技术创新和两化融合方面处于全国中游水平，分别排在第 11 和第 15 位。技术创新方面，工业企业 R&D 经费投入强度、工业企业新产品销售收入占比和工业企业 R&D 人员投入强度表现相对较好，分别排在全国第 3、第 11 和第 12 位。两化融合方面，电子信息产业占比和两化融合水平均处于全国中游水平，均排在全国第 13 位。

2022 年，河南在人力资源和速度效益方面表现相对较差，分别排在全国第 22 和第 27 位。人力资源方面，工业城镇单位就业人员平均工资增速、第二产业全员劳动生产率和就业人员平均受教育年限均处于全国中下游水平，分别排在第 20、第 22 和第 24 位。速度效益方面，工业成本费用利润率和工业营业收入利润率表现最差，均排在全国第 30 位，拉低了速度效益指标的整体排名。

3. 原因分析

河南工业发展质量处于全国中游水平，在结构调整和资源环境方面表现优秀。

结构调整方面，河南紧抓构建新发展格局战略机遇，着力推动高质量发展，统筹扩大内需和深化供给侧结构性改革，优化产业结构，促进第二产业优化升级，三大产业协同向中高端迈进，推进河南现代产业体系加快形成。大力推进传统制造业升级改造，有序淘汰落后产能，推进产业智能化、绿色化、融合化发展，推动战略性新兴产业实现规模化、高端化、集聚化发展，推动量子信息、氢能等未来产业突破发展，培育壮大一批特色明显、创新能力强的优质企业与产业集群。目前形成了装备制造、现代食品两个万亿级产业集群及节能环保、智能电力等 19 个千亿级产业集群。

资源环境方面，河南积极推动绿色低碳转型，如印发实施《河南省人民政府关于加快建立健全绿色低碳循环发展经济体系的实施意见》《河南省推进碳达峰碳中和工作方案》《实施绿色低碳转型战略工作方案》等；建立健全绿色低碳循环发展经济体系，推进工业绿色升级，实施钢铁、煤化工、水泥、铝加工、玻璃、耐火材料等行业绿色化改造，依法实施“双超双有高耗能”行业强制性清洁生产审核，持续排查整治“散乱污”企业。

（三）结论与展望

整体来看，河南在速度效益方面还有较大的提升空间。应持续壮大7个先进制造业集群、28个重点产业链，拓展数字赋能和智能制造覆盖面，抢占人工智能、类脑和仿真机器人等未来产业先机。持续合理降低税费负担，着力降低制度性交易成本，合理降低企业人工成本，健全微电网、增量配电网运营机制，降低工业综合用电成本，推进物流降本增效。

十七、湖北

（一）总体情况

1. 宏观经济总体情况

2023 年，湖北实现地区生产总值 55803.62 亿元，同比增长 6.0%。具体来看，第一产业完成增加值 5073.38 亿元，按不变价格计算，比上年增长 4.1%；第二产业完成增加值 20215.50 亿元，比上年增长 4.9%；第三产业完成增加值 30514.74 亿元，比上年增长 7.0%。在三次产业结构比例方面，2023 年的调整情况是：第一产业占比从 2022 年的 9.5%调整为 9.1%，第二产业占比从 2022 年的 37.5%调整为 36.2%，第三产业占比则从 2022 年的 53.0%调整为 54.7%。这表明第三产业在湖北经济中的比重进一步提升，成为推动经济增长的主要力量。在第三产业中，各个细分行业的增速表现各异。交通运输仓储和邮政业、批发和零售业、住宿和餐饮业、其他服务业、金融业、房地产业增加值增速分别为17.3%、9.8%、8.9%、7.8%、3.6%、-1.6%。综上所述，2023 年湖北的经济增长呈现出第一产业稳定增长、第二产业稳步提升、第三产业快速发展的良好态势，特别是在第三产业内部，多个细分行业均实现较快增长，进一步巩固了其在全省经济中的主导地位。

2. 工业经济运行情况

2023 年，湖北全省规模以上工业增加值比上年增长 5.6%。具体看，采矿业增长 4.4%，制造业增长 6.4%，电力、热力、燃气及水生产和供应业下降 0.8%，高技术制造业增长 5.7%，占规模以上工业增加值的比

重达 12.8%。其中，计算机、通信和其他电子设备制造业增长 5.1%。

（二）指标分析

1. 时序指数（见图 6-18 和表 6-37）

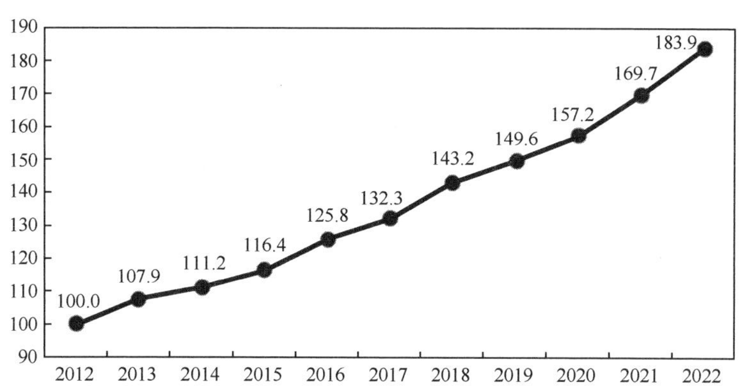

图 6-18 湖北工业发展质量时序指数

（资料来源：赛迪智库整理，2024 年 5 月）

表 6-37 2012—2022 年湖北工业发展质量时序指数

	2012	2013	2014	2015	2016	2017	2018	2019	2020	2021	2022	2012—2022 年年均增速
速度效益	100.0	104.9	103.4	105.2	110.4	114.3	122.6	127.1	122.2	147.4	134.9	3.0%
结构调整	100.0	103.6	107.1	111.0	117.7	116.2	113.3	118.0	119.1	125.5	133.9	3.0%
技术创新	100.0	103.2	103.6	106.8	118.3	131.3	154.6	160.2	188.5	198.7	237.5	9.0%
资源环境	100.0	123.3	136.1	144.5	157.0	171.5	184.7	187.3	197.6	201.1	218.1	8.1%
两化融合	100.0	116.0	123.1	135.4	153.1	160.6	178.0	192.3	208.7	219.4	253.7	9.8%
人力资源	100.0	105.9	110.6	115.9	121.3	127.3	135.1	142.6	137.7	149.6	156.4	4.6%
时序指数	100.0	107.9	111.2	116.4	125.8	132.3	143.2	149.6	157.2	169.7	183.9	6.3%

资料来源：赛迪智库整理，2024 年 5 月。

纵向来看，湖北工业发展质量时序指数从 2012 年的 100.0 上涨至 2022 年的 183.9，年均增速达 6.3%，高出全国平均水平 1.0 个百分点。

湖北在技术创新、资源环境和两化融合方面表现较好，年均增速分别为 9.0%、8.1%和 9.8%。技术创新方面，工业企业 R&D 经费投入强度、工业企业 R&D 人员投入强度、单位工业企业 R&D 经费支出发明专利数和工业企业新产品销售收入占比均表现较好，年均增速分别为 7.9%、9.8%、7.2%和 11.0%。资源环境方面，单位工业增加值用水量表现较好，年均增速为 11.3%。两化融合方面，宽带人均普及率和电子信息产业占比实现快速发展，年均增速为 12.3%和 11.5%。

湖北在速度效益、结构调整和人力资源方面表现一般，年均增速分别为 3.0%、3.0%和 4.6%。在速度效益方面，规上工业增加值增速表现较好，年均增速为 7.6%，但其他 3 项表现一般。在结构调整方面，制造业 500 强企业占比年均增速为-4.3%，是影响结构调整指标的主要不利因素。在人力资源方面，就业人员平均受教育年限增长缓慢，年均增速仅为 0.5%，显著低于其他两项指标。

2. 截面指数（见表 6-38）

表 6-38　2012—2022 年湖北工业发展质量截面指数排名

	2012	2013	2014	2015	2016	2017	2018	2019	2020	2021	2022	2012—2022 年均值排名
速度效益	18	12	12	13	12	16	9	6	24	6	8	10
结构调整	14	17	15	15	15	12	13	12	13	13	13	15
技术创新	10	10	11	10	10	10	11	10	7	8	5	10
资源环境	18	19	19	18	19	18	19	19	21	22	22	19
两化融合	12	12	12	12	12	14	14	12	12	14	16	12
人力资源	8	6	5	8	8	8	9	13	16	11	16	8
截面指数	12	12	12	12	12	13	12	11	15	10	12	13

资料来源：赛迪智库整理，2024 年 5 月。

横向来看，2022 年湖北工业发展质量截面指数为 45.5，排名全国第 12 位，较 2021 年下降 2 位。

2022 年，湖北在速度效益、技术创新方面表现相对突出，处于全国上游水平。速度效益方面，排在全国第 8 位，较 2021 年下降 2 位。其中，工业企业资产负债率成为主要支撑因素，排在全国第 5 位，但规上工业增加值增速排在全国第 10 位，较上年下降 8 位，是速度效益排名下滑的主要原因。技术创新方面，排在全国第 5 位。其中，工业企业

R&D 经费投入强度、工业企业 R&D 人员投入强度和工业企业新产品销售收入占比排名均比较靠前，分别排在全国第 7、第 6 和第 5 位，是支撑技术创新指标的主要因素。

2022 年，湖北在结构调整、两化融合和人力资源三个方面表现中等，分别排在全国第 13、第 16 和第 16 位。结构调整方面，规上小型工业企业收入占比和新产品出口占货物出口额比重表现较好，分别排名全国第 5 和第 10 位。两化融合方面，两化融合水平排名相对较好，排在全国第 12 位。人力资源方面，第二产业全员劳动生产率表现较好，排在全国第 11 位，但工业城镇单位就业人员平均工资增速排名下降明显，从第 13 位降至第 26 位。

湖北在资源环境方面表现一般，处于全国中下游，排在第 22 位。其中，单位工业增加值用水量表现较差，排在第 26 位，与上年持平。

3. *原因分析*

湖北在速度效益和技术创新方面取得了一些显著成果，这得益于湖北省政府采取了一系列努力和政策措施。例如，在促进经济发展方面，湖北加大对重点产业和战略性新兴产业的支持力度，鼓励企业加大技术创新和研发投入，推动产业结构调整和升级。在科技创新方面，湖北加强产学研合作，建立了科技创新平台和技术转移中心，促进科技成果的转化和应用。在人才引进和培养方面，湖北采取积极的人才引进和培养政策，加大人才引进的力度，吸引高层次人才和专业人才到湖北工作和创新创业，并且加强高等教育和职业教育的发展，培养了大量高素质人才，为技术创新提供了人才支持。

（三）结论与展望

湖北在经济发展中取得一定的成绩，但仍面临一些挑战。通过进一步加强服务业发展、制造业升级、资源环境保护和人力资源培养，湖北可以实现更加可持续、高质量和创新驱动的发展。（1）湖北在服务业发展方面取得显著成就，特别是交通运输、批发零售和住宿餐饮等领域。湖北应继续支持服务业发展，培育新的增长点，提升服务业的质量和效益。（2）制造业和高技术制造业的增长对湖北的经济发展起到了积极作用。加强对制造业的支持，推动技术创新和产业升级，提高制造业的附加值和竞争力。(3)需要关注电力、热力、燃气及水生产和供应业的下降趋势。加大对能源供应和环保方面的投入，确保可持续发展和环境保护的平衡。(4)进一步加大对技术创新、资源环境和两化融合的支持力度。提高研发投入，促进资源的节约利用和环境友好型发展，推动信息技术与产业的融合。(5)加强人力资源培养和教育，提高就业人员的技能水平，优化人力资源配置，促进高质量的人力资源发展。

十八、湖南

(一)总体情况

1. 宏观经济总体情况

2023 年，湖南实现地区生产总值 50012.9 亿元，同比增长 4.6%。其中，第一产业增加值为 4621.3 亿元，增长 3.5%；第二产业增加值为 18822.8 亿元，增长 4.6%；第三产业增加值为 26568.8 亿元，增长 4.8%。这一数据表明，湖南在 2023 年的经济增长中，三次产业结构均有所提升，尤其是第三产业的增长率最高，显示出服务业的强劲发展势头。三次产业结构比例为 9.3∶37.6∶53.1。第一、二、三产业增加值对经济增长的贡献率分别为 7.8%、38.1%和 54.1%。其中，工业对经济增长的贡献率为 31.2%，生产性服务业对经济增长的贡献率为 25.7%。

2. 工业经济运行情况

2023 年，湖南规模以上工业增加值比上年增长 5.1%。其中，高技术制造业增长 3.7%，占规模以上工业的比重为 13.5%；装备制造业增长 8.9%，占规模以上工业的比重为 31.5%；民营企业增长 5.2%，占规模以上工业的比重为 64.4%。

(二)指标分析

1. 时序指数(见图 6-19 和表 6-39)

纵向来看，湖南工业发展质量时序指数由 2012 年的 100.0 增长到 2022 年的 188.0，年均增速为 6.5%，高于全国平均水平 1.2 个百分点。

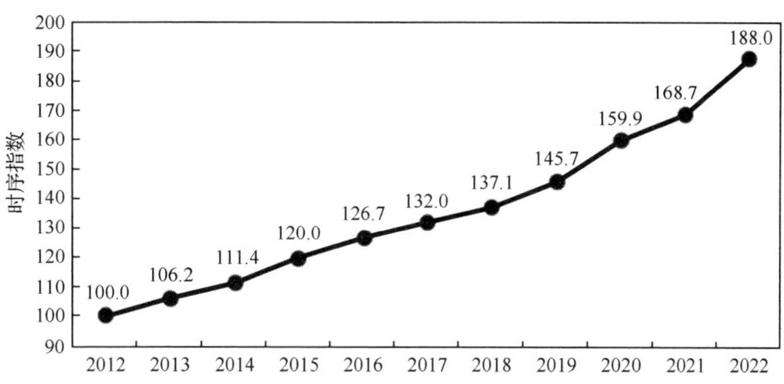

图 6-19 湖南工业发展质量时序指数

（资料来源：赛迪智库整理，2024 年 5 月）

表 6-39 2012—2022 年湖南工业发展质量时序指数

	2012	2013	2014	2015	2016	2017	2018	2019	2020	2021	2022	2012—2022 年年均增速
速度效益	100.0	102.6	95.0	98.8	101.4	106.9	105.2	117.1	124.7	124.3	124.7	2.2%
结构调整	100.0	105.7	120.6	133.7	147.1	132.9	126.2	116.6	121.3	125.7	127.4	2.5%
技术创新	100.0	99.6	103.2	109.2	109.1	120.5	141.8	144.8	156.0	173.8	212.8	7.8%
资源环境	100.0	121.1	137.0	147.4	158.6	171.8	161.3	179.6	245.1	250.6	302.8	11.7%
两化融合	100.0	111.7	117.3	132.4	141.7	156.5	171.1	196.3	216.5	237.5	269.9	10.4%
人力资源	100.0	105.5	112.2	117.7	124.9	134.2	145.6	158.6	157.0	163.1	171.1	5.5%
时序指数	100.0	106.2	111.4	120.0	126.7	132.0	137.1	145.7	159.9	168.7	188.0	6.5%

资料来源：赛迪智库整理，2024 年 5 月。

湖南在技术创新、资源环境、两化融合方面发展较快，年均增速分别为 7.8%、11.7%和 10.4%。技术创新方面，工业企业 R&D 经费投入强度和工业企业 R&D 人员投入强度增长较快，年均增速分别为 10.1%和 9.8%，成为技术创新指标发展的重要拉动因素。资源环境方面，单位工业增加值用水量呈较快增长，年均增速为 14.9%。两化融合方面，宽带人均普及率实现较快增长，年均增速为 15.2%。

湖南在速度效益、结构调整和人力资源方面表现一般，年均增速分别为 2.2%、2.5%和 5.5%。速度效益方面，工业成本费用利润率和工业营业收入利润率均为负增长，年均增速分别为-1.4%和-1.1%。结构调整方面，制造业 500 强企业占比、规上小型工业企业收入占比和新产品出口占货物出口额比重年均增速分别为 0.0%、0.4%和-0.2%，是影响结构调整发展的主要不利因素。人力资源方面，工业城镇单位就业人员平均工资增速和第二产业全员劳动生产率表现较好，年均增速分别为 8.4%和 8.0%；就业人员平均受教育年限表现较差，年均增速为 0.5%。

2. 截面指数（见表 6-40）

表 6-40　2012—2022 年湖南工业发展质量截面指数排名

	2012	2013	2014	2015	2016	2017	2018	2019	2020	2021	2022	2012—2022 年均值排名
速度效益	14	11	18	14	17	15	18	10	6	18	10	14
结构调整	7	8	7	7	6	8	10	10	10	10	11	9
技术创新	8	8	8	9	9	9	9	7	9	6	2	8
资源环境	15	15	15	13	14	15	17	16	16	16	13	15
两化融合	16	15	15	16	16	19	19	18	16	20	20	18
人力资源	12	13	12	14	15	13	10	10	8	19	12	13
截面指数	11	11	11	11	11	12	13	10	10	13	10	11

资料来源：赛迪智库整理，2024 年 5 月。

横向来看，2022 年湖南工业发展质量截面指数为 46.9，排名全国第 10 位，较 2021 年上升 3 位。

2022 年，湖南在技术创新方面表现突出，排在全国第 2 位，较上年上升 4 位。其中，工业企业 R&D 经费投入强度和工业企业新产品销售收入占比表现较好，排名分别为全国第 1 和第 4 位，是支撑技术创新发展的主要有利因素。

湖南在速度效益、结构调整、资源环境、人力资源方面处于中上游水平，分别为全国第 10、第 11、第 13 和第 12 位。速度效益方面，工业企业资产负债率位于全国前列，排在第 3 位，是支撑速度效益指标的有利因素。结构调整方面，规上小型工业企业收入占比表现突出，排在全国第 2 位。资源环境方面，单位工业增加值能耗排名相对靠前，排在全国第 10 位，是支撑资源环境发展的主要因素。人力资源方面，三项指标表现比较均衡，其中，工业城镇单位就业人员平均工资增速较上年

上升 18 位，排在第 11 位，进步明显。

湖南在两化融合方面处于中下游水平，为全国第 20 位。其中，宽带人均普及率排在全国第 23 位，拖累了两化融合的表现。

3. 原因分析

湖南在技术创新方面展现了突出的表现，是因为湖南在以下方面所做的努力。(1) 创新驱动发展战略：湖南积极实施创新驱动发展战略，将技术创新置于经济社会发展的核心位置。湖南加强科技创新的组织领导和统筹规划，制定了一系列创新政策和措施，推动科技与经济深度融合，不断提升技术创新能力和水平。(2) 产学研结合：湖南注重加强产学研结合，促进科研成果的转化和应用。湖南加强企业与高校、科研院所之间的合作，建立了一批产学研合作平台和技术转移中心，推动科技成果产业化和市场化，加快技术创新成果的转化效益。(3) 创新平台建设：湖南加大创新平台建设的力度。湖南建设了一批高水平的科研机构、创新园区和孵化基地，为科研人员和创新企业提供了良好的研发和创业环境。湖南还推动建设国家级和省级创新平台，吸引了大量高层次的科技创新人才和项目。(4) 人才引进和培养：湖南注重引进和培养高层次的科技人才。湖南实施了一系列人才引进政策，提供优厚的待遇和条件，吸引国内外优秀的科技人才到湖南工作和创新创业。(5) 创新创业支持政策：湖南出台了一系列支持创新创业的政策措施。湖南设立了创新创业基金和风险投资基金，提供资金支持和风险投资，鼓励企业加大技术创新和研发投入。此外，湖南还加强知识产权的保护和管理，为创新创业提供法律保障。

（三）结论与展望

湖南的工业发展质量总体呈现积极态势。技术创新和资源环境是湖南工业发展的亮点，表明湖南在产业转型升级和可持续发展方面取得了一定成效。然而，湖南在速度效益、结构调整和人力资源方面仍需进一步提升。在速度效益方面，应关注工业成本费用利润率和工业营业收入利润率的改善，提高工业发展的效益和竞争力。在结构调整方面，应加大制造业结构调整的力度，促进高技术制造业和装备制造业的发展，提高产业结构的优化程度。在人力资源方面，应注重提升就业人员的受教育水平和技能水平，提高劳动生产率和人力资源的质量。未来，湖南可以进一步加强技术创新和产业升级，加大对高技术制造业和战略性新兴产业的支持力度，推动产业结构优化和经济转型升级。同时，应注重生态环境保护和资源可持续利用，推动绿色发展和循环经济的实施。此外，湖南还可以加强人才培养和引进，提高人力资源的质量和能力，为经济发展提供更强有力的支撑。

十九、广东

（一）总体情况

1. 宏观经济总体情况

2023年，广东实现地区生产总值135673.17亿元，比上年增长4.8%。第一、二、三产业增加值分别为5540.70亿元、54437.26亿元和75695.21亿元，分别增长4.8%、4.8%和4.7%，三次产业结构比例调整为4.1∶40.1∶55.8。人均地区生产总值达106986元，比上年增长4.7%。

2023年，广东全社会固定资产投资同比增长2.5%。其中，第一、二、三产业投资分别同比增长-1.6%、22.2%和-5.3%。民间投资占固定资产投资比重为45.0%，其中，制造业民间投资增长16.5%；基础设施民间投资增长3.4%。工业投资增长22.2%。基础设施投资增长4.2%，其中，电力、热力生产和供应业投资增长21.8%；铁路运输业投资增长4.8%；航空运输业投资增长6.0%；互联网和相关服务业投资增长11.4%。

2023年，广东实现货物进出口总额83040.7亿元，同比增长0.3%。对共建“一带一路”国家进出口30403.5亿元，同比增长1.0%。实现社会消费品零售总额47494.86亿元，同比增长5.8%。

2. 工业经济运行情况

2023年，广东全部工业增加值比上年增长4.4%，规模以上工业增加值比上年增长4.4%。先进制造业增加值同比增长6.1%，占规模以上工业增加值比重为55.7%。其中，高端电子信息制造业增长5.2%；先进装备制造业增长7.6%；石油化工业增长12.5%；先进轻纺制造业增长3.6%；新材料制造业增长1.5%；生物医药及高性能医疗器械业下降2.8%。高技术制造业增加值同比增长3.2%，占规模以上工业增加值比

重为 29.4%。其中，电子及通信设备制造业增长 6.1%；航空航天器及设备制造业增长 31.5%；医药制造业下降 1.5%；计算机及办公设备制造业下降 14.0%；医疗仪器设备及仪器仪表制造业下降 7.6%；信息化学品制造业下降 29.8%。装备制造业增加值同比增长 5.6%，占规模以上工业增加值比重为 45.0%。其中，电气机械和器材制造业增长 9.5%；计算机、通信和其他电子设备制造业增长 3.6%；汽车制造业增长 11.2%。传统优势产业增加值同比增长 3.3%。其中，家用电力器具制造业增长 9.9%；金属制品业增长 4.2%；食品饮料业增长 8.5%；建筑材料业下降 1.3%；家具制造业下降 7.4%；纺织服装业下降 4.6%。

2023 年，广东规模以上工业企业实现利润总额 10575.18 亿元，同比增长 11.2%。分门类看，采矿业利润为 590.92 亿元，下降 7.1%；制造业利润为 9028.45 亿元，增长 8.8%；电力、热力、燃气及水生产和供应业利润为 955.81 亿元，增长 67.9%。规模以上工业企业每百元营业收入中的成本为 83.43 元，比上年减少 0.67 元。营业收入利润率为 5.7%，比上年提高 0.5 个百分点。

（二）指标分析

1. 时序指数（见图 6-20 和表 6-41）

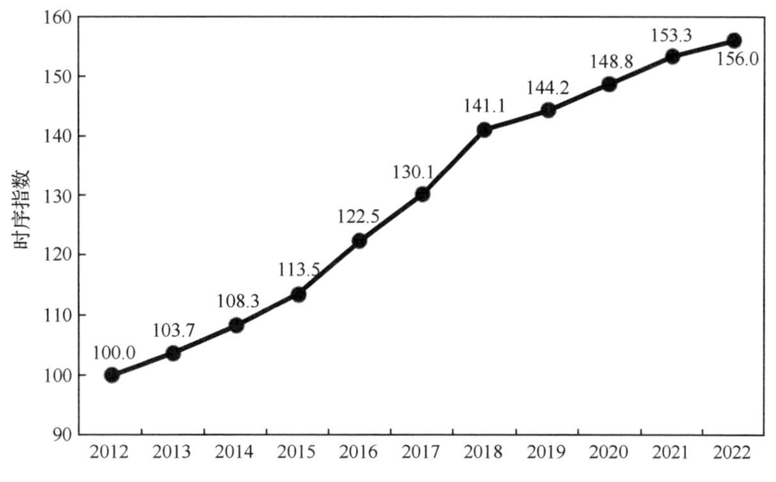

图 6-20　广东工业发展质量时序指数

（资料来源：赛迪智库整理，2024 年 4 月）

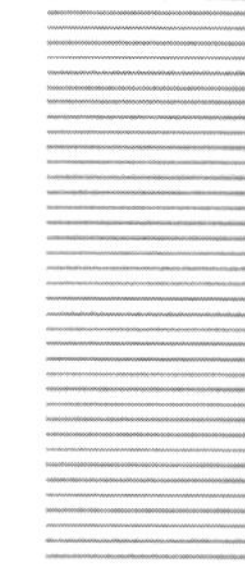

表 6-41　2012—2022 年广东工业发展质量时序指数

	2012	2013	2014	2015	2016	2017	2018	2019	2020	2021	2022	2012—2022 年年均增速
速度效益	100.0	104.9	106.9	113.2	116.0	119.7	117.5	120.1	122.3	126.7	119.2	1.8%
结构调整	100.0	103.4	109.1	112.0	133.0	138.7	152.4	150.7	150.0	159.6	161.6	4.9%
技术创新	100.0	99.8	102.2	101.9	111.3	124.5	151.0	152.0	161.4	158.3	162.4	5.0%
资源环境	100.0	108.0	119.4	130.3	141.0	150.0	163.9	175.6	194.4	199.0	211.7	7.8%
两化融合	100.0	104.2	108.1	116.6	119.9	129.8	137.8	141.9	144.6	148.9	157.0	4.6%
人力资源	100.0	104.5	111.3	118.1	123.7	129.3	135.8	143.5	143.9	153.1	158.5	4.7%
时序指数	100.0	103.7	108.3	113.5	122.5	130.1	141.1	144.2	148.8	153.3	156.0	4.5%

资料来源：赛迪智库整理，2024 年 4 月。

纵向来看，广东工业发展质量时序指数自 2012 年的 100.00 上涨至 2022 年的 156.0，年均增速为 4.5%。

广东在资源环境方面提升较快，年均增速为 7.8%，其中，单位工业增加值用水量优化效果显著，年均增速为-10.6%。

广东在结构调整、技术创新、两化融合、人力资源方面均平稳增长，年均增速分别为 4.9%、5.0%、4.6%和 4.7%。结构调整方面，制造业 500 强企业占比明显提高，年均增速达 9.4%，是推动结构调整优化的主要因素。技术创新方面，工业企业 R&D 人员投入强度年均增速达 7.0%；工业企业新产品销售收入占比、工业企业 R&D 经费投入强度均平稳增长；单位工业企业 R&D 经费支出发明专利数年均增速仅为 2.5%，影响了技术创新的提升步伐。两化融合方面，宽带人均普及率年均增速实现 7.4%，为居民的工作、生活信息化带来极大便利；电子信息产业占比与两化融合水平提高较慢，年均增速仅为 3.0%、2.9%。人力资源方面，工业城镇单位就业人员平均工资增速为主要动力，年均增速实现 9.1%。

在速度效益方面，广东的表现较为一般，年均增速为 1.8%。其中，

规上工业增加值增速年均增速达 6.1%，表现相对较好；工业企业资产负债率、工业成本费用利润率及工业营业收入利润率的年均增速不理想，分别为 0.0%、-0.4%和-0.3%，制约了速度效益的提升。

2. 截面指数（见表 6-42）

表 6-42　2012—2022 年广东工业发展质量截面指数排名

	2012	2013	2014	2015	2016	2017	2018	2019	2020	2021	2022	2012—2022 年均值排名
速度效益	26	27	20	12	13	14	17	18	17	21	21	20
结构调整	5	3	3	4	4	3	2	3	3	4	2	3
技术创新	2	5	5	5	5	4	2	2	3	4	7	3
资源环境	4	4	4	2	4	4	2	3	4	5	3	3
两化融合	3	3	2	3	2	2	3	3	5	8	9	4
人力资源	10	12	6	9	9	11	11	14	20	13	14	12
截面指数	4	5	3	5	4	3	3	4	4	4	4	4

资料来源：赛迪智库整理，2024 年 4 月。

横向来看，2022 年广东工业发展质量截面指数为 52.7，排在全国第 4 位，处于上游水平。

2022 年，广东在结构调整、技术创新、资源环境和两化融合方面表现出色。结构调整方面，高技术制造业主营业务收入占比和制造业 500 强企业占比分列全国第 1、第 4 位，表现较为优异。技术创新方面，各项指标均居全国前 8 位，创新能力凸显。资源环境方面，单位工业增加值能耗、单位工业增加值用水量分别排名全国第 3 和第 11 位。两化融合方面，电子信息产业占比居全国第 2 位，显示出电子信息产业强省的实力。

2022 年，广东在速度效益和人力资源方面表现一般，分别排名全国第 20 和第 12 位。速度效益方面，规上工业增加值增速、工业企业资产负债率、工业成本费用利润率和工业营业收入利润率均位列全国第 18 位以后，处于中下游水平。人力资源方面，就业人员平均受教育年限表现最好，排名全国第 4 位；工业城镇单位就业人员平均工资增速排名全国第 9 位；第二产业全员劳动生产率仅排名全国第 20 位，处于中下游水平。

3. 原因分析

广东工业发展质量较为稳定，从 2012 到 2022 年始终处于领先水平，这主要得益于广东在技术创新、资源环境、结构调整、两化融合方面做出的重要努力。广东深入实施制造业高质量发展“六大工程”，高起点培育 20 个战略性产业集群，形成新一代电子信息、绿色石化、智能家电、先进材料、现代轻工纺织、软件与信息服务、现代农业与食品、汽车等 8 个万亿元级产业集群，进一步夯实经济高质量发展基础。围绕“基础研究+技术攻关+成果转化+科技金融+人才支撑”全链条发力，持续巩固广东科技创新优势，区域创新综合能力连续 5 年居全国首位。深入推进基础研究重大项目和重点领域研发计划，鹏城实验室、广州实验室两大“国之重器”挂牌运作。深入推进“广东强芯”工程，全力打造中国集成电路第三极。出台“稳工业 32 条及增量政策”，实施产业链供应链韧性提升行动，“一链一策”“一企一策”解决问题。

广东累计投入 7500 亿元进行污染防治攻坚战，城镇污水管网新增 4.53 万千米、五年翻了近一番，实现乡镇生活污水处理设施全覆盖，地表水国考断面和近岸海域水质优良率均创近年来最好水平。大气主要污染物连续 8 年全指标达标，PM2.5 平均浓度大幅降至 20 微克/立方米。

（三）结论与展望

综合时序指数和截面指数来看，广东工业发展质量长期处于全国领先水平，电子、汽车等多个行业规模位居全国首位，综合经济实力持续领跑。面向未来，广东一是要继续坚持实体经济为本和制造业当家，扎实推进新型工业化，加快现代化产业体系建设。加快培育 8 个万亿元级产业集群，把新能源、超高清视频显示、生物医药、高端装备制造等打造成新的万亿元级、5000 亿元级产业集群。二是继续加大对民营企业

纾困力度，健全防范化解拖欠中小企业账款长效机制，依法保护民营企业产权和企业家权益，促进民营经济发展壮大。三是持续坚持教育优先发展、科技自立自强、人才引领驱动，为广东打造新发展格局战略支点提供全方位人才支撑和智力支持，在强化现代化建设人才支撑上体现更大担当。

二十、广西

（一）总体情况

1. 宏观经济总体情况

2023 年，广西实现地区生产总值 27202.39 亿元，同比增长 4.1%。第一、二、三产业增加值分别为 4468.18 亿元、8924.13 亿元和 13810.08 亿元，增速分别为 4.7%、3.2%和 4.4%。其中，第一、二、三产业占 GDP 比重分别为 16.4%、32.8%和 50.8%，对 GDP 增长贡献率分别为 19.5%、24.9%和 55.6%。广西固定资产投资同比下降 15.5%。分产业看，第一、二、三产业投资增速分别为-22.3%、-3.2%和-21.8%。工业投资同比下降 2.6%。基础设施投资同比下降 16.4%。民间固定资产投资同比下降 19.4%，社会领域投资同比下降 22.5%。

2023 年，广西进出口总值为 6936.49 亿元，同比增长 7.3%。其中，对东盟国家进出口总值为 3394.44 亿元，同比增长 22.8%。对“一带一路”共建国家进出口总值为 4961.61 亿元，同比增长 19.0%。广西社会消费品零售总额实现 8651.57 亿元，同比增长 1.3%。

2. 工业经济运行情况

2023 年，广西实现全部工业增加值 6918.32 亿元，同比增长 5.7%；规模以上工业增加值增长 6.6%。分门类看，采矿业下降 5.9%，制造业增长 6.9%，电力、热力、燃气及水生产和供应业增长 7.5%。分行业看，农副食品加工业增加值与上年持平，木材加工和木、竹、藤、棕、草制品业下降 12.1%，石油、煤炭及其他燃料加工业增长 3.9%，非金属矿物制品业下降 3.2%，黑色金属冶炼和压延加工业增长 18.8%，有色金属冶炼和压延加工业增长 25.2%，专用设备制造业增长 2.1%，汽车制造业增长 1.3%，电气机械和器材制造业增长 89.0%，计算机、通信和其他电子设备制造业下降 11.2%。

2023 年，广西规模以上工业实现利润总额 706.9 亿元，比上年增长 9.0%。分门类看，采矿业下降 19.1%，制造业增长 7.6%，电力、热力、燃气及水生产和供应业增长 25.8%。规模以上工业企业每百元营业收入中的成本为 89.42 元，比上年减少 0.43 元；营业收入利润率为 3.04%，比上年提高 0.2 个百分点。

（二）指标分析

1. 时序指数（见图 6-21 和表 6-43）

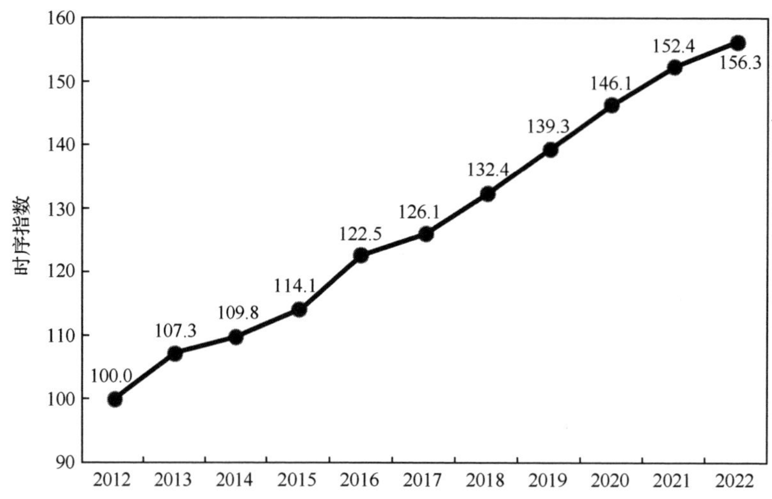

图 6-21　广西工业发展质量时序指数

（资料来源：赛迪智库整理，2024 年 4 月）

表 6-43　2012—2022 年广西工业发展质量时序指数

	2012	2013	2014	2015	2016	2017	2018	2019	2020	2021	2022	2012—2022 年年均增速
速度效益	100.0	100.1	102.1	109.2	112.3	119.2	112.8	109.7	112.8	120.5	103.6	0.4%
结构调整	100.0	115.8	112.0	114.5	128.4	125.0	138.5	132.8	139.2	127.5	128.5	2.5%
技术创新	100.0	109.8	106.5	95.6	104.2	98.5	114.5	132.6	141.3	164.3	169.6	5.4%

续表

	2012	2013	2014	2015	2016	2017	2018	2019	2020	2021	2022	2012—2022年年均增速
资源环境	100.0	97.1	104.7	109.0	121.3	129.8	129.6	131.8	160.3	163.2	186.6	6.4%
两化融合	100.0	110.9	123.2	142.3	151.3	166.8	174.5	201.3	212.7	220.5	245.5	9.4%
人力资源	100.0	107.0	113.6	122.5	128.2	133.0	139.6	147.2	134.4	140.8	144.3	3.7%
时序指数	100.0	107.3	109.8	114.1	122.5	126.1	132.4	139.3	146.1	152.4	156.3	4.6%

资料来源：赛迪智库整理，2024 年 4 月。

纵向来看，广西工业发展质量时序指数自 2012 年的 100.00 上涨至 2022 年的 156.3，年均增速为 4.6%，略低于全国平均增速。

广西在两化融合、资源环境、技术创新方面增长较快，年均增速分别为 9.4%、6.4%、5.4%。两化融合方面，宽带人均普及率增长较快，年均增速达到 14.2%，是带动两化融合水平不断提高的主要动力。资源环境方面，单位工业增加值用水量优化较快，年均下降 10.1%，加速了资源环境的改善。技术创新方面，工业企业 R&D 人员投入强度和单位工业企业 R&D 经费支出发明专利数是主要增长动力，年均增速分别为 7.0%和 6.7%。

广西在速度效益、结构调整、人力资源方面表现较弱，年均增速分别为 0.4%、2.5%、3.7%。速度效益方面，规上工业增加值增速增长较快，年均增速为 6.9%；工业企业资产负债率、工业成本费用利润率、工业营业收入利润率表现不佳，年均增速分别为-0.7%、-4.6%和-4.6%，影响了速度效益水平的提高。结构调整方面，规上小型工业企业收入占比和新产品出口占货物出口额比重增长较慢，年均增速分别为 1.9%和 1.5%。人力资源方面，工业城镇单位就业人员平均工资增速表现突出，年均增速为 9.1%。

2. 截面指数（见表 6-44）

表 6-44　2012—2022 年广西工业发展质量截面指数排名

	2012	2013	2014	2015	2016	2017	2018	2019	2020	2021	2022	2012—2022 年均值排名
速度效益	16	16	17	16	19	18	24	24	25	24	29	22
结构调整	21	20	20	20	20	20	18	19	17	19	20	18
技术创新	22	21	24	26	26	28	25	25	24	24	24	25
资源环境	20	26	26	27	28	27	28	28	28	28	28	28
两化融合	24	23	21	21	22	23	24	21	22	24	24	22
人力资源	26	25	20	17	22	24	25	24	27	29	30	26
截面指数	26	24	24	23	23	24	27	25	25	27	30	26

资料来源：赛迪智库整理，2024 年 4 月。

横向来看，2022 年广西工业发展质量截面指数为 22.9，排在全国第 30 位，处于全国下游水平。2022 年，广西在速度效益、结构调整、技术创新、资源环境、两化融合、人力资源方面分别位居全国第 29、20、24、28、24、30 位，均处于全国下游水平。速度效益方面，规上工业增加值增速、工业企业资产负债率、工业成本费用利润率、工业营业收入利润率分别居全国第 19、第 30、第 29 和第 29 位。结构调整方面，规上小型工业企业收入占比位列全国第 6 位，但新产品出口占货物出口额比重仅排全国第 25 位。技术创新方面，单位工业企业 R&D 经费支出发明专利数表现突出，位居全国第 10 位；工业企业新产品销售收入占比、工业企业 R&D 人员投入强度、工业企业 R&D 经费投入强度处于全国中下游水平，分别位列全国第 20、第 24 和第 24 位。资源环境方面，单位工业增加值用水量位居全国第 28 位，相比上一年有所提升。人力资源方面，工业城镇单位就业人员平均工资增速、第二产业全员劳动生产率均位于全国末位，就业人员平均受教育年限位于全国第

22 位。两化融合方面，电子信息产业占比居全国第 2 位，表现较好。

3. 原因分析

广西工业发展质量相对于全国平均水平来说，仍相对薄弱，各项指标截面指数表现欠佳，尤其是在速度效益、资源环境、人力资源方面，但从时序指数来看，广西在两化融合、资源环境、技术创新方面进步明显，这表明广西工业发展处于转型升级阶段，在人力资源、速度效益等方面需要进一步提升。广西全力以赴推进工业振兴，工业对经济增长的贡献率提高到 33.4%，工业利润总额增长 14.9%。工业振兴三年行动圆满收官，工业投资总量三年超万亿元、年均增长 17.3%，新建项目对工业增长的贡献率超 50%。优化重大项目统筹调度，建立"四个一"推进机制，实行"审批直通车"，全力以赴扩大有效投资。全力以赴推进绿色低碳转型，全国水土保持及最严格水资源管理考核均获优秀，河湖长制实施获国务院督查激励。

（三）结论与展望

未来，广西应加快构建现代化产业体系，实施新一轮工业振兴三年行动，集中优势资源，打造具有较大规模和较强带动力的支柱产业。加快推动制造业智能化改造数字化转型，促进万家企业"上云用数赋智"，切实提升企业全要素生产率。要加快推动创新型广西建设，把科技创新摆到更加突出的位置，实施产业类科研项目企业牵头制，加快建设面向东盟的科技创新合作区等科技创新载体，提高科技创新和科技成果转化能力。积极融入粤港澳大湾区产业链、创新链、供应链、资金链，加强与京津冀协同发展、长江经济带发展、成渝地区双城经济圈等国家区域重大战略对接，打造区域协同发展新模式。统筹好重点攻坚和协同治理，打好蓝天碧水净土保卫战，努力把生态优势转化为发展优势。

二十一、海南

（一）总体情况

1. 宏观经济总体情况

2023 年，海南地区生产总值达到 7551.18 亿元，比上年增加 9.2%，同时，人均地区生产总值为 72958 元，同比增长 8.0%。从产业结构来看，第一产业增加值为 1507.40 亿元，同比增长 4.6%；第二产业增加值

为 1448.45 亿元，同比增长 10.6%；第三产业增加值为 4595.33 亿元，同比增长 10.3%。三次产业结构的比例为 20.0∶19.2∶60.9，工业占地区生产总值比重较上年提高 0.4 个百分点。从投资看，全省固定资产投资比上年增长 1.1%。其中，非房地产开发投资增长 1.1%，房地产开发投资增长 1.1%。按产业分，第一产业投资下降 26%，第二产业投资增长 5.8%，第三产业投资增长 0.7%。

2. 工业经济运行情况

2023 年，海南工业增加值为 861.42 亿元，同比增长 16%。其中，规模以上工业增加值增长 18.5%。具体来看，轻工业增加值增长 16.1%；重工业增加值则增长 19.6%。在八大工业支柱行业中，农副食品加工业表现尤为突出，实现了 28%的增长；造纸及纸制品业增长 1.3%；石油加工业增长 26.2%；化学原料和化学制品制造业增长 35.8%；医药制造业增长 10.5%；非金属矿物制品业却出现了下降，跌幅为 5.7%；汽车制造业增长最为显著，达到 66.1%；电力、热力的生产和供应业也保持了稳定增长，增幅为 15.6%。这些数据表明，尽管非金属矿物制品业等行业有所下滑，但整体而言，海南工业经济呈现出强劲的增长态势，特别是在一些关键领域如汽车制造和化学原料及制品制造等行业的推动下，进一步巩固了工业发展的基础。

（二）指标分析

1. 时序指数（见图 6-22 和表 6-45）

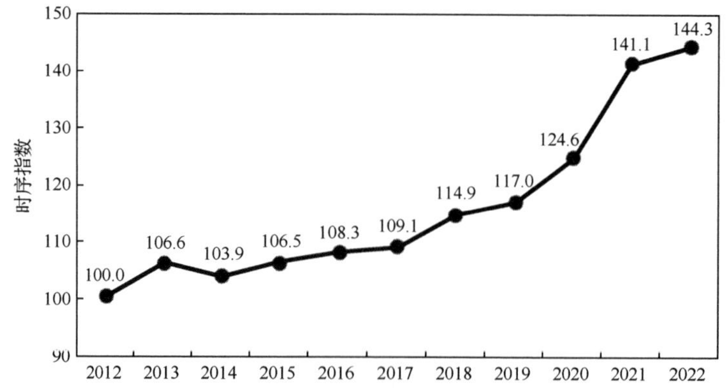

图 6-22　海南工业发展质量时序指数

（资料来源：赛迪智库整理，2024 年 5 月）

表 6-45　2012—2022 年海南工业发展质量时序指数

	2012	2013	2014	2015	2016	2017	2018	2019	2020	2021	2022	2012—2022 年年均增速
速度效益	100.0	100.7	94.1	94.0	93.8	94.2	100.7	106.5	96.8	111.2	87.2	-1.4%
结构调整	100.0	97.8	88.8	92.2	95.5	102.3	96.5	89.2	93.5	97.4	97.9	-0.2%
技术创新	100.0	118.8	128.3	117.4	107.7	92.1	85.0	78.1	96.4	123.8	139.0	3.3%
资源环境	100.0	103.1	109.2	124.4	127.8	130.1	140.8	149.4	221.4	240.1	255.3	9.8%
两化融合	100.0	116.6	100.1	114.4	128.8	141.7	175.5	188.3	169.6	196.2	216.7	8.0%
人力资源	100.0	102.7	107.4	111.6	116.8	119.4	125.5	131.9	140.2	149.1	156.9	4.6%
时序指数	100.0	106.6	103.9	106.5	108.3	109.1	114.9	117.0	124.6	141.1	144.3	3.7%

资料来源：赛迪智库整理，2024 年 5 月。

纵向来看，以 2012 年为基期，2022 年海南工业发展质量时序指数为 144.3，年均增速为 3.7%，比全国平均水平低 1.5 个百分点。

海南在资源环境和两化融合方面发展较快，年均增速分别为 9.8% 和 8%。其中，资源环境方面，单位工业增加值用水量呈较快增长，年均增速为 14.7%。两化融合方面，宽带人均普及率实现较快增长，年均增速为 16.5%。

海南在技术创新和人力资源方面表现一般，年均增速分别为 3.3% 和 4.6%。其中，技术创新方面，除工业企业 R&D 经费投入强度之外，其余 3 项指标表象相对均衡，均处于 3%～4%的增长区间。人力资源方面，工业城镇单位就业人员平均工资增速表现较好，年均增速为 10.9%；就业人员平均受教育年限表现较差，年均增速仅为 0.7%。

海南在速度效益和结构调整方面表现较差，年均增速分别为-1.4% 和-0.2%。其中，速度效益方面，工业企业资产负债率、工业成本费用利润率和工业营业收入利润率均为负增长，年均增速分别为-1.4%、-5.8%和-5.4%。结构调整方面，新产品出口占货物出口额比重表现较差，年均增速为-7.8%，是影响结构调整发展的主要不利因素。

2. 截面指数（见表 6-46）

横向来看，2012—2022 年海南工业发展质量截面指数均值排名全国第 21 位，2022 年截面指数排名全国第 23 位，比 2021 年下降 3 位。

表 6-46　2012—2022 年海南工业发展质量截面指数排名

	2012	2013	2014	2015	2016	2017	2018	2019	2020	2021	2022	2012—2022 年均值排名
速度效益	15	20	4	15	20	24	11	12	23	11	26	18
结构调整	26	23	26	26	27	25	23	27	25	24	25	25
技术创新	14	11	10	12	15	22	26	29	26	22	21	18
资源环境	21	22	24	24	26	26	26	26	24	24	24	24
两化融合	23	20	24	25	23	24	23	23	24	19	17	21
人力资源	9	10	13	11	16	22	16	22	13	16	18	15
截面指数	20	20	15	18	21	28	22	24	26	20	23	21

资料来源：赛迪智库整理，2024 年 5 月。

2022 年，海南在速度效益、结构调整、技术创新、资源环境、两化融合和人力资源 6 个方面均处于全国中下游或下游水平。速度效益方面，排在全国第 26 位，较上年下降 15 位。其中，规上工业增加值增速、工业成本费用利润率、工业营业收入利润率三项指标较上年排名下滑明显，是导致速度效益整体下滑的主要因素。结构调整方面，排在全国第 25 位，较上年下降 1 位。其中，制造业 500 强企业占比和新产品出口占货物出口额比重表现较差，分别排在全国第 30 位和第 28 位。技术创新方面，排在全国第 21 位，较上年上升 1 位。其中，单位工业企业 R&D 经费支出发明专利数表现较好，排在全国第 3 位，但其余三项指标排名相对靠后，影响了技术创新的整体排名。资源环境方面，排在全国第 24 位，与上年持平。单位工业增加值能耗和单位工业增加值用水量排名均一般，分别排在全国第 24 位和第 19 位。两化融合方面，排在全国第 17 位，较上年上升 2 位。其中，宽带人均普及率排在全国第 4 位，表现较好，但其余指标拖累了两化融合的表现。人力资源方面，排在全国第 18 位，较上年下降 2 位。主要是第二产业全员劳动生产率表现欠佳，排在全国第 23 位。

3. *原因分析*

海南在宏观经济方面取得了稳定增长，但增速相对较低，可能是由于全球经济形势的不确定性及国内经济调整的影响，固定资产投资的下降和房地产开发投资的增长相对较低，也反映了投资活动的相对疲软。

工业经济运行方面，得益于政府在发展工业方面采取了积极的政策措施，吸引了投资，促进了产业发展，海南的工业增加值和规模以上工业增加值呈现较高增长，特别是重工业增加值增长较快。此外，由于海南地区资源丰富，政府加大了环境保护和可持续发展的力度，促进了资源环境和两化融合方面的较快发展。

（三）结论与展望

海南在经济总体和工业经济方面取得了一定的成绩，但仍面临一些挑战。经济增速相对较低，需要进一步加强投资和消费的拉动作用，促进经济的持续、稳定增长。同时，需要加大力度推动产业结构升级和转型升级，提高工业的创新能力和附加值水平。未来，海南可以继续利用其资源优势，加大环境保护和可持续发展的力度，推动资源环境和两化融合方面的发展。同时，应加强技术创新，提高科技研发投入，培育创新型企业和人才，推动工业的高质量发展。此外，还需要加强政府的政策引导和支持，吸引更多的投资和人才到海南，促进经济的良性循环和可持续发展。

二十二、重庆

（一）总体情况

1. 宏观经济总体情况

2023 年，重庆实现地区生产总值 30145.79 亿元，同比增长 6.1%。人均地区生产总值达到 94135 元，比上年增长 6.4%。从产业分布来看，第一产业增加值为 2074.68 亿元，同比增长 4.6%，第二产业增加值为 11699.14 亿元，同比增长 6.5%，第三产业增加值为 16371.97 亿元，同比增长 5.9%。三次产业结构比例为 6.9 : 38.8: 54.3。在投资方面，全年固定资产投资总额比上年增长 4.3%。其中，基础设施投资增长 7.0%，工业投资增长 13.3%，社会领域投资增长 16.7%。这些数据表明，重庆经济保持稳定增长态势，各主要产业均有所贡献，尤其是工业和基础设施投资的显著增长，对整体经济增长起到了积极的推动作用。

2. 工业经济运行情况

2023年，重庆的工业发展表现出色，全年实现工业增加值8333.35亿元，同比增长5.8%。其中，规模以上工业增加值比上年增长6.6%，显示出重庆工业经济的稳健增长态势。从行业分类来看，采矿业表现尤为突出，同比增长9.6%，制造业也保持了稳定增长，达到6.4%。电力、热力、燃气及水的生产和供给业同样表现不俗，同比增长8.1%。在具体产业方面，汽车产业增加值同比增长9.3%，摩托车产业更是实现高达13.1%的增长率。电子产业虽然增速较低，仅有0.8%，但仍然保持正增长。装备产业和材料产业分别增长4.8%和10.3%，消费品产业增长6.4%，能源工业则以9.7%的增速领先。分行业看，农副食品加工业增加值增长3.4%，化学原料和化学制品制造业增长显著，达到13.6%。非金属矿物制品业增长7.3%，黑色金属冶炼和压延加工业增长最快，达到15.9%，有色金属冶炼和压延加工业增长11.4%。通用设备制造业增长8.8%，铁路、船舶、航空航天和其他运输设备制造业增长10.8%，电气机械和器材制造业增长7.6%。计算机、通信和其他电子设备制造业略有下降，减少1.4%。电力、热力生产和供应业则继续增长，增幅为8.4%。总体而言，2023年重庆的工业经济呈现出多元化发展的良好局面，各主要产业均实现了不同程度的增长。

（二）指标分析

1. 时序指数（见图6-23和表6-47）

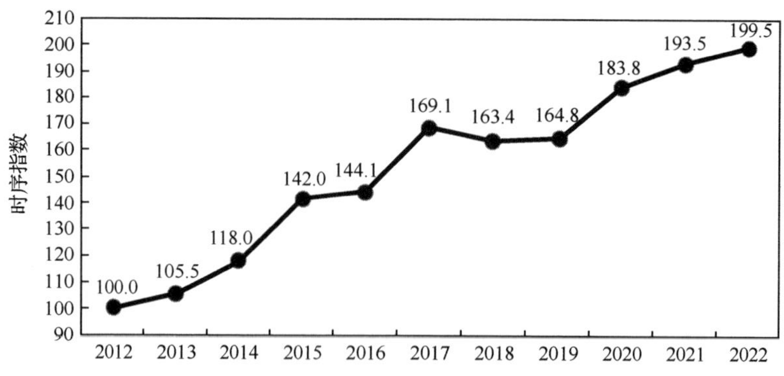

图6-23　重庆工业发展质量时序指数

（资料来源：赛迪智库整理，2024年5月）

表 6-47　2012—2022 年重庆工业发展质量时序指数

	2012	2013	2014	2015	2016	2017	2018	2019	2020	2021	2022	2012—2022 年年均增速
速度效益	100.0	111.8	124.2	129.8	136.7	143.7	133.2	130.9	143.2	162.1	152.4	4.3%
结构调整	100.0	100.8	120.8	194.7	178.5	238.6	182.9	173.9	183.5	184.6	177.9	5.9%
技术创新	100.0	96.8	106.3	121.2	113.4	136.6	152.4	149.3	161.1	174.0	189.9	6.6%
资源环境	100.0	108.2	125.4	146.6	170.6	184.5	188.9	202.9	298.9	295.4	329.4	12.7%
两化融合	100.0	112.2	119.9	131.6	145.4	173.6	195.6	206.9	217.2	229.5	243.4	9.3%
人力资源	100.0	105.1	112.3	121.0	128.2	137.3	145.0	156.1	162.8	171.3	178.9	6.0%
时序指数	100.0	105.5	118.0	142.0	144.1	169.1	163.4	164.8	183.8	193.5	199.5	7.2%

资料来源：赛迪智库整理，2024 年 5 月。

纵向来看，以 2012 年为基期，2022 年重庆工业发展质量时序指数为 199.5，年均增速为 7.2%，比全国平均水平高 1.9 个百分点。

重庆在资源环境和两化融合方面发展较快，年均增速分别为 12.7% 和 9.3%。其中，资源环境方面，单位工业增加值用水量呈较快增长态势，年均增速为 17.4%。两化融合方面，宽带人均普及率实现较快增长，年均增速为 13.2%。

重庆在速度效益、结构调整、技术创新和人力资源四个方面表现一般，年均增速分别为 4.3%、5.9%、6.6%和 6.0%。其中，速度效益方面，工业企业资产负债率、工业成本费用利润率和工业营业收入利润率均表现一般，年均增速分别为 1.0%、3.2%和 3.0%。结构调整方面，制造业 500 强企业占比和规上小型工业企业收入占比表现较差，年均增速分别为-1.7%和 1.5%，是影响结构调整发展的主要不利因素。技术创新方面，工业企业 R&D 人员投入强度表现较好，年均增速为 10.4%，但单位工业企业 R&D 经费支出发明专利数和工业企业新产品销售收入占比表现一般，分别为 2.0%和 2.9%。人力资源方面，就业人员平均受教育年限表现较差，年均增速仅为 1.1%，影响了人力资源指标的整体表现。

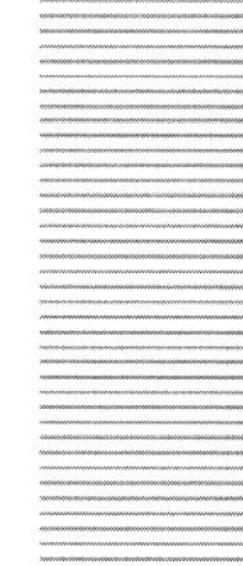

2. 截面指数（见表6-48）

表6-48　2012—2022年重庆工业发展质量截面指数排名

	2012	2013	2014	2015	2016	2017	2018	2019	2020	2021	2022	2012—2022年均值排名
速度效益	22	13	9	9	10	9	27	17	11	12	15	15
结构调整	15	13	10	6	7	5	4	5	7	8	8	7
技术创新	7	9	9	8	8	8	8	8	8	9	9	9
资源环境	8	7	7	7	7	7	7	8	6	6	8	7
两化融合	10	10	9	9	9	6	5	6	6	6	6	8
人力资源	15	11	9	10	11	10	12	9	10	7	9	10
截面指数	10	10	8	7	8	6	8	6	6	5	5	7

资料来源：赛迪智库整理，2024年5月。

横向来看，2012—2022年重庆工业发展质量截面指数均值排在全国第7位，2022年截面指数排名为全国第5位，与2021年持平。

2022年，重庆在速度效益、结构调整、技术创新、资源环境、两化融合和人力资源6个方面均处于全国上游或中游水平。速度效益方面，排在全国第15位，较上年下降3位。其中，工业成本费用利润率和工业营业收入利润率表现较好，均排在全国第13位。结构调整方面，排在全国第8位，与上年持平。其中，高技术制造业主营业务收入占比和新产品出口占货物出口额比重表现较好，分别排在全国第3位和第6位。技术创新方面，排在全国第9位，与上年持平。其中，工业企业R&D经费投入强度表现较好，排在全国第4位。资源环境方面，排在全国第8位，比上年下降2位。其中，单位工业增加值能耗和单位工业增加值用水量排名较好，均排在全国第4位。两化融合方面，排在全国第6位，与上年持平。其中，电子信息产业占比排在全国第4位，表现较好。人力资源方面，排在全国第9位，比上年下降2位。工业城镇单位就业人员平均工资增速和第二产业全员劳动生产率分别排在全国第8位和第7位，均较上年有所下滑。

3. 原因分析

重庆在资源环境和两化融合方面表现突出，为此采取了一系列努力

和政策措施。生态环境保护方面，重庆实施了严格的环境保护政策，推进大气、水、土壤等环境污染治理，加大生态修复和保护力度，积极推行生态补偿机制，鼓励企业和居民参与生态环保，实现经济发展与环境保护的良性互动。资源整合与优化利用方面，重庆致力于资源整合和优化利用，推动资源循环经济发展。重庆加强资源节约和高效利用的政策支持，通过技术创新和产业转型升级，提高了资源利用效率。重庆还加大对新能源、清洁能源和可再生能源的开发和利用，推动能源结构的优化和转型。两化融合方面，重庆重视信息技术与工业化的融合发展，推进两化融合，出台了支持信息技术与工业融合的政策和措施，鼓励企业加大信息化技术在传统产业中的应用，提升了产业的智能化水平。重庆还建设了一批智能制造示范项目和创新创业基地，促进了信息技术与制造业的深度融合。创新创业支持方面，重庆加强创新创业支持，推动资源环境和两化融合方面的创新发展，出台了一系列支持创新创业的政策，包括资金支持、税收优惠、人才引进等方面的政策措施，鼓励企业和创业者在资源环境和两化融合领域进行创新实践和探索。

（三）结论与展望

重庆在经济发展中取得了一定的成绩，尤其是在资源环境和两化融合方面。然而，在提高速度效益、推进结构调整、促进技术创新和优化人力资源等方面仍面临挑战。为进一步提升经济发展质量，可以考虑以下措施：（1）加强企业管理和风险控制，提高工业企业的效益水平，降低资产负债率，优化成本费用利润率和营业收入利润率。（2）推动产业结构调整，加大对制造业中小企业的支持力度，促进其发展壮大，提高制造业500强企业的比重。（3）加大对研发和创新的投入，提高规上工业的研发人员投入强度，加强发明专利的申请和新产品的研发与销售。（4）加强人力资源培养和教育，提高就业人员的平均受教育年限，培养高技能人才，提升整体人力资源的素质。未来，重庆可以进一步加强与国内外先进地区的合作交流，借鉴其成功经验，推动重庆经济的高质量发展。同时，要继续推进绿色发展和可持续发展，加大环境保护力度，提高资源利用效率。通过持续的努力和改革创新，重庆的经济发展有望实现更加可持续、均衡和高效的发展目标。

二十三、四川

（一）总体情况

1. 宏观经济总体情况

2023 年，四川实现地区生产总值 60132.9 亿元，同比增长 6.0%，增速比全国平均水平高 0.8 个百分点。其中，第一产业增加值为 6056.6 亿元，增长 4.0%；第二产业增加值为 21306.7 亿元，增长 5.0%；第三产业增加值为 32769.5 亿元，增长 7.1%。2023 年全社会固定资产投资同比增长 4.4%，其中，工业投资增长 22.3%，制造业高技术产业投资下降 3.9%。

2. 工业经济运行情况

2023 年，四川实现工业增加值 16705.2 亿元，比上年增长 5.3%，对经济增长的贡献率为 24.5%。

分行业看，规模以上工业 41 个行业大类中有 25 个行业增加值增长。其中，电气机械和器材制造业增长 19.7%；石油和天然气开采业增长 7.9%；化学原料和化学制品制造业增长 13.4%；计算机、通信和其他电子设备制造业增长 2.6%；黑色金属冶炼和压延加工业增长 10.0%；电力、热力生产和供应业增长 5.2%；高技术制造业增长 5.4%，占规模以上工业增加值的比重为 15.6%；六大高耗能行业增长 9.8%。

（二）指标分析

1. 时序指数（见图 6-24 和表 6-49）

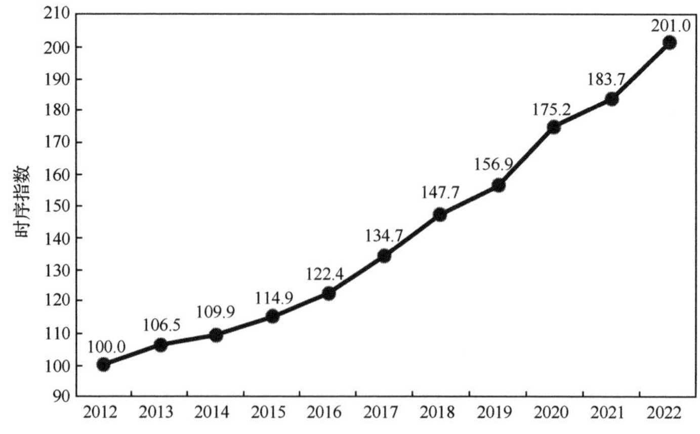

图 6-24 四川工业发展质量时序指数

（资料来源：赛迪智库整理，2024 年 5 月）

表 6-49　2012—2022 年四川工业发展质量时序指数

	2012	2013	2014	2015	2016	2017	2018	2019	2020	2021	2022	2012—2022 年年均增速
速度效益	100.0	96.5	94.6	95.6	99.1	110.6	113.9	119.0	124.0	136.8	144.0	3.7%
结构调整	100.0	113.3	101.2	101.7	108.7	103.7	110.1	120.5	124.2	129.5	132.0	2.8%
技术创新	100.0	109.5	120.4	121.8	126.3	150.5	165.6	168.6	185.0	187.4	224.3	8.4%
资源环境	100.0	110.1	136.0	143.5	153.6	172.6	203.7	229.1	316.7	343.8	361.5	13.7%
两化融合	100.0	105.3	110.5	132.0	150.1	171.9	197.4	209.0	223.0	234.0	259.1	10.0%
人力资源	100.0	107.9	113.8	117.6	123.1	128.3	136.2	145.4	164.1	173.9	180.4	6.1%
时序指数	100.0	106.5	109.9	114.9	122.4	134.7	147.7	156.9	175.2	185.2	201.0	7.2%

资料来源：赛迪智库整理，2024 年 5 月。

纵向来看，四川工业发展质量时序指数自 2012 年的 100.0 上涨至 2022 年的 201.0，年均增速为 7.2%。

四川在资源环境、两化融合、技术创新方面提升较为迅速，年均增速分别为 13.7%、10.0%、8.4%，高于工业发展质量整体增速。资源环境方面，单位工业增加值用水量年均增速为 17.6%。两化融合方面，宽带人均普及率和电子信息产业占比年均增速分别为 15.4%、7.2%。技术创新方面，工业企业 R&D 人员投入强度和工业企业 R&D 经费投入强度年均增速分别为 11.7%、8.8%。

四川在结构调整、速度效益、人力资源方面表现相对一般，年均增速分别为 2.8%、3.7%、6.1%，低于工业发展质量整体增速。结构调整方面，制造业 500 强企业占比和规上小型工业企业收入占比表现较差，年均增速分别为-1.3%和-0.4%。速度效益方面，工业成本费用利润率和工业营业收入利润率表现一般，年均增速分别为 2.2%、2.1%。人力资源方面，就业人员平均受教育年限表现较差，年均增速仅为 0.4%。

2. 截面指数（见表 6-50）

表 6-50 2012—2022 年四川工业发展质量截面指数排名

	2012	2013	2014	2015	2016	2017	2018	2019	2020	2021	2022	2012—2022 年均值排名
速度效益	9	19	19	18	22	13	10	9	8	7	6	11
结构调整	11	9	11	10	10	11	11	11	11	11	12	11
技术创新	18	18	16	17	19	15	17	17	19	19	17	17
资源环境	16	17	16	15	15	14	13	10	9	7	9	14
两化融合	11	11	11	11	11	10	10	10	10	10	10	10
人力资源	24	22	20	26	25	29	27	27	25	22	24	24
截面指数	14	16	16	15	15	14	14	15	13	14	15	15

资料来源：赛迪智库整理，2024 年 5 月。

横向来看，2022 年四川工业发展质量截面指数为 42.4，排在全国第 15 位，处于中游水平。

2022 年四川在速度效益、资源环境、两化融合和结构调整方面表现相对较好，分别排在全国第 6、第 9、第 10、第 12 位。速度效益方面，工业成本费用利润率和工业营业收入利润率表现较好，均排在全国第 8 位。资源环境方面，单位工业增加值用水量和单位工业增加值能耗表现较好，分别排在全国第 8、第 12 位。两化融合方面，电子信息产业占比表现较好，排名全国第 7 位。结构调整方面，高技术制造业主营业务收入占比和规上小型工业企业收入占比表现较好，排名分别为全国第 4 和第 9 位。

2022 年四川在技术创新方面表现一般，排在全国第 17 位，处于全国中下游水平。其中，工业企业 R&D 经费投入强度和工业企业 R&D 人员投入强度排名分别为全国第 17 和第 16 位，影响了技术创新指标的

排名。

2022 年四川在人力资源方面表现相对较差，排在全国第 24 位。其中，工业城镇单位就业人员平均工资增速和就业人员平均受教育年限排名分别为全国第 27 和第 27 位，影响了人力资源指标的排名。

3. 原因分析

2012—2022 年，四川在两化融合、技术创新、资源环境方面提升较为迅速。两化融合方面，四川加快推进大数据产业集聚区和产业园建设，打造“成德绵眉泸雅”大数据产业集聚区，同时积极打造大数据应用场景，推进产业创新领域大数据应用等。2022 年，四川智能制造就绪度达 17.2%，居全国第 4 位；数字化研发设计工具普及率、工业云平台普及率分别达 77.5%、55.1%，均居全国前列。技术创新方面，四川相继落地高能级创新平台、天府绛溪实验室、天府锦城实验室等创新平台或创新中心，大力支持高新技术企业发展，2020 年和 2021 年高新技术企业保持每年净增 2000 家以上的速度。资源环境方面，四川按照“政策引领、突出重点、体现差异、强化绩效”的工作原则，加快推动绿色低碳优势产业高质量发展。

（三）结论与展望

综合时序指数和截面指数来看，四川在人力资源方面仍有待取得突破。未来应从以下几个方面发力。一是加快推进高等教育高质量发展。强化高校立德树人“第一使命”，夯实人才培养“中心地位”，聚焦新职业、新制造、数字化等领域，建设一批特色优质专业。加强拔尖创新人才培养，提升原始创新能力，推进产学研用合作，强化重大科研平台布局，把高校更多高质量创新成果转化为新质生产力。二是加快实施高技能人才倍增行动。高质量开展职业技能培训，积极推进中国特色企业新型学徒制，组织实施“技能强企”行动，加大对制造业、数字经济等重点行业企业支持力度。发展高质量特色技工教育，加强技工院校思想政治工作，全面推行工学一体化技能培养模式。三是加快培育高技能领军人才。围绕国家和四川省重大战略、重大工程、重点项目、重点产业，深入实施高技能领军人才培育计划。搭建研发提升、技艺传承服务平台，举办高技能人才研修交流活动，促进领军人才培育和作用发挥。

二十四、贵州

（一）总体情况

1．宏观经济总体情况

2023年，贵州实现地区生产总值20913.25亿元，比上年增长4.9%。其中，第一产业增加值为2894.28亿元，增长3.9%；第二产业增加值为7311.44亿元，增长4.4%；第三产业增加值为10707.53亿元，增长5.5%。全年全省固定资产投资比上年下降 5.7%。工业投资增长较快，全年工业投资增长10.7%。高技术产业投资增长11.9%。

2．工业经济运行情况

2023年，全省规模以上工业增加值比上年增长5.9%。分行业看，全省19个重点监测的工业行业中，15个行业增加值保持增长。其中，金属制品业增长22.8%，化学原料和化学制品制造业增长21.7%，非金属矿采选业增长17.9%，医药制造业增长13.8%，酒、饮料和精制茶制造业增长 10.9%，橡胶和塑料制品业增长 9.9%，农副食品加工业增长7.6%。

（二）指标分析

1．时序指数（见图6-25和表6-51）

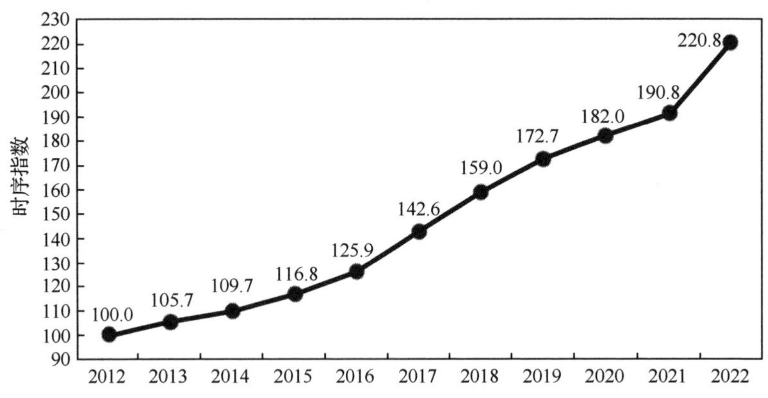

图6-25 贵州工业发展质量时序指数

（资料来源：赛迪智库整理，2024年5月）

表 6-51 2012—2022 年贵州工业发展质量时序指数

	2012	2013	2014	2015	2016	2017	2018	2019	2020	2021	2022	2012—2022 年年均增速
速度效益	100.0	93.8	90.7	94.8	99.2	108.0	117.1	125.6	141.9	143.1	146.8	3.9%
结构调整	100.0	100.6	118.9	115.7	117.2	109.8	111.3	128.5	114.9	114.0	168.5	5.4%
技术创新	100.0	99.3	95.5	89.0	93.0	113.4	138.4	155.5	180.8	180.8	206.0	7.5%
资源环境	100.0	149.7	163.0	191.7	208.5	235.7	257.9	273.8	338.8	359.0	360.0	13.7%
两化融合	100.0	110.1	111.1	149.4	177.6	237.5	276.2	291.4	274.8	293.6	396.1	14.8%
人力资源	100.0	105.5	108.1	104.4	112.6	115.8	124.1	133.0	126.3	133.1	139.0	3.3%
时序指数	100.0	105.7	109.7	116.8	125.9	142.6	159.0	172.7	182.0	187.8	220.8	8.2%

资料来源：赛迪智库整理，2024 年 5 月。

纵向来看，贵州工业发展质量时序指数自 2012 年的 100.0 上涨至 2022 年的 220.8，年均增速为 8.2%。

贵州在资源环境、两化融合方面增长较快，年均增速分别高达 13.7%、14.8%，高于工业发展质量整体增速。资源环境方面，单位工业增加值用水量年均增速为 16.2%，是促进资源环境指标快速增长的主要因素。两化融合方面，宽带人均普及率和电子信息产业占比年均增速分别高达 17.8%和 18.2%，是促进两化融合指标快速增长的主要因素。

贵州在人力资源、速度效益、结构调整和技术创新方面表现相对一般，年均增速分别为 3.3%、3.9%、5.4%、7.5%，低于工业发展质量整体增速。人力资源方面，就业人员平均受教育年限年均增速仅为 0.6%，是拖累人力资源指标增长的主要因素。速度效益方面，工业企业资产负债率年均增速为 0.5%，工业成本费用利润率、工业营业收入利润率年均增速均为 1.8%，制约了速度效益指标的增长。结构调整方面，规上小型工业企业收入占比、新产品出口占货物出口额比重年均增速均呈负值，分别为-0.2%、-4.6%，是拖累结构调整指标快速增长的主要因素。

技术创新方面，单位工业企业 R&D 经费支出发明专利数年均增速为 -1.6%，是拖累技术创新指标快速增长的主要因素。

2. 截面指数（见表 6-52）

表 6-52　2012—2022 年贵州工业发展质量截面指数排名

	2012	2013	2014	2015	2016	2017	2018	2019	2020	2021	2022	2012—2022 年均值排名
速度效益	3	4	8	8	9	4	2	1	1	5	5	2
结构调整	19	19	14	17	12	14	16	17	19	19	18	17
技术创新	16	16	17	21	23	21	19	15	14	15	16	15
资源环境	28	23	25	23	23	23	21	21	20	19	16	22
两化融合	28	28	28	29	28	25	26	24	24	24	26	26
人力资源	26	20	21	29	21	30	28	28	30	30	29	27
截面指数	16	17	19	19	18	19	17	17	17	17	19	17

资料来源：赛迪智库整理，2024 年 5 月。

横向来看，贵州工业发展质量截面指数处于全国中下游水平。2022 年截面指数为 34.1，排在全国第 19 位。

贵州在速度效益方面表现相对较好，2022 年排在全国第 5 位，处于全国上游水平。其中，工业成本费用利润率和工业营业收入利润率均排在全国第 5 位。

贵州在技术创新、资源环境、结构调整方面表现一般，2022 年分别排在全国第 16、第 16、第 18 位，处于全国中下游水平。技术创新方面，工业企业 R&D 人员投入强度、工业企业新产品销售收入占比分别排在全国第 18、第 19 位，拉低了技术创新指标的排名。资源环境方面，单位工业增加值用水量排在全国第 15 位，拖累了资源环境指标的排名。结构调整方面，制造业 500 强企业占比、新产品出口占货物出口额比重

分别排在全国第 20、第 23 位，拉低了结构调整指标的排名。

贵州在两化融合、人力资源方面表现相对较差，2022 年分别排在全国第 26、第 29 位。两化融合方面，宽带人均普及率排在全国第 28 位，影响了两化融合指标的排名。人力资源方面，第二产业全员劳动生产率和就业人员平均受教育年限排名分别为全国第 28 和第 30 位，影响了人力资源指标的排名。

3. 原因分析

2012—2022 年，贵州在速度效益方面表现较好，均值排在全国第 2 位。近年来，贵州坚持以高质量发展统揽全局，大力实施围绕“四新”主攻“四化”主战略，奋力实现“四区一高地”主定位，推动工业高质量发展。2017—2022 年，十大工业产业发展壮大，规模以上工业增加值年均增长 7.1%，数字经济、绿色经济占比分别提高 13.4、6.3 个百分点。2022 年，通过发展新兴产业和优化传统产业的方式，实现了十大工业产业的持续发展。其中，九个大产业的总产值超过千亿级别，为当地经济的繁荣做出了巨大贡献。此外，贵州结合磷矿、锰矿等资源禀赋和产业基础，抢抓“双碳”战略重大发展机遇，加快推进新能源电池及材料产业高质量发展，以龙头企业培育和重大项目建设为抓手，依托资源优势和产业基础，着力构建“一核两区”产业发展格局，聚焦重点领域和“短板”环节，推进高端补链、终端延链、整体强链，推动形成较为完善的产业生态体系，打造工业经济发展“新增长极”。

（三）结论与展望

综合时序指数和截面指数来看，贵州在结构调整、人力资源方面尚有较大提升空间。未来应从如下几个方面努力。一是持续培育壮大优强工业企业队伍。持续支持龙头企业做大做强，加快推动磷化集团、裕能新材料等龙头企业再上新台阶，带动产生一批百亿级、十亿级企业。加大创新型企业培育力度，培育省级专精特新中小企业 100 户以上，力争更多优质企业进入国家级“小巨人”企业名单；大力推进优质中小企业集群化规模化发展，着力打造一批主导产业聚焦、优势特色突出、核心竞争力强的中小企业特色产业集群。二是加大人才引进和培养力度。围绕推进新型工业化高质量发展，大力实施重点人才倍增行动计划，坚持以“高精尖缺”为取向，深入实施“百千万人才引进计划”和“百人领军人才”“千人创新创业人才”，大力支持重点产业、企业引进高端人才。三是加快促进产业链创新链学科链人才链良性循环。把科技、教育、人才与产业的有机衔接、融合发展作为撬动新质生产力发展的关键，加快推动重大科技工程和特色教育强省建设，精准引进和培养新型人才队伍。

二十五、云南

（一）总体情况

1. 宏观经济总体情况

2023年，云南实现地区生产总值30021.12亿元，比上年增长4.4%。其中，第一产业增加值为4206.63亿元，增长4.2%；第二产业增加值为10256.34亿元，增长2.4%；第三产业增加值为15558.15亿元，增长5.7%。三次产业对经济增长的贡献率分别为13.6%、18.2%、68.2%。三次产业结构为14.0∶34.2∶51.8。全省人均地区生产总值为64107元，比上年增长4.6%。全年固定资产投资（不含农户）比上年下降10.6%。分三次产业看，第一产业投资下降9.9%，第二产业投资增长18.9%，第三产业投资下降19.9%。

2. 工业经济运行情况

2023年，云南全部工业增加值达到7202.83亿元，比上年增长4.5%。规模以上工业增加值增长5.2%。其中，高技术制造业增长21.2%，装备制造业增长25.4%。分经济类型看，国有企业增长5.7%，集体企业下降22.2%，股份制企业增长5.7%，私营企业增长1.7%。分门类看，采矿业下降2.6%，制造业增长6.6%，电力、热力、燃气及水的生产和供给业增长3.6%。分行业看，烟草制品业增长4.1%，电力、热力生产和供应业增长2.6%，有色金属冶炼和压延加工业增长6.1%，计算机、通信和其他电子设备制造业增长27.7%，石油、煤炭及其他燃料加工业增长10.3%。

（二）指标分析

1. 时序指数（见图 6-26 和表 6-53）

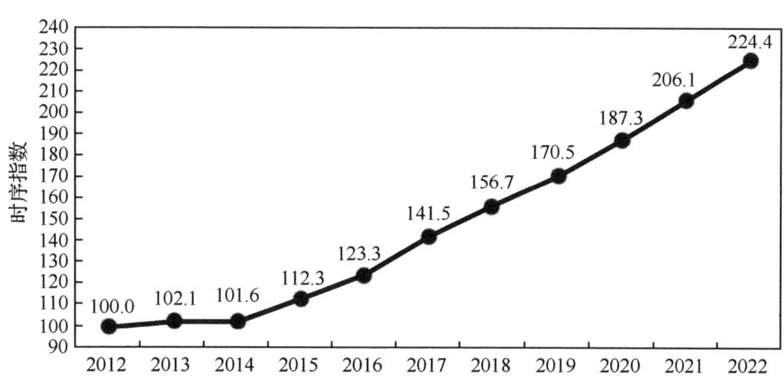

图 6-26 云南工业发展质量时序指数

（资料来源：赛迪智库整理，2024 年 5 月）

表 6-53 2012—2022 年云南工业发展质量时序指数

	2012	2013	2014	2015	2016	2017	2018	2019	2020	2021	2022	2012—2022 年年均增速
速度效益	100.0	100.5	92.5	92.1	83.2	114.6	122.4	123.1	131.9	139.3	136.4	3.2%
结构调整	100.0	95.3	87.7	98.6	108.0	114.9	105.7	116.1	128.7	130.3	169.4	5.4%
技术创新	100.0	96.0	104.8	124.6	140.6	154.9	170.0	188.2	205.2	197.1	202.9	7.3%
资源环境	100.0	119.1	129.2	146.0	162.1	165.5	194.8	207.1	236.4	262.2	292.2	11.3%
两化融合	100.0	105.0	101.9	116.4	155.0	191.4	245.3	280.4	324.9	423.9	464.2	16.6%
人力资源	100.0	108.9	113.6	120.3	124.7	132.8	142.3	154.5	148.4	156.4	163.9	5.1%
工业发展质量指数	100.0	102.1	101.6	112.3	123.3	141.5	156.7	170.5	187.3	206.1	224.4	8.4%

资料来源：赛迪智库整理，2024 年 5 月。

纵向来看，云南工业发展质量时序指数自 2012 年的 100.0 上涨至

2022 年的 224.4，年均增速为 8.4%，高于全国平均水平 3.1 个百分点。

云南在两化融合、资源环境、技术创新方面表现突出，年均增速分别达到 16.6%、11.3%、7.3%。两化融合方面，电子信息产业占比年均增速为 23.6%。资源环境方面，单位工业增加值能耗年均增速为 5.4%，单位工业增加值用水量年均增速达到 15.3%。技术创新方面，工业企业 R&D 经费投入强度、工业企业 R&D 人员投入强度、工业企业新产品销售收入占比年均增速分别达到 8.9%、10.9%和 5.2%；而单位工业企业 R&D 经费支出发明专利数呈现负增长，年均增速为-3.1%。

云南在人力资源方面表现一般，年均增速为 5.1%，与全国平均水平持平。人力资源是唯一一个不高于全国平均水平的指标。

2. 截面指数（见表 6-54）

表 6-54　2012—2022 年云南工业发展质量截面指数排名

	2012	2013	2014	2015	2016	2017	2018	2019	2020	2021	2022	2012—2022 年均值排名
速度效益	13	15	24	23	25	12	5	11	13	14	9	17
结构调整	28	25	24	24	24	21	20	22	22	21	22	24
技术创新	24	25	25	19	18	20	21	20	21	20	22	23
资源环境	23	20	20	21	22	22	20	20	19	18	19	21
两化融合	27	28	28	27	28	26	27	28	28	29	28	28
人力资源	23	21	23	18	20	21	19	12	24	26	25	21
截面指数	28	27	27	25	26	21	20	19	19	25	24	23

资料来源：赛迪智库整理，2024 年 5 月。

横向来看，云南工业发展质量截面指数一直处于全国下游水平，2022 年截面指数排在全国第 24 位，与上年相比提升 1 位。

2022 年，云南在速度效益方面表现较好，排在全国第 9 位。速度效益方面，工业成本费用利润率和工业营业收入利润率分别排在全国第

9 和第 11 位；规上工业增加值增速、工业企业资产负债率分别排名第 5 和第 12 位。

2022 年，云南在结构调整、技术创新、资源环境、两化融合、人力资源方面均处于全国下游水平，排在全国第 22、第 22、第 19、第 28 和第 25 位。结构调整方面，规上小型工业企业收入占比、新产品出口占货物出口额比重分别排在全国第 19 和第 29 位。技术创新方面，工业企业 R&D 人员投入强度、工业企业 R&D 经费投入强度分别排在全国第 20 和第 18 位，单位工业企业 R&D 经费支出发明专利数排在全国第 29 位，工业企业新产品销售收入占比排在全国第 28 位。资源环境方面，单位工业增加值能耗、单位工业增加值用水量分别排在全国第 20 和第 14 位。两化融合方面，电子信息产业占比、两化融合水平、宽带人均普及率分别排在全国第 18、第 24 和第 30 位。人力资源方面，工业城镇单位就业人员平均工资增速和第二产业全员劳动生产率分别排在全国第 15 和第 18 位。

3. 原因分析

2012—2022 年，云南工业发展总体处于全国中下游水平，支撑高质量发展的基础还不够牢固。一是产业基础较为薄弱，云南工业长期主要依靠烟草、冶金、电力等产业支撑，新一代信息技术、新能源、新材料等新兴产业占比偏低；二是创新驱动引领作用不够明显，教育、科技、人才战略支撑不足；三是市场化程度较低，市场主体总量不大、质量不高、韧性不强。

（三）结论与展望

综合时序指数和截面指数来看，云南工业发展质量仍处于全国中游偏下水平，在速度效益、结构调整、人力资源、技术创新等方面需进一步提升。云南需重点关注以下几方面。一是巩固提升优势产业，大力发展资源经济，巩固提升绿色能源优势，着力提升产业高端化、智能化、绿色化水平。二是培育壮大战略性新兴产业，加快绿色低碳、人工智能、生物制造等前沿技术研发和应用，进一步推动战略性新兴产业融合集群发展。三是完善科技创新体系，布局实施多层次的省级科技项目，突出企业科技创新主体地位，打造科技贷款风险补偿制度升级版。

二十六、陕西

（一）总体情况

1. 宏观经济总体情况

2023 年，陕西实现地区生产总值 33786.07 亿元，按不变价格计算，同比增长 4.3%。其中，第一产业增加值为 2649.75 亿元，同比增长 4.0%；第二产业增加值为 16068.90 亿元，同比增长 4.5%；第三产业增加值为 15067.42 亿元，同比增长 4.1%。人均生产总值为 82864 元，比上年增长 4.3%。

2. 工业经济运行情况

2023 年，陕西省规模以上工业增加值同比增长 5.0%。其中，采矿业增长 5.7%，制造业增长 6.0%。能源、非能双向发力，能源工业增加值增长 4.6%。其中，煤炭开采和洗选业增长 6.6%，石油、煤炭及其他燃料加工业增长 4.5%。非能源工业增加值增长 5.9%，其中，汽车制造业增长 39.8%，计算机、通信和其他电子设备制造业增长 18.3%，有色金属冶炼和压延加工业增长 13.7%。高技术领域发展壮大，高技术制造业增长 11.9%，有效引领产业升级；装备制造业年内始终保持较快增长态势，全年增长 12.5%。高科技产品生产加快，太阳能电池产量增长 1.55 倍，汽车增长 33.4%，变压器增长 10.3%。

（二）指标分析

1. 时序指数（见图 6-27 和表 6-55）

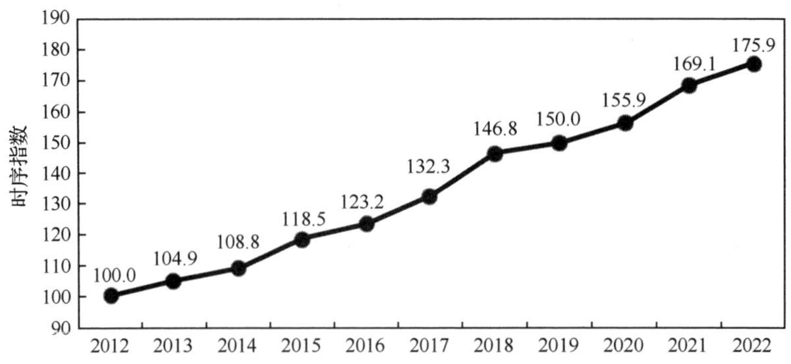

图 6-27 陕西工业发展质量时序指数

（资料来源：赛迪智库整理，2024 年 5 月）

表 6-55 2012—2022 年陕西工业发展质量时序指数

	2012	2013	2014	2015	2016	2017	2018	2019	2020	2021	2022	2012—2022 年年均增速
速度效益	100.0	99.9	93.8	86.5	89.8	103.5	110.4	106.2	103.0	122.8	130.9	2.7%
结构调整	100.0	95.6	108.1	118.6	112.1	113.7	141.0	129.2	132.3	146.3	155.5	4.5%
技术创新	100.0	113.7	113.5	108.8	112.1	120.7	131.4	136.6	151.7	157.2	164.4	5.1%
资源环境	100.0	104.9	112.0	123.5	133.2	139.9	149.7	150.7	177.9	184.8	187.7	6.5%
两化融合	100.0	110.9	119.9	142.7	161.2	176.8	191.1	219.2	245.7	264.8	264.1	10.2%
人力资源	100.0	107.9	114.0	161.1	168.4	175.5	194.0	203.8	173.5	182.6	195.3	6.9%
时序指数	100.0	104.9	108.8	118.5	123.2	132.3	146.8	150.0	155.9	169.1	175.9	5.8%

资料来源：赛迪智库整理，2024 年 5 月。

纵向来看，陕西工业发展质量时序指数自 2012 年的 100.00 上涨至 2022 年的 175.9，年均增速为 5.8%，高于全国平均水平 0.5 个百分点。

陕西在结构调整、两化融合、人力资源方面表现较好，年均增速分别为 4.5%、10.2%和 6.9%。结构调整方面，高技术制造业主营业务收入占比、规上小型工业企业收入占比和新产品出口占货物出口额比重年均增速分别为 6.0%、4.4%和 8.9%。两化融合方面，两化融合水平、电子信息产业占比、宽带人均普及率年均增速分别为 3.3%、10.6%和 14.3%。人力资源方面，工业城镇单位就业人员平均工资增速和第二产业全员劳动生产率年均增速分别为 9.0%和 10.5%。

在资源环境、技术创新方面，低于全国平均水平，年均增速分别为 6.5%、5.1%。资源环境方面，单位工业增加值能耗年均增速为 2.7%，单位工业增加值用水量年均增速达到 9.3%。技术创新方面，工业企业 R&D 经费投入强度、工业企业 R&D 人员投入强度、工业企业新产品销售收入占比分别为 2.9%、5.2%和 8.4%。

2. 截面指数（见表 6-56）

表 6-56　2012—2022 年陕西工业发展质量截面指数排名

	2012	2013	2014	2015	2016	2017	2018	2019	2020	2021	2022	2012—2022 年均值排名
速度效益	1	1	1	6	5	2	1	3	7	4	4	1
结构调整	27	24	22	22	21	19	17	18	18	17	16	20
技术创新	15	13	13	14	14	16	20	21	18	17	20	13
资源环境	5	5	6	6	6	6	6	6	5	3	5	6
两化融合	15	13	13	13	13	13	16	14	13	12	14	14
人力资源	11	8	10	2	3	2	2	3	5	8	5	4
截面指数	9	8	10	10	10	9	6	12	14	12	13	10

资料来源：赛迪智库整理，2024 年 5 月。

横向来看，陕西工业发展质量截面指数处于全国中上游水平，2022 年截面指数排在全国第 13 位，较上年有所下降。

2022 年，陕西在速度效益、资源环境、人力资源方面总体表现较好，均处于上游水平，分别排在全国第 4、第 5、第 5 位。速度效益方面，工业成本费用利润率、工业营业收入利润率均居全国第 4 位；规上工业增加值增速排在全国第 7 位；工业企业资产负债率排在全国第 6 位。资源环境方面，单位工业增加值能耗、单位工业增加值用水量分别排在全国第 15 和第 4 位。人力资源方面，第二产业全员劳动生产率处于领先水平，排在全国第 4 位；就业人员平均受教育年限排在全国第 14 位。

2022 年，陕西在结构调整、技术创新、两化融合方面仍处于全国中游位置，分别排名第 16、第 20、第 14 位。结构调整方面，高技术制造业主营业务收入占比、规上小型工业企业收入占比分别排在全国第 16、第 12 位；制造业 500 强企业占比、新产品出口占货物出口额比重

分别排在全国第 20、第 18 位，提升空间较大。技术创新方面，工业企业 R&D 经费投入强度和工业企业 R&D 人员投入强度表现中等，分别排在全国第 20、第 17 位；单位工业企业 R&D 经费支出发明专利数排在全国第 16 位；工业企业新产品销售收入占比排在全国第 22 位。两化融合方面，宽带人均普及率表现相对较好，全国排名第 9 位；两化融合水平处于全国中下游水平，需要大力推动信息技术在工业领域的应用。

3. 原因分析

2012—2022 年，陕西工业发展质量总体处于全国中上游水平，经济社会发展取得很大成绩，但同时面临以下突出问题：一是产业转型升级迟缓等深层次矛盾有待破解，战略性新兴产业占比较低，产业结构的优化难以在短期完成；二是科技优势转化为发展动能还存在一定困难，关键领域“卡脖子”技术难以在短时间内攻关；三是县域经济、民营经济、开放型经济发展较慢，经济外向度不高，高水平开放不足。

（三）结论与展望

综合时序指数和截面指数来看，陕西工业发展质量仍保持在全国中上游水平。陕西需着力推进以下任务。一是提升制造业重点产业链驱动力，大力发展新一代信息技术、生物技术、新材料、新能源等产业，打造一批具有较强竞争力的“链主”企业。二是强化能源工业支撑力，巩固能源产业优势地位。陕西作为全国能源重镇，应以转变能源发展方式为主线，依托陕北能源化工基地、关中能源接续区和陕南绿色能源区，重点发展煤电化一体化、油炼化一体化和能源装备一体化。同时，着力推动化工产业高端化、电源建设大型化和载能工业特色化，有序发展以水电、风电和太阳能为主的新能源。三是大力发展数字经济，推动人工智能、物联网等数字技术融合应用，加快推进大数据、软件信息服务等千亿级产业集群建设。四是充分利用自贸试验区优势，不断提升通关效率、降低物流成本、优化通关服务，着力构筑内陆地区效率高、成本低、服务优的国际贸易通道，更加主动融入和服务构建新发展格局，更加深度融入共建“一带一路”大格局。

二十七、甘肃

（一）总体情况

1. 宏观经济总体情况

2023年，甘肃实现地区生产总值11863.8亿元，比上年增长6.4%。其中，第一产业增加值为1641.3亿元，增长5.9%；第二产业增加值为4080.8亿元，增长6.5%；第三产业增加值为6141.8亿元，增长6.4%。第一产业增加值占地区生产总值比重为13.8%，第二产业增加值比重为34.4%，第三产业增加值比重为 51.8%。全年全省固定资产投资比上年增长5.9%。按三次产业分，第一产业投资下降1.9%，第二产业投资增长30.0%，第三产业投资下降4.1%。基础设施投资与上年持平。民间固定资产投资下降3.6%，社会领域投资增长6.4%。全年全省社会消费品零售总额为4329.7亿元，比上年增长10.4%。按经营地统计，城镇消费品零售额为3544.2亿元，增长10.2%；乡村消费品零售额为785.5亿元，增长11.3%。按消费形态统计，商品零售额为3831.1亿元，增长9.0%；餐饮收入为498.6亿元，增长22.7%。全年外贸进出口总值为491.7亿元，比上年下降13.0%。其中，出口为123.8亿元，增长3.8%；进口为367.9 亿元，下降 17.5%。对共建“一带一路”合作伙伴进出口 366.6亿元，比上年下降2.6%，占同期全省外贸总值的74.6%。全年外商直接投资合同项目34个，实际使用外商直接投资金额13919万美元，比上年增长11.5%。

2. 工业经济运行情况

2023年，甘肃全部工业增加值为3389.6亿元，比上年增长6.8%。规模以上工业增加值增长 7.6%。在规模以上工业中，分经济类型看，国有及国有控股企业增加值增长7.0%，集体企业下降10.0%，股份制企业增长4.8%，外商及港澳台投资企业增长6.0%，私营企业增长11.6%。分隶属关系看，中央企业增加值增长5.9%，省属企业增长10.2%，省以下地方企业增长8.8%。分轻重工业看，轻工业增加值增长4.0%，重工业增长8.1%。分门类看，采矿业增加值增长4.4%，制造业增长9.4%，电力、热力、燃气及水的生产和供给业增长 5.9%。全年规模以上工业

企业利润为 514.0 亿元，比上年下降 12.5%。规模以上工业企业每百元营业收入中的成本为 85.5 元，比上年增加 0.2 元；营业收入利润率为 4.6%，比上年下降 0.7 个百分点。年末规模以上工业企业资产负债率为 58.6%，比上年末提高 0.2 个百分点。

（二）指标分析

1. 时序指数（见图 6-28 和表 6-57）

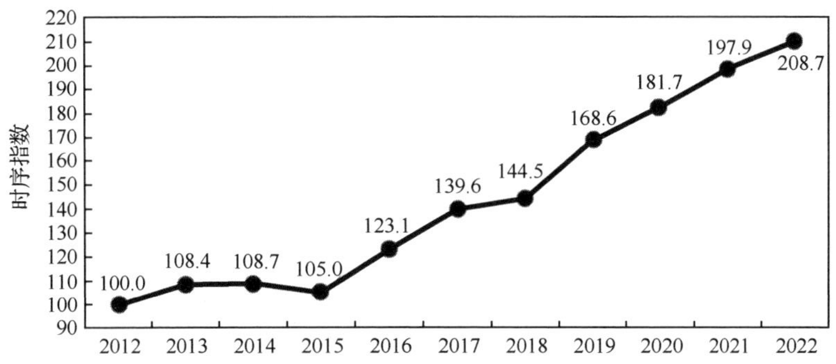

图 6-28　甘肃工业发展质量时序指数

（资料来源：赛迪智库整理，2024 年 5 月）

表 6-57　2012—2022 年甘肃工业发展质量时序指数

	2012	2013	2014	2015	2016	2017	2018	2019	2020	2021	2022	2012—2022 年年均增速
速度效益	100.0	99.2	89.8	39.7	69.3	97.0	100.8	117.8	120.3	145.3	149.7	4.1%
结构调整	100.0	114.8	107.6	115.6	130.4	143.8	126.7	156.9	160.0	167.2	162.0	4.9%
技术创新	100.0	103.9	110.5	105.5	108.4	108.2	105.0	127.6	128.4	140.3	159.3	4.8%
资源环境	100.0	119.7	130.9	151.1	169.8	174.0	194.8	213.3	281.7	290.1	306.9	11.9%
两化融合	100.0	114.6	120.1	152.0	187.3	232.0	266.7	313.4	343.3	375.8	404.8	15.0%
人力资源	100.0	105.9	111.0	114.7	119.6	122.3	129.1	135.7	139.3	146.4	154.6	4.5%
时序指数	100.0	108.4	108.7	105.0	123.1	139.6	144.5	168.6	181.7	197.9	208.7	7.6%

资料来源：赛迪智库整理，2024 年 5 月。

纵向看，甘肃工业发展质量时序指数自 2012 年的 100.0 上涨至 2022 年的 208.7，年均增速为 7.6%，高于全国平均增速 2.3 个百分点。

2012—2022 年，甘肃在速度效益、结构调整、资源环境、两化融合方面年均增速分别达到 4.1%、4.9%、11.9%、15.0%，高于全国平均水平。速度效益方面，规上工业增加值增速、工业成本费用利润率、工业营业收入利润率年均增速分别为 6.1%、4.5%和 4.3%。结构调整方面，高技术制造业主营业务收入占比、规上小型工业企业收入占比年均增速分别为 11.4%、4.8%，但新产品出口占货物出口额比重年均增速为 -5.3%。资源环境方面，单位工业增加值能耗年均增速为 5.0%，单位工业增加值用水量年均增速达到 16.3%。两化融合方面，电子信息产业占比、两化融合水平、宽带人均普及率年均增速分别为 14.4%、3.4%、21.3%。

2012—2022 年，甘肃在技术创新、人力资源方面增长缓慢，年均增速分别为 4.8%、4.5%，均分别低于全国平均水平。技术创新方面，工业企业 R&D 经费投入强度、工业企业 R&D 人员投入强度、单位工业企业 R&D 经费支出发明专利数、工业企业新产品销售收入占比年均增速分别为 4.3%、4.9%、6.7%、3.0%。人力资源方面，第二产业全员劳动生产率年均增速为 6.1%，而就业人员平均受教育年限年均增速仅为 0.3%

2. 截面指数（见表 6-58）

表 6-58　2012—2022 年甘肃工业发展质量截面指数排名

	2012	2013	2014	2015	2016	2017	2018	2019	2020	2021	2022	2012—2022 年均值排名
速度效益	27	29	29	29	28	30	30	27	22	25	20	30
结构调整	24	26	28	29	30	27	26	21	21	25	26	27
技术创新	19	23	21	22	22	26	28	26	28	26	25	24
资源环境	27	27	28	26	25	25	24	24	22	23	23	25

续表

	2012	2013	2014	2015	2016	2017	2018	2019	2020	2021	2022	2012—2022 年均值排名
两化融合	30	30	30	30	30	28	28	26	26	23	25	29
人力资源	24	27	27	27	28	26	29	30	29	28	28	29
截面指数	30	30	29	30	30	30	30	27	28	29	28	30

资料来源：赛迪智库整理，2024 年 5 月。

横向来看，甘肃工业发展质量截面指数一直处于全国下游水平，2022 年截面指数排在全国第 28 位，比上年提升 1 名。

2022 年，甘肃在速度效益、资源环境方面处于全国中下游位置，分别排在全国第 20 位和第 23 位。速度效益方面，规上工业增加值增速、工业成本费用利润率分别排全国第 13 位和第 18 位，工业企业资产负债率、工业营业收入利润率均排全国第 21 位，四个指标排名均较上年有所上升。资源环境方面，单位工业增加值能耗、单位工业增加值用水量分别排在全国第 25 位和第 17 位，分别较上年下降 1 名、2 名。

2022 年，甘肃在结构调整、技术创新、两化融合、人力资源方面处于全国下游水平，分别排在全国第 26 位、第 25 位、第 25 位、第 28 位。结构调整方面，规上小型工业企业收入占比、新产品出口占货物出口额比重分别排在全国第 28 位和第 12 位。技术创新方面，单位工业企业 R&D 经费支出发明专利数排在全国中游位置，位次较上年有所提高，排第 14 位，工业企业 R&D 人员投入强度、工业企业 R&D 经费投入强度分别排在全国第 23 位和第 25 位，工业企业新产品销售收入占比排在第 26 位。两化融合方面，电子信息产业占比、两化融合水平、宽带人均普及率分别排在全国第 26 位、第 30 位、第 10 位。人力资源方面，工业城镇单位就业人员平均工资增速和第二产业全员劳动生产率分别排在全国第 14 位和第 29 位。

3. 原因分析

2012—2022 年，甘肃工业发展质量总体处于全国下游水平，支撑高质量发展的基础还不牢固。一是产业结构有待进一步优化。甘肃长期保持以能源和原材料产业为主的工业结构体系，石油化工、有色冶金、机械电子等成为集中度最高的行业，转型升级和生态环境保护任务非常艰巨。高端产品供给不足，主导产业多数处于产业价值链上游，未形成高端集聚产业。二是技术创新与产业融合水平较低。新一代信息技术应用于传统支柱产业的改造提升效果不够明显。工业技术结构中传统的、初级技术占比较大，制造业中的精细加工工业发展不足、高新技术产业发展缓慢。三是民营经济发展不充分。国有工业企业占比高，民营工业企业发展不足。2022 年规模以上私营企业工业增加值仅占全省规模以上工业增加值的 15%左右，以非公经济为主的中小型工业企业发展活力不足。

（三）结论与展望

综合时序指数和截面指数来看，甘肃工业发展质量仍处于全国下游水平，在结构调整、技术创新、人力资源方面仍需进一步提升。需重点关注以下几方面。一是赋能增效强科技，引导创新型企业向专精特新、“隐形冠军”企业发展，优化整合各类科技创新平台，建设重点产业中试和应用验证平台，培育建设全国重点实验室、国家技术创新中心、“一带一路”联合实验室。二是深入推进新型工业化，深化推进产业链链长制，推动制造业向高端化、智能化发展，推动石化产业“减油增化增特”，加快冶金、有色产业向高端延伸，打造装备制造、数字经济、生物医药等省级先进制造业集群，推进中小企业“智改数转网联”行动，加快军民结合产业高质量发展。三是更大力度促进有效投资，在建设重点产业集群、重要物资储备基地和重大基础设施上超前谋划，精准谋划储备一批事关长远发展的大项目、好项目，促进能源开发利用，加快风光电大基地项目建设。四是积极帮助企业引进、招揽高层次人才和技能人才，对小微初创企业实施阶梯性吸纳就业、职业培训等补助政策，控制用工成本过快上涨。

二十八、青海

（一）总体情况

1．*宏观经济总体情况*

2023 年，青海省实现生产总值 3799.06 亿元，按不变价格计算，比

上年增长 5.3%。分产业看，第一产业增加值为 387.00 亿元，增长 4.7%；第二产业增加值为 1612.83 亿元，增长 4.1%；第三产业增加值为 1799.23 亿元，增长 6.5%。三次产业结构由上年的 10.5∶43.9∶45.6 调整为 10.2∶42.4∶47.4。人均生产总值为 63903 元，比上年增长 5.3%。全年社会消费品零售总额为 987.73 亿元，比上年增长 17.3%，其中网上零售额为 149.8 亿元，增长 72.0%。按经营地分，城镇消费品零售额为 803.91 亿元，比上年增长 17.3%；乡村消费品零售额为 183.81 亿元，增长 17.4%。按消费类型分，商品零售为 908.93 亿元，比上年增长 17.2%；餐饮收入为 78.80 亿元，增长 19.0%。全年固定资产投资比上年下降 7.5%。按产业分，第一产业投资比上年下降 7.0%，第二产业投资增长 11.0%，第三产业投资下降 21.3%。全年货物贸易进出口总额为 48.7 亿元，比上年增长 20.3%。其中，出口总额为 29.5 亿元，增长 23.0%；进口总额为 19.2 亿元，增长 16.5%。货物进出口顺差为 10.3 亿元，比上年增加 2.8 亿元。对共建“一带一路”国家进出口总额为 33.1 亿元，比上年增长 19.7%。

2. 工业经济运行情况

2023 年，青海省全部工业增加值为 1272.44 亿元，比上年增长 5.2%。规模以上工业增加值比上年增长 5.6%。在规模以上工业中，分经济类型看，国有企业增加值增长 5.1%，股份制企业增长 5.9%。分门类看，制造业增加值增长 7.8%，采矿业持平，电力、热力、燃气及水生产和供应业下降 1.4%。规模以上工业优势产业中，新能源产业增加值比上年增长 62.9%，有色金属产业增长 4.9%，生物产业增长 14.9%，油气化工产业增长 2.8%。装备制造业增长 45.3%，占规模以上工业增加值的 26.3%，比重较上年提高 2.8 个百分点；高技术制造业增加值增长 62.2%，占规模以上工业增加值的 26.1%，比重较上年提高 2.9 个百分点。全年规模以上工业企业实现利润总额 486.45 亿元。

（二）指标分析

1. 时序指数（见图 6-29 和表 6-59）

纵向来看，青海工业发展质量时序指数从 2012 年的 100.00 上涨至 2022 年的 287.9，年均增速为 11.2%。

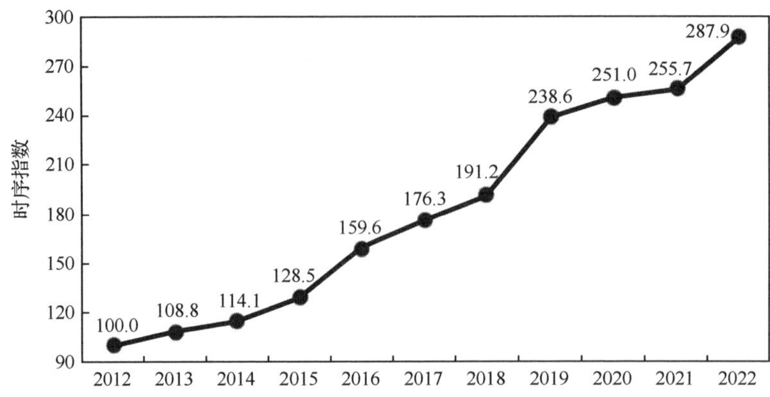

图 6-29　青海工业发展质量时序指数

（资料来源：赛迪智库整理，2024 年 5 月）

表 6-59　2012—2022 年青海工业发展质量时序指数

	2012	2013	2014	2015	2016	2017	2018	2019	2020	2021	2022	2012—2022 年年均增速
速度效益	100.0	91.5	79.6	72.8	78.1	88.5	80.3	85.3	91.1	124.5	189.5	6.6%
结构调整	100.0	125.2	147.2	146.5	174.3	129.4	100.7	298.5	220.1	163.4	161.4	4.9%
技术创新	100.0	112.1	96.5	126.3	193.1	315.1	368.7	377.1	494.1	452.5	481.2	17.0%
资源环境	100.0	99.8	116.3	111.8	128.0	139.9	150.0	152.7	169.3	170.4	182.9	6.2%
两化融合	100.0	114.5	143.1	211.6	268.0	246.2	308.4	330.0	332.5	435.3	487.3	17.2%
人力资源	100.0	109.2	116.1	119.1	125.9	134.0	146.7	159.3	169.7	179.3	203.1	7.3%
时序指数	100.0	108.8	114.1	128.5	159.6	176.3	191.2	238.6	251.0	255.7	287.9	11.2%

资料来源：赛迪智库整理，2024 年 5 月。

2012—2022 年，青海在技术创新和两化融合方面增长较快，年均增速分别为 17.0%和 17.2%，超过全国平均水平。技术创新方面，单位工业企业 R&D 经费支出发明专利数和工业企业新产品销售收入占比呈高速增长，年均增速分别为 20.7%和 31.0%，但工业企业 R&D 经费投

入强度、工业企业 R&D 人员投入强度年均增速较低，分别为-3.1%和 0.4%。两化融合方面，电子信息产业占比年均增速为 23.7%，宽带人均普及率年均增速为 17.0%。

2012—2022 年，青海在速度效益、结构调整、人力资源方面保持较快增长，年均增速分别为 6.6%、4.9%、7.3%，均高于全国平均水平。速度效益方面，规上工业增加值增速、工业成本费用利润率、工业营业收入利润率年均增速分别为 8.3%、8.2%和 7.3%。结构调整方面，高技术制造业主营业务收入占比、新产品出口占货物出口额比重年均增速分别为 12.0%、4.1%，而规上小型工业企业收入占比年均增速为-0.8%。人力资源方面，工业城镇单位就业人员平均工资增速和第二产业全员劳动生产率两项指标发展相对均衡，年均增速分别为 9.4%和 11.0%，就业人员平均受教育年限年均增速为 0.6%。青海在资源环境方面增长缓慢，年均增速为 6.2%，略低于全国平均水平，其中，单位工业增加值能耗和单位工业增加值用水量年均增速分别为 5.0%和 7.3%。

2. 截面指数（见表 6-60）

表 6-60　2012—2022 年青海工业发展质量截面指数排名

	2012	2013	2014	2015	2016	2017	2018	2019	2020	2021	2022	2012—2022 年均值排名
速度效益	7	10	25	26	26	26	29	28	30	16	1	24
结构调整	29	29	25	25	26	28	29	24	27	26	21	29
技术创新	30	30	30	30	30	29	27	24	25	29	29	29
资源环境	29	30	29	30	30	29	29	29	29	29	29	29
两化融合	29	29	29	28	27	29	26	27	29	26	22	27
人力资源	21	26	22	29	23	23	24	21	22	25	19	22
截面指数	29	29	28	28	28	29	29	30	30	28	17	29

资料来源：赛迪智库整理，2024 年 5 月。

横向来看，青海工业发展质量截面指数多年来都处于全国落后位置，2012—2022年，截面指数排在全国第29位。2022年截面指数排在全国第17位，比上年有较大提升。

2022年，青海在速度效益方面处于全国领先位置，排在全国第1位。规上工业增加值增速、工业成本费用利润率、工业营业收入利润率3个指标均排全国第1位，均分别较上年有所上升。青海在结构调整、两化融合、人力资源方面处于全国中游位置，分别排在全国第21位、第22位、第19位。结构调整方面，高技术制造业主营业务收入占比、规上小型工业企业收入占比、新产品出口占货物出口额比重分别排在全国第7位、第29位和第27位。两化融合方面，电子信息产业占比、两化融合水平、宽带人均普及率分别排在全国第11位、第29位、第16位。人力资源方面，工业城镇单位就业人员平均工资增速和第二产业全员劳动生产率分别排全国第5位和第16位。

2022年，青海在技术创新、资源环境方面处于全国下游水平，均排在全国第29位。技术创新方面，除单位工业企业R&D经费支出发明专利数排在全国上游外，其他指标排名均靠后，工业企业R&D人员投入强度、工业企业R&D经费投入强度分别排在全国第30位和第31位，工业企业新产品销售收入占比排在第29位。资源环境方面，单位工业增加值能耗、单位工业增加值用水量分别排在全国第30位和第22位，均分别较上年下降1名。

3. 原因分析

2012—2022年，青海工业发展质量总体处于全国下游水平，支撑稳增长的基础还不牢固，面临以下突出问题：一是区域发展不平衡。青海省工业增长的主要动力来自西宁市，除西宁市工业实现了快速增长之外，其他地区工业经济普遍呈现负增长或小幅正增长态势，拉低了全省工业增速。2023年，西宁市规模以上工业增加值同比增长22.9%，增速高于全省规上工业17.3个百分点，对全省工业的贡献率为278.3%，拉动全省工业增长15.6个百分点；而其他市州对全省工业增长合计形成拖累。二是传统产业动能减弱。目前青海省工业结构仍以有色金属、能源化工等高能耗的重工业为主，在当前生态环境约束愈发趋紧的形势下，产业结构调整优化的战略任务仍显艰巨。三是新兴产业竞争加剧。

光伏产业作为拉动青海省工业增长的主要动力，全行业国内外竞争形势逐步加剧。青海省光伏企业面临的产能过度扩张、产品价格下降过快、利润空间遭受挤压、生存压力较大等风险进一步加剧。锂电池行业价格恶性竞争问题突出，电池级碳酸锂价格连创新低，导致省内个别企业生产稳定性不佳，影响行业稳定运行。四是工业企业面临用电紧张、用电价格上涨局面。用电价格持续上升将增加企业生产经营成本，制约企业增资扩产。

（三）结论与展望

综合时序指数和截面指数来看，青海工业发展质量仍处于全国下游水平。虽然在速度效益方面表现较好，但在技术创新、结构调整、资源环境等方面仍需进一步提升。未来，可以从以下几方面推动工业高质量发展：一是强化绿色转型能源保障。大力发展清洁能源，增加绿电有效供给，支持光伏全产业链发展，进一步提高新能源直接交易电力比例，助推产业绿色转型发展。大力推动储能建设，推动电网等电力网架改造，持续提升电网供给能力。二是助力企业开拓国际市场。一是指导光伏、锂电等企业主动了解各国贸易救济措施和市场监管要求，以行业组织、专业服务机构等为依托，组织国内企业参与国家或行业应对活动，积极应对有关贸易调查，支持企业加快建设海外营销和售后服务网络，加大品牌宣传推广力度，拓宽出口运输渠道，促进锂电池、光伏、钾肥等优势产品出口提升。三是优化营商环境降低成本。加快推动惠企政策“免申即享”、奖补资金“一键直达”，提升政策兑现时效；切实推动解决企业账款回收难问题。加大对中小企业数字化智能化绿色化转型的指导和支持力度，通过设备器具优惠和示范奖励等方式，推动“专精特新”中小企业数字化转型全覆盖，助力中小企业提质增效。

二十九、宁夏

（一）总体情况

1. 宏观经济总体情况

2023 年，宁夏全年实现地区生产总值 5315 亿元，增长 6.6%，增速全国第五，人均 GDP 首次达到 7.3 万元，比上年增长 6.3%。其中，第一产业增加值为 428.10 亿元，增长 7.7%；第二产业增加值为 2487.24 亿元，增长 8.5%；第三产业增加值为 2399.61 亿元，增长 4.7%。第一产业增加值占地区生产总值比重为 8.1%，第二产业增加值比重为 46.8%，第三产业增加值比重为 45.1%。

一方面，宁夏在新兴产业、高技术产业发展势头良好。全年全区规模以上工业中，高技术制造业增加值比上年增长 44.5%，占规模以上工业增加值的比重为 10.0%；装备制造业增加值增长 38.6%，占规模以上工业增加值的比重为 12.6%。另一方面，新动能投资增长加快。全区工业技改投资比上年增长 6.4%，占固定资产投资（不含农户）的比重为 13.1%；高技术产业投资增长 44.1%，占固定资产投资（不含农户）的比重为 11.8%

2. 工业经济运行情况

2023 年，宁夏全区工业生产实现稳定增长。全区工业增加值达到 2130.13 亿元，较前一年增长 10.3%。规模以上工业增加值增长 12.4%，规模以上工业企业利润为 377.4 亿元，比上年下降 8.7%。规上工业中，分经济类型看，国有控股企业增加值增长 5.9%，股份制企业增长 12.4%，外商及港澳台商投资企业增长 23.5%，私营企业增长 12.8%。分门类看，采矿业增长 8.9%，制造业增长 15.8%，电力、热力、燃气及水的生产和供给业增长 1.5%。

2023 年，宁夏年末全区发电装机容量达 7242.7 万千瓦，比上年末增长 11.9%。全年全区全社会固定资产投资比上年增长 5.0%，固定资产投资（不含农户）增长 5.5%。工业投资增长 15.5%，占固定资产投资（不含农户）的比重为 53.6%。

（二）指标分析

1. 时序指数（见图 6-30 和表 6-61）

纵向来看，宁夏工业发展质量时序指数自 2012—2022 年从 100.0 上涨至 210.6 ，年均增速为 7.7% ，高于全国平均增速 2.4 个百分点，平均增速全国排名第 6。

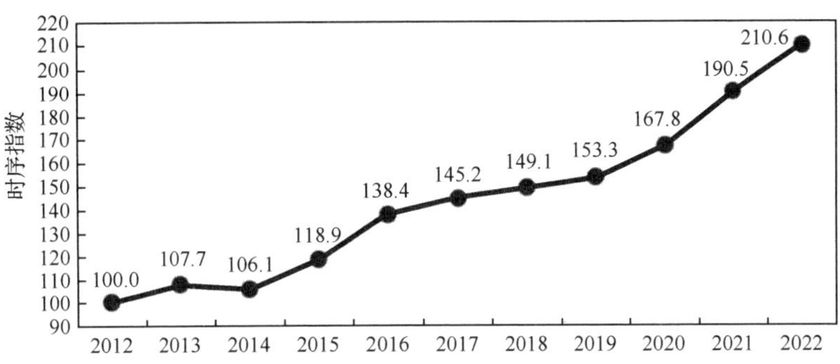

图 6-30 宁夏工业发展质量时序指数

（资料来源：赛迪智库整理，2024 年 5 月）

表 6-61 2012—2022 年宁夏工业发展质量时序指数

	2012	2013	2014	2015	2016	2017	2018	2019	2020	2021	2022	2012—2022 年年均增速
速度效益	100.0	113.2	93.1	84.5	105.1	103.9	113.5	123.5	120.3	159.0	139.3	3.4%
结构调整	100.0	109.9	105.7	120.2	152.9	147.7	121.5	107.7	127.4	145.1	184.8	6.3%
技术创新	100.0	110.4	108.1	121.3	121.6	139.0	161.6	159.7	172.4	169.7	174.9	5.8%
资源环境	100.0	104.2	110.8	123.3	131.2	129.6	137.9	140.5	148.3	160.1	160.7	4.9%
两化融合	100.0	99.0	123.9	170.6	213.8	243.5	246.9	269.6	332.4	391.5	488.0	17.2%
人力资源	100.0	102.8	102.4	110.7	117.9	120.2	129.5	140.8	129.2	135.6	144.5	3.7%
时序指数	100.0	107.7	106.1	118.9	138.4	145.2	149.1	153.3	167.8	190.5	210.6	7.7%

资料来源：赛迪智库整理，2024 年 5 月。

宁夏在速度效益、结构调整和两化融合方面表现较好，优于全国平均水平。速度效益方面，2021—2022 年年均增速为 3.4%，从分项指标看，规上工业增加值增速为 8.0%，高于全国平均增速 1.6 个百分点，工业成本费用利润率和工业营业收入利润率年均增速分别为 1.7%和 1.4%，比全国平均增速高 2.3、1.9 个百分点。两化融合方面表现突出，2012—2022 年年均增速为 17.2%，大幅高出全国平均水平。其中，电子信息产业占比年均增速较快，达到 23.5%，高出全国平均水平 17.5 个百分点。结构调整方面 2012—2022 年年均增速为 6.3%，其中，高技术制造业主营业务收入占比增长 16.6%，高于全国平均水平 12.4 个百分点，但新产品出口占货物出口额比重指数表现较差，增速为-14.2%，大幅拉低指数水平。

技术创新、资源环境、人力资源年均增速略低于工业发展质量整体增速。技术创新方面，2012—2022 年年均增速为 5.8%，其中，工业企业 R&D 经费投入强度、单位工业企业 R&D 经费支出发明专利数、工业企业新产品销售收入占比分别低于全国平均增速 2.3、3.5、1.5 个百分点。资源环境方面年均增速为 4.9 %，略低于全国平均增速。人力资源方面，宁夏在 2012—2022 年年均增速为 3.7%，低于全国平均水平 1.4 个百分点，其中工业城镇单位就业人员平均工资增速和就业人员平均受教育年限指数与全国平均水平持平，第二产业全员劳动生产率增速低于全国平均增速 2.9 个百分点。

2. 截面指数（见表 6-62）

表 6-62　2012—2022 年宁夏工业发展质量截面指数排名

	2012	2013	2014	2015	2016	2017	2018	2019	2020	2021	2022	2012—2022 年均值排名
速度效益	25	21	28	27	24	29	28	21	27	23	22	27
结构调整	20	27	27	27	25	23	22	28	24	28	29	26
技术创新	17	17	18	16	17	17	18	19	20	21	23	19
资源环境	30	29	30	29	29	30	30	30	30	30	30	30
两化融合	22	21	20	22	20	21	20	20	20	13	13	20
人力资源	5	9	11	12	6	9	8	5	11	18	17	9
截面指数	27	25	26	26	24	25	23	22	23	23	25	25

资料来源：赛迪智库整理，2024 年 5 月。

横向来看，宁夏工业发展质量截面指数多年来都处于全国中下游水平。2022 年，截面指数排在全国第 25 位，比上年降低 2 个位次。

2022 年，宁夏在人力资源方面表现较好，排名全国第 17 位，较前一年提升 1 名，其中工业城镇单位就业人员平均工资增速表现较突出，排名全国第 7 位。两化融合方面排名第 13 位，其中宽带人均普及率表现良好，排名全国第 5 位，大幅拉高指标水平。技术创新方面排在第 23 位，其中单位工业企业 R&D 经费支出发明专利数表现良好，排在全国第 13 位，工业企业 R&D 人员投入强度、工业企业 R&D 经费投入强度、工业企业新产品销售收入占比排名较差，分别排名第 21、22、23 位。

速度效益、结构调整、资源环境方面排名处于全国落后水平。2022 年，宁夏在速度效益方面排名全国第 22 位，较上年提升 1 名，从分项指数看，规上工业增加值增速表现较好，排名第 10 位，工业企业资产负债率排 28 位，表现较差。结构调整方面排名全国第 29 位，其中高技术制造业主营业务收入占比排名第 20 位，制造业 500 强企业占比排名较差，排 29 位。资源环境方面排名已连续多年位于全国第 30 位。

3. 原因分析

宁夏注重人力资源培养，多年持续整体保持全国中上游水平，通过深入实施科教兴宁、人才强区等战略，不断释放政策红利，引进高层次人才，优化人才培养和成长环境。

但是，综合来看，宁夏在工业发展中仍然存在突出问题：一是技术创新能力不强。从指标上看，宁夏研发经费投入强度、人员投入强度不足，导致企业研发能力和品牌建设能力较弱，部分企业仍然处于产业链、价值链中低端水平。二是产业结构层次不合理。战略性新兴产业、先进制造业体量较小，制造业 500 强企业及规上小型工业企业营业收入占比较少。三是资源环境问题严重，宁夏能源工业、原材料制造业等高耗能产业占比较大，资源开发利用效率和产业布局问题影响了宁夏发展绿色经济的步伐。

（三）结论与展望

从时序指数和截面指数综合来看，宁夏工业发展质量处在全国中下游水平。在速度效益、结构调整、技术创新、两化融合尤其是资源环境方面仍存在许多发展问题，但是在人力资源方面表现优异。综合考虑各个指标水平，建议未来注意在以下几个方面着重发力：一是着力推进科技创新提质增效。建议协同推动创新链、产业链、资金链、人才链融合发展，加大招才引智和人才培育力度，以及高科技平台建设力度，充分发挥国家和自治区重点实验室作用，加大成果转化力度，不断提升科技对地区发展的贡献率。二是大力发展数字经济，立足宁夏“东数西算”枢纽节点区位优势，把“交换中心”“算力中心”发展成为“投资中心”“效益中心”，抓住新一轮科技革命和产业变革新机遇，全力打造“中国算力之都”。三是优化产业结构升级，积极承接国家产业转移，引进重要企业项目落地，打造先进产业链节点地区。四是扎实推进绿色低碳发展，全面把握绿色发展战略，统筹推进生产要素绿色转型。稳妥推进工业领域碳减排，改善工业用能结构，提高清洁能源比重。

三十、新疆

（一）总体情况

1. 宏观经济总体情况

2023 年，新疆全年实现生产总值 19125.91 亿元，较上年增长 6.8%。其中，第一产业增加值为 2742.24 亿元，比上年增长 6.3%；第二产业增加值为 7710.27 亿元，比上年增长 7.2%；第三产业增加值为 8673.40 亿元，比上年增长 6.6%。全年人均地区生产总值为 73774 元，比上年增长 6.6%。全区规模以上工业增加值增长 6.4%，固定资产投资增长 12.4%，社会消费品零售总额增长 18.8%，进出口贸易总额增长 45.9%。

2. 工业经济运行情况

2023 年，新疆全年全部工业增加值为 6434.74 亿元，比上年增长 6.8%。规模以上工业增加值增长 6.4%。在规模以上工业中，从经济类型看，国有控股企业增长 5.5%，股份制企业增长 7.5%，私营企业增长 10.7%。从规模看，大型企业增长 1.9%，中型企业增长 6.9%，小型企业增长 14.9%。从工业门类看，采矿业增长 6.2%，制造业增长 6.0%，电力、热力、燃气及水的生产和供应业增长 8.9%。

（二）指标分析

1. 时序指数（见图 6-31 和表 6-63）

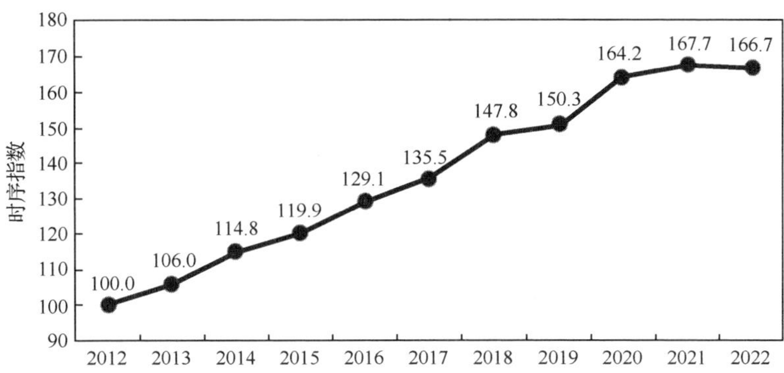

图 6-31　新疆工业发展质量时序指数

（资料来源：赛迪智库整理，2024 年 5 月）

表 6-63　2012-2022 年新疆工业发展质量时序指数

	2012	2013	2014	2015	2016	2017	2018	2019	2020	2021	2022	2012—2022 年年均增速
速度效益	100.0	92.4	86.1	71.0	74.5	89.1	93.0	86.7	88.7	124.5	137.5	3.2%
结构调整	100.0	131.1	131.8	130.6	152.2	183.0	206.5	227.3	254.0	194.8	165.7	5.2%
技术创新	100.0	107.7	120.9	130.0	128.4	117.6	127.8	120.9	139.6	147.6	161.7	4.9%
资源环境	100.0	102.5	105.3	117.8	121.4	117.4	124.3	133.6	146.2	153.3	166.0	5.2%
两化融合	100.0	97.2	140.6	173.5	198.1	191.0	213.8	211.9	228.6	256.3	225.7	8.5%
人力资源	100.0	101.3	106.8	113.5	116.4	120.6	125.7	130.1	134.6	140.2	159.6	4.8%
时序指数	100.0	106.0	114.8	119.9	129.1	135.5	147.8	150.3	164.2	167.7	166.7	5.2%

资料来源：赛迪智库整理，2024 年 5 月。

如图 6-31 所示，新疆工业发展质量时序指数自 2012 年的 100.0 上

升至 2022 年的 166.7，年均增长率为 5.2%，比全国平均增长率低 0.1 个百分点。

新疆在速度效益和结构调整方面表现较好。速度效益方面年均增长率为 3.2%，高出全国平均增速 1.4 个百分点，其中工业成本费用利润率、工业营业收入利润率分别为 2.2%、2.0%，高于全国平均增速 2.8、2.5 个百分点。结构调整方面年均增长率为 5.2%，比全国平均增长率高出 1.3 个百分点，其中高技术制造业主营业务收入占比达到 10.3%，远超全国平均水平。

新疆在技术创新、资源环境、两化融合、人力资源方面表现一般，与全国年均增速持平或低于全国年均增速。两化融合方面，新疆 2012—2022 年年均增速为 8.5%，略高于全国年均增速；技术创新、资源环境、人力资源方面年均增速分别为 4.9%、5.2%、4.8%，均低于全国平均水平。

2. 截面指数（见表 6-64）

表 6-64　2012—2022 年新疆工业发展质量截面指数排名

	2012	2013	2014	2015	2016	2017	2018	2019	2020	2021	2022	2012—2022 年均值排名
速度效益	2	2	7	24	23	17	15	20	15	3	2	7
结构调整	30	30	30	30	29	29	30	30	30	30	30	30
技术创新	29	28	29	27	29	30	30	30	30	30	30	30
资源环境	24	24	27	28	27	28	27	27	27	27	27	27
两化融合	25	25	25	24	25	27	30	29	27	22	23	25
人力资源	4	5	3	6	7	5	6	8	12	10	4	5
截面指数	21	21	23	27	27	27	26	28	27	19	20	24

资料来源：赛迪智库整理，2024 年 5 月。

从横向比较来看，新疆工业发展质量指数 2022 年排在第 20 名。在 2012—2022 年间，新疆的排名处于全国中下游水平。

新疆在速度效益和人力资源方面表现优异。速度效益方面在 2012—2022 年均值排名第 7 位，从分项指标来看，工业成本费用利润率和工业营业收入利润率在 2022 年均全国排名第 2 位。人力资源方面，新疆在 2012—2022 年均值全国排名第 5 位，位居全国上游水平，其中第二产业全员劳动生产率位居全国第 2 名，表现较为突出。

新疆在结构调整、技术创新、资源环境、两化融合方面位于全国中下游水平，仍有较大进步空间。在结构调整方面，高技术制造业主营业务收入占比、新产品出口占货物出口额比重指标表现不佳，分别排名 31、30 位。技术创新方面，虽然 2022 年单位工业企业 R&D 经费支出发明专利数排名全国第 6 位，但其他几项指标大幅拉低了排名。资源环境方面，单位工业增加值用水量和单位工业增加值能耗排名较为靠后，需着力提升。两化融合方面，2022 年宽带人均普及率排名第 8，电子信息产业占比和两化融合水平指标排名均处于全国中下游水平。

3. 原因分析

新疆在持续深入实施创新发展战略，为全区高质量发展提供人才支撑。一是深入实施科技兴疆战略，着力提升区域科技创新能力，以科技创新引领现代化产业体系建设。二是加快推进教育强区建设，落实推进教育强区建设三年行动方案，加强高质量教育体系建设。三是大力落实人才强区战略，强化科研人员激励和保障机制，全方位培养、引进、用好、留住人才。

但是从整体上看，新疆的工业发展质量仍然存在很多短板。一方面，新疆工业结构偏重，战略性新兴产业和高新技术产业占比低。在传统增长动能衰减和转向高质量发展的“双碰头”阶段，新技术、新产业、新业态、新模式尚未形成，新疆传统产业优势弱化。另一方面，资源利用效率低，新疆资源丰富，但资源利用效率和资源转化率低，绿色发展面临压力较大。

（三）结论与展望

综合时序指数和截面指数来看，新疆工业发展质量目前还有很大提

升空间。未来建议从以下几个方面着重推动工业高质量发展：一是促进工业转型升级发展，构建具有新疆特色和优势的现代化产业体系。应立足资源禀赋、区位优势和产业基础，着力打造若干符合国家战略、特色优势显著、具有核心竞争力的产业基地，依托自身资源优势，大力发展油气、煤炭、纺织、新能源等产业集群。二是以科技创新为重点，加快创新驱动发展。建议加快建设以企业为主体、市场为导向、产学研深度融合的技术创新体系。打造一批高水平自治区级创新平台，围绕新疆“八大产业集群”和特色优势领域，实施一批重大创新工程，集中力量进行引领性技术和“卡脖子”关键核心技术攻关。三是坚持绿色低碳发展，推进污染防治和生态建设。应着力提升资源利用效率，推动工业节能降碳技术改造，支持煤炭、油气、矿产等重点产业高端化、绿色化、低碳化发展。

专　题　篇

第七章

工业经济发展专题研究

第一节　2023 年一季度工业经济形势分析及二季度走势展望

2023 年一季度，随着疫情防控较快平稳转段，稳经济一揽子政策措施和接续政策效果持续显现，工业经济实现平稳开局，消费快速反弹、生产企稳回升、企业预期改善。但要推动经济运行整体好转，亟须破解全球需求萎缩叠加贸易转移效应显现带来的出口下滑、短期收入制约叠加长期人口结构变化带来的消费疲弱、部分领域跨国公司加速调整全球布局带来的产业链供应链外迁、需求不足拖累价格下行制约效益改善影响信心恢复等难题。建议从四个方面进行发力：建立“消费—就业—收入—消费”良性循环；持续巩固外贸优势提升国际循环质量；加快构建产业链供应链稳定长效机制；加大财税金融支持力度提振企业信心。

一、工业经济开局平稳，内需恢复向好、生产稳步回升、预期明显改善

（一）2023 年一季度工业经济整体呈现“生产稳步回升，投资持续增长，消费大幅反弹，出口同比下滑”发展态势

工业生产稳步回升，反弹程度弱于预期。2023 年一季度，我国规模以上工业增加值同比增长 3.0%，增速较上年四季度回升 0.3 个百分点（见图 7-1）。从季内各月增速看，2023 年 1—2 月份规模以上工业增加

值同比增长 2.4%，增速较上年 12 月份加快 1.1 个百分点；3 月份增速继续较 1—2 月份加快 1.5 个百分点，整体呈现稳步回升态势（见图 7-2）。但从历史对比看，2023 年一季度规模以上工业增速低于上年同期 3.5 个百分点；考虑上年同期工业增速基数较高，用两年同期平均增速能更好地反映工业增速的恢复情况，2022—2023 年一季度的两年平均增速为 4.7%，既低于 2020—2021 年同期的两年平均增速，也低于疫情前的平均水平。可以看出，工业生产远未恢复至潜在增长水平。

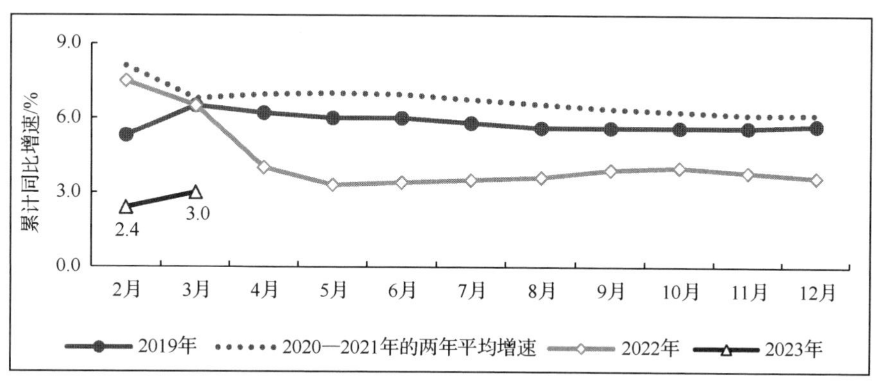

图 7-1　规模以上工业增加值累计同比增速

（数据来源：国家统计局，赛迪工经所整理，2023 年 5 月）

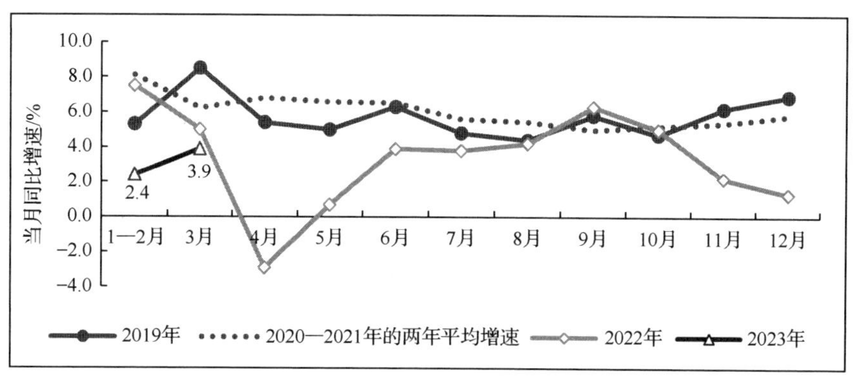

图 7-2　规模以上工业增加值当月同比增速

（数据来源：国家统计局，赛迪工经所整理，2023 年 5 月）

从工业对经济增长的支撑作用来看（见表 7-1），2023 年一季度，全部工业增加值同比增长 2.9%，低于 GDP 增速 1.6 个百分点，工业对经济增长的贡献率回落至历史低位 22.2%，显著低于上年同期。这主要是由于疫情平稳转段之后服务业快速反弹，2023 年一季度服务业增加值同比增长 5.4%，增速领先 GDP 增速 0.9 个百分点。相比之下，工业对经济增长的贡献率有所回调。但从工业占比看，2023 年一季度全部工业增加值占 GDP 比重为 33.3%，仍然处于近些年的较高水平，工业对经济增长的压舱石作用不容忽视。

表 7-1 工业对经济增长的支撑情况

年度	工业占 GDP 比重累计值/%				工业对 GDP 累计增长贡献率/%			
	一季度	二季度	三季度	四季度	一季度	二季度	三季度	四季度
2012	40.2	40.1	39.3	38.8	47.4	44.3	42.3	41.3
2013	38.7	38.6	37.9	37.5	39.0	38.5	38.8	38.5
2014	37.4	37.4	36.7	36.2	36.1	36.3	35.2	33.9
2015	35.4	35.3	34.6	34.1	30.6	30.6	29.7	29.6
2016	33.0	33.3	33.0	32.9	27.6	28.4	28.4	28.3
2017	33.5	33.6	33.2	33.1	29.1	30.0	29.7	29.3
2018	33.1	33.3	33.0	32.8	31.1	31.3	30.4	30.1
2019	32.2	32.4	31.9	31.6	27.9	27.3	26.3	26.9
2020	30.9	31.4	31.1	30.9	38.9	33.1	48.9	36.6
2021	32.6	32.9	32.6	32.6	41.7	40.3	38.9	37.9
2022	34.6	34.4	33.7	33.2	43.9	43.3	40.1	37.0
2023	33.3	—	—	—	22.2	—	—	—

数据来源：国家统计局，赛迪工经所整理，2023 年 5 月。

工业投资持续增长，投资结构不断优化。2023 年一季度，我国工业投资同比增长 8.6%，增速较上年同期和上年全年分别回落 7.9 个百分点、1.7 个百分点。但从历史对比看，2023 年一季度工业投资增速不仅快于 2020—2021 年同期的两年平均增速（0.4%），也领先于 2019 年的增长水平（4.4%）。整体上看，虽然工业投资增速有所放缓，但仍延续了前两年的稳定增长态势。制造业投资的增长趋势与工业投资基本一致，但增长速度自 2022 年一季度以来持续慢于工业投资增速。2023 年

一季度制造业投资同比增长 7%，比工业投资增速低 1.6 个百分点，与工业投资增速的缺口处于一年来的高位（见图 7-3）。

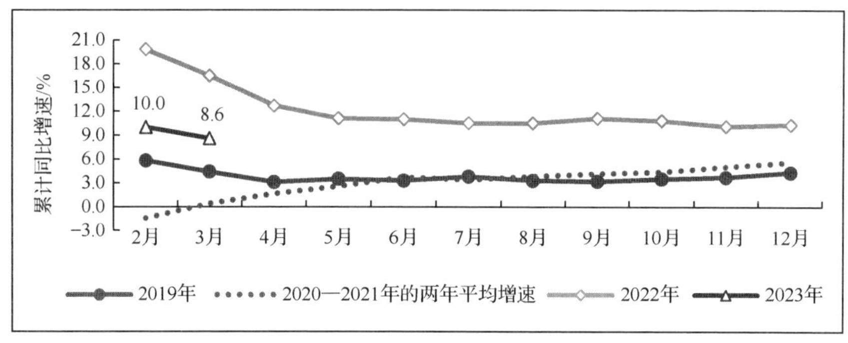

图 7-3　工业投资累计同比增速

（数据来源：国家统计局，赛迪工经所整理，2023 年 5 月）

从制造业内部看，高技术制造业投资强劲增长，带动投资结构不断优化。2023 年一季度，高技术制造业投资同比增长 15.2%，增速自 2020 年四季度以来一直保持在两位数，遥遥领先制造业投资（见图 7-4）。其中，电子及通信设备制造业投资增长 20.7%；医疗仪器设备及仪器仪表制造业投资增长 19.9%。电子、医药等高技术制造业投资的快速增长，将持续优化投资结构，进而优化供给结构，释放经济增长新动能。

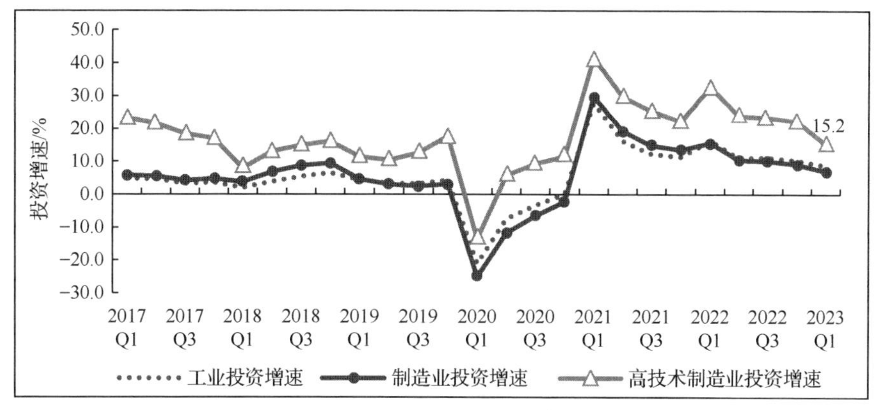

图 7-4　工业投资增速、制造业投资增速与高技术制造业投资增速对比

（数据来源：国家统计局，赛迪工经所整理，2023 年 5 月）

消费增速大幅反弹，商品消费恢复较慢。2023 年一季度，我国最终消费对经济增长的贡献率达到 66.6%,较上年全年大幅提升 33.8 个百分点，基本恢复至上年同期和 2019 年同期水平，消费对经济增长的基础性作用稳步恢复（见表 7-2）。2023 年一季度，社会消费品零售总额同比增长 5.8%，增速较上年同期和上年全年分别回升 2.5 个百分点和 6.0 个百分点。其中，3 月份社会消费品零售总额同比增长 10.6%，增速较 1—2 月份加快 7.1 个百分点，反弹趋势非常明显。从消费类型看，居民外出、娱乐、旅游等消费需求快速释放，带动餐饮收入强劲反弹。2023 年一季度，餐饮收入同比增长 13.9%，2022—2023 年的两年同期平均增长 7.0%。相比之下，商品消费恢复较为缓慢。2023 年一季度，商品零售额同比增长 4.9%，2022—2023 年的两年同期平均增长 4.2%，显著低于餐饮收入增速，反弹幅度相对较小。

表 7-2 消费对经济增长的贡献率

年度	最终消费支出 对经济增长的贡献率累计值/%				资本形成总额 对经济增长的贡献率累计值/%			
	一季度	二季度	三季度	四季度	一季度	二季度	三季度	四季度
2016	78.1	66.5	63.6	66.0	38.3	44.0	47.0	45.7
2017	76.2	62.3	61.5	55.9	28.4	39.6	39.2	39.5
2018	68.5	68.4	66.5	64.0	47.8	43.9	44.2	43.2
2019	66.1	59.0	59.1	58.6	13.4	23.8	23.6	28.9
2020	58.4	155.6	-302.4	-6.8	24.0	-75.8	368.0	81.5
2021	47.2	54.0	56.1	58.3	27.0	25.0	23.0	19.8
2022	67.4	30.8	41.9	32.8	13.1	20.6	20.4	50.1
2023	66.6	—	—	—	34.7	—	—	—

数据来源：国家统计局，赛迪工经所整理，2023 年 5 月。

社会消费品零售总额当月同比增速如图 7-5 所示，社会消费品零售总额累计同比增速如图 7-6 所示。

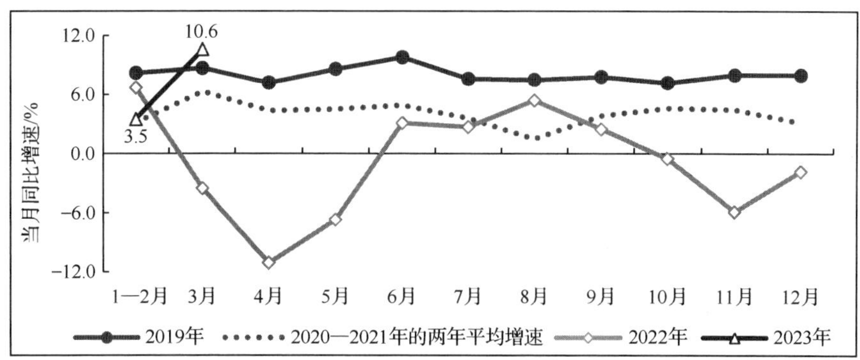

图 7-5 社会消费品零售总额当月同比增速

（数据来源：国家统计局，赛迪工经所整理，2023 年 5 月）

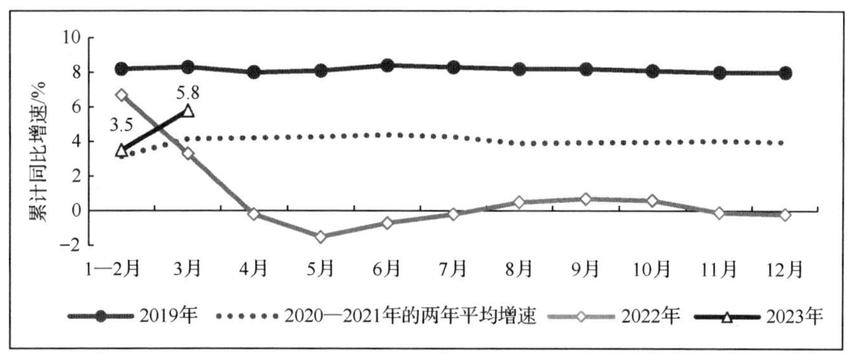

图 7-6 社会消费品零售总额累计同比增速

（数据来源：国家统计局，赛迪工经所整理，2023 年 5 月）

工业出口同比下滑，但降幅略好于预期。2023 年一季度，我国工业企业出口交货值同比下降 5.3%，增速分别低于上年同期和上年全年 19.7 个百分点和 10.8 个百分点，下行压力不减。从两年平均增速看，2022—2023 一季度工业企业出口交货值的两年平均增速为 4.1%，低于 2020—2021 年的两年平均增速，但与 2019 年同期水平相当（见图 7-7）。从季内各月增速看，1—2 月份出口增速扭转了上年 7 月份以来逐月持续下行态势，降幅较上年 12 月份收窄 3.5 个百分点。虽然 3 月当月同比降幅小幅扩大 0.5 个百分点，但整体降幅略好于年初社会各界的预期（见图 7-8）。

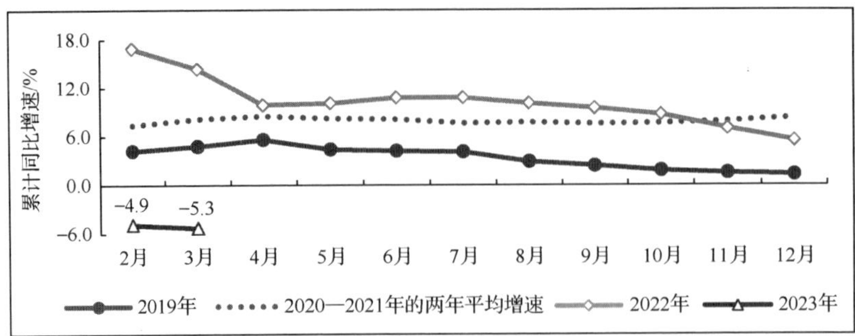

图 7-7　工业企业出口交货值累计同比增速

（数据来源：国家统计局，赛迪工经所整理，2023 年 5 月）

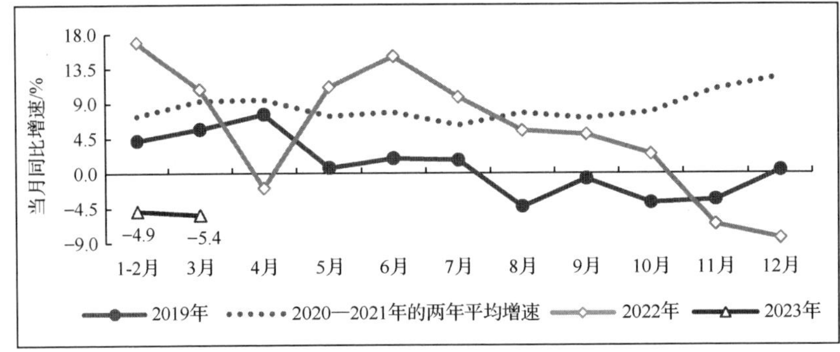

图 7-8　工业企业出口交货值当月同比增速

（数据来源：国家统计局，赛迪工经所整理，2023 年 5 月）

（二）从行业层面看，电气机械的生产、需求、投资均快速增长，电子、医药、纺织等行业的生产和需求下滑比较突出，汽车投资和出口强劲增长、但消费持续下降

生产端（见图 7-9）：电气机械、铁路船舶、化工、有色金属等行业增长较快，而电子、医药、纺织等行业出现下滑。2023 年一季度，三大工业门类中，采矿业增加值同比增长 3.2%，电力、热力、燃气及水的生产和供给业同比增长 3.3%，均领先于规上工业平均水平；制造业增加值同比增长 2.9%，增长相对缓慢。41 个工业大类行业中有 23 个行业增加值实现同比增长，有 20 个行业增加值增速较上年四季度加快或降幅收窄，行业增长面和改善面分别为 56.1%和 48.8%。其中，电气机械、铁路船舶、烟草、化工、有色金属、仪器仪表等行业同比增长 6.5%～15.0%，两年平均增速为 6%以上，是拉动工业生产企稳回升的重要行业

支撑。与此形成鲜明对比的是，电子、医药生产同比出现下滑，但两年平均增速分别为 5.6%、3.0%。需要注意的是，纺织业，纺织服装、服饰业、家具制造业、皮革制鞋业等行业增加值同比降幅超过 3%，两年平均增速也有不同程度下滑，拖累了工业生产恢复。

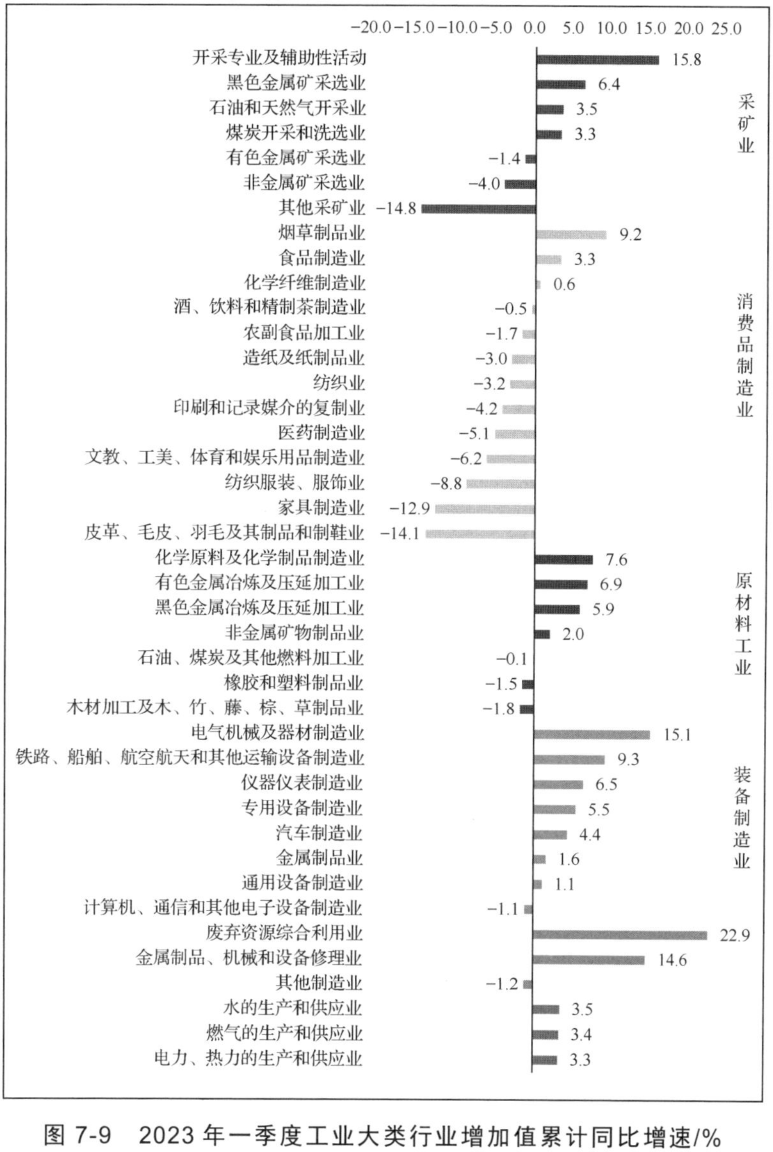

类别	行业	增速
采矿业	开采专业及辅助性活动	15.8
采矿业	黑色金属矿采选业	6.4
采矿业	石油和天然气开采业	3.5
采矿业	煤炭开采和洗选业	3.3
采矿业	有色金属矿采选业	−1.4
采矿业	非金属矿采选业	−4.0
采矿业	其他采矿业	−14.8
消费品制造业	烟草制品业	9.2
消费品制造业	食品制造业	3.3
消费品制造业	化学纤维制造业	0.6
消费品制造业	酒、饮料和精制茶制造业	−0.5
消费品制造业	农副食品加工业	−1.7
消费品制造业	造纸及纸制品业	−3.0
消费品制造业	纺织业	−3.2
消费品制造业	印刷和记录媒介的复制业	−4.2
消费品制造业	医药制造业	−5.1
消费品制造业	文教、工美、体育和娱乐用品制造业	−6.2
消费品制造业	纺织服装、服饰业	−8.8
消费品制造业	家具制造业	−12.9
消费品制造业	皮革、毛皮、羽毛及其制品和制鞋业	−14.1
原材料工业	化学原料及化学制品制造业	7.6
原材料工业	有色金属冶炼及压延加工业	6.9
原材料工业	黑色金属冶炼及压延加工业	5.9
原材料工业	非金属矿物制品业	2.0
原材料工业	石油、煤炭及其他燃料加工业	−0.1
原材料工业	橡胶和塑料制品业	−1.5
原材料工业	木材加工及木、竹、藤、棕、草制品业	−1.8
装备制造业	电气机械及器材制造业	15.1
装备制造业	铁路、船舶、航空航天和其他运输设备制造业	9.3
装备制造业	仪器仪表制造业	6.5
装备制造业	专用设备制造业	5.5
装备制造业	汽车制造业	4.4
装备制造业	金属制品业	1.6
装备制造业	通用设备制造业	1.1
装备制造业	计算机、通信和其他电子设备制造业	−1.1
	废弃资源综合利用业	22.9
	金属制品、机械和设备修理业	14.6
	其他制造业	−1.2
	水的生产和供应业	3.5
	燃气的生产和供应业	3.4
	电力、热力的生产和供应业	3.3

图 7-9　2023 年一季度工业大类行业增加值累计同比增速/%

（数据来源：国家统计局，赛迪工经所整理，2023 年 5 月）

投资端（见图 7-10）：电气机械、汽车、电子等装备制造行业投资

普遍增长较快，原材料行业投资分化比较明显，消费品行业投资普遍低迷。2023 年一季度，31 个制造业大类行业中有 19 个行业投资同比增长，有 22 个行业投资两年平均增速保持在两位数。装备制造业中，电气机械、仪表制造、汽车、电子、专用设备等投资同比增长 10%以上；铁路、船舶等投资同比下滑 7.9%，但两年平均增长 6.1%。原材料工业中，化工、有色金属投资同比增长 10%以上，而钢铁、石化等投资分别同比下降 9.1%、27.5%，两年平均增速仍然下滑。消费品制造业中，烟草投资同比增长 78.4%，高居制造业首位，但两年平均增速只有 1%；农副食品、酒饮料茶、食品等必需品类投资保持增长，医药投资同比下滑，但两年平均增长 7.3%，纺织服装、家具等可选消费品投资下滑。

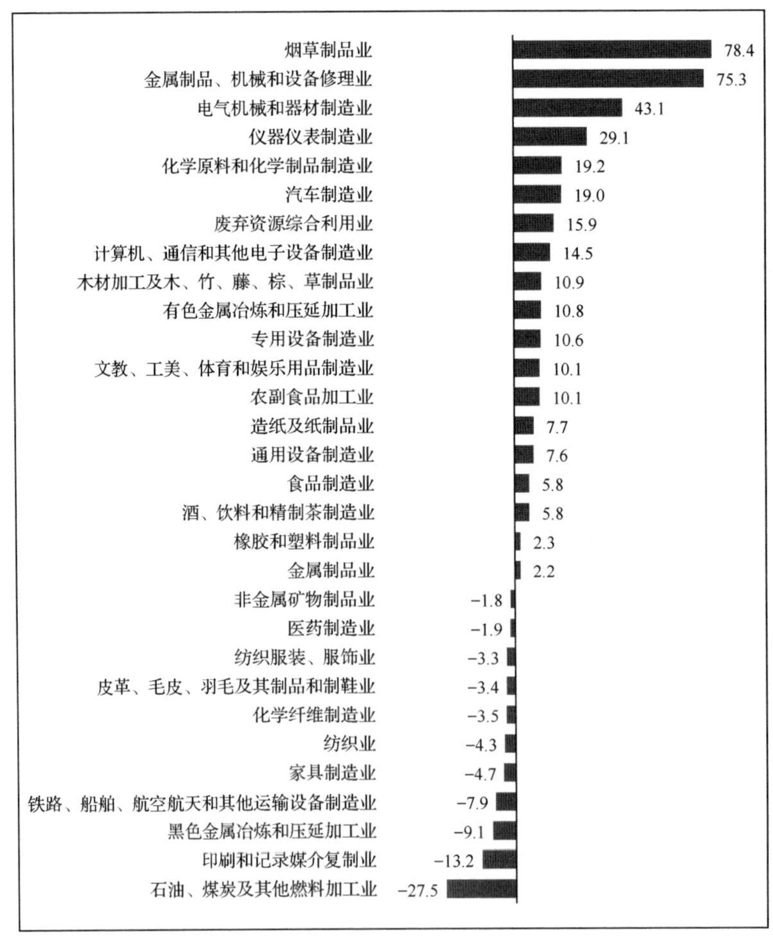

图 7-10 2023 年一季度制造业行业投资增速/%

消费端：日用品类恢复增长、与房地产相关类降幅收窄、汽车类和通信器材类等下降明显。2023 年一季度，随着消费市场回暖，服装、鞋、帽等多数日用品类零售额实现同比增长，家装、家电等与房地产销售密切相关的商品零售额降幅较上年全年明显收窄，两年平均增速也实现不同程度增长；但汽车类、通信器材类商品零售额同比分别下降 2.3%、5.1%，较上年全年有所恶化（降幅扩大或由正转负），两年平均增速分别下降 1.3%和 0.5%。

外贸端（见图 7-11）：汽车、钢铁、电气机械等行业保持强劲增长，而医药、电子、纺织服装等行业下滑明显。2023 年一季度，受全球经济低迷拖累，外需明显萎缩，但行业间分化较为明显。其中，汽车、钢铁和电气机械出口交货值分别同比增长 32.4%、24.2%和 11.3%，是拉动工业出口交货值增长的重要力量，而电子、医药出口交货值分别同比下降 10.5%、41.6%，纺织服装、纺织业、皮革制鞋、家具等降幅均超过 10%，是出口下行的重要拖累。

（三）从地区看，重点工业大省生产、投资平稳开局，中西部地区工业增长、投资增速较为强劲，支撑工业增长的动力进一步增强

生产端（见图 7-12）：河北、山东、江苏等重点工业大省平稳开局，是工业稳增长的重要支撑。2023 年一季度，我国工业经济稳定恢复，27 个省份工业增加值实现增长，24 个省份工业增加值增速高于（或持平）全国平均水平。从工业增加值规模看，2022 年，江苏、广东、浙江、山东、福建、河南、湖北、四川、湖南、河北十个省份占我国工业增加值的比重超过 60%。稳住工业大省，也就稳住了工业的基本盘。2023 年一季度，河北、山东、江苏、河南、湖北、湖南规上工业增加值分别同比增长 6.5%、5.9%、5.5%、4.2%、4.2%、3.9%，分别高于全国 3.5 个百分点、2.9 个百分点、2.5 个百分点、1.2 个百分点、1.2 个百分点、0.9 个百分点，成为稳定工业增长的关键支撑。值得注意的是，广东规上工业增速仅为 1.4%，低于全国增速；浙江规上工业增速与全国增速持平，但比上年四季度加快 2.5 个百分点，呈现快速回稳态势。西藏、青海等中西部地区加快发力，支撑工业增长动力增强。近年来，我国中西部地区承接产业转移，发力布局基础设施建设，在发展中快速崛起，

工业增加值规模不断增长，占全国的比重逐步提升。2022 年，中西部地区工业增加值达到 17.8 万亿元，占全国工业增加值的 44.7%，比 2021 年提高 0.66 个百分点。2023 年一季度，中西部地区工业增长较为强劲，其中，西藏、青海、宁夏、新疆增速均达到 9%以上，内蒙古、吉林、甘肃等增速均在 6%以上。

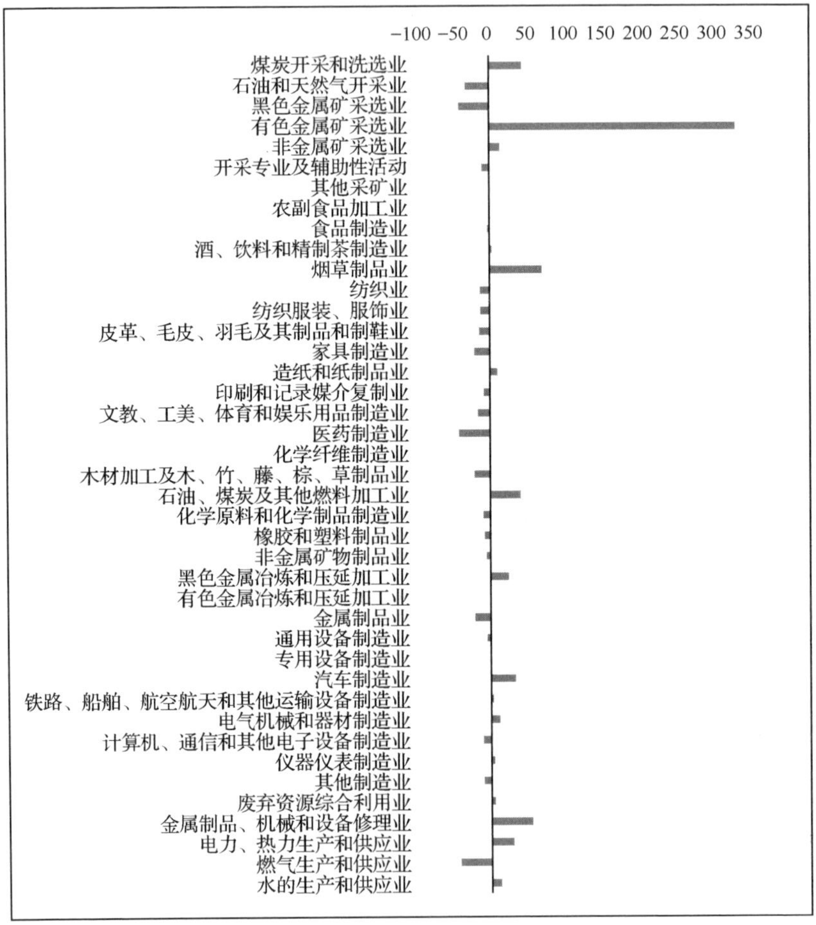

图 7-11　2023 年一季度工业行业出口交货值累计同比增速/%

投资端：主要工业大省投资平稳增长，部分中西部省份引领投资增速。2023 年一季度，全国 31 个省份中，28 个省（区、市）固定资产投资完成额实现增长，21 个省（区、市）固定资产投资完成额与上年全年相比有不同程度的改善，21 个省（区、市）固定资产投资完成额高

于全国平均水平。主要工业大省固定资产投资完成额均实现增长，其中，浙江、湖北、河北、广东分别同比增长 9.1%、8.8%、8.5%和 7.4%。高新技术产业和装备制造业是支撑主要工业大省投资增长的关键，浙江、河北高新技术产业投资分别增长 34.4%和 27.3%，比固定资产投资高 25.3 个百分点和 18.5 个百分点；湖北、广东的电气机械和电子行业投资分别增长 30.1%、21.3%和 33.8%、31.4%。中西部省份引领固定资产投资增速，西藏、内蒙古、吉林、宁夏、新疆、甘肃等固定资产投资均实现两位数增长，达 13.4%～66.2%，比上年全年高 3.3～84.2 个百分点，投资增势较好。

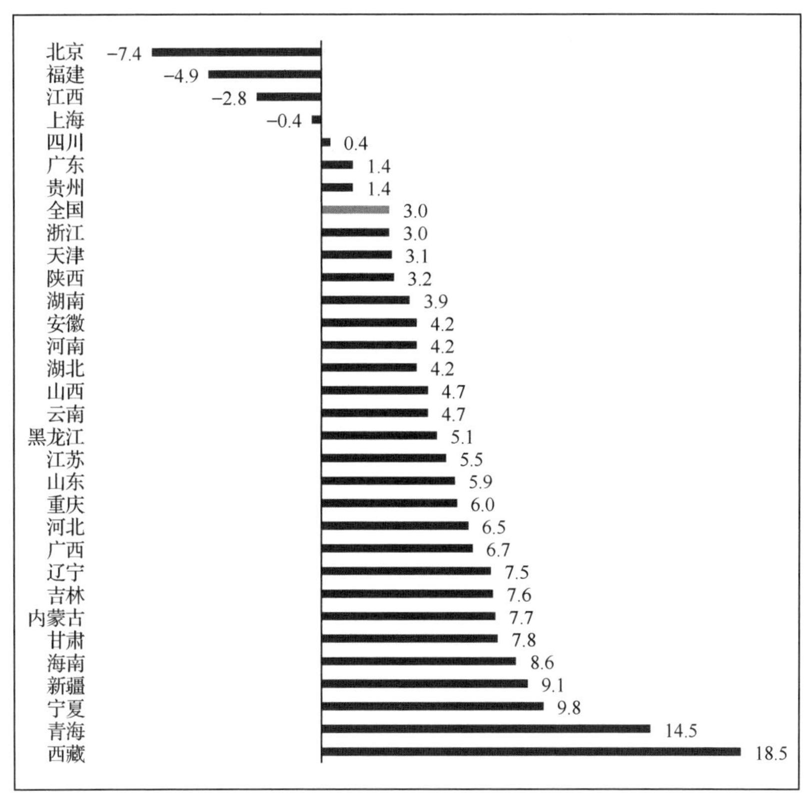

图 7-12　2023 年一季度各省工业增加值累计同比增速/%

（四）从市场主体看，企业预期有所改善，内资企业恢复较快，但外资企业仍在下滑

企业预期有所改善。2023 年前 3 个月，我国制造业 PMI 均保持在

荣枯线上方，2 月份达到 52.6%，回升至近年来较高水平，虽然 4 月份出现波动回调，但整体较上年有较为明显的改善；生产指数连续 3 个月保持在扩张区间，生产经营活动预期指数连续 4 个月保持在 55%左右的水平。其中，小微企业预期改善较为明显。小型企业制造业 PMI 在 2 月份大幅回升至 51.2%，处于历史次高水平，此前已连续 21 个月处于荣枯线下方；生产指数连续 3 个月处于荣枯线上方，4 月份为 50.7%，高出大型企业 0.6 个百分点；生产经营活动预期指数连续 4 个月在 53.5%以上，4 月份为 54.5%，高出大型企业 0.1 个百分点。这些都表明市场主体发展预期得到明显改善，企业活力、市场活力逐步增强。

内资企业恢复较快，外资企业仍在下滑。生产方面，2023 年一季度，私营企业增加值和国有企业增加值分别同比增长 2.0%和 3.3%，而外商及港澳台商投资企业增加值下降 2.7%。投资方面，内资企业固定资产投资同比增长 5.3%，港澳台商企业固定资产投资同比下降 3.4%，外商企业固定资产投资同比增长 3.7%。效益方面，私营企业营业收入和利润总额分别同比下滑 1.6%和 23%；国有企业收入小幅增长 0.1%，利润同比下滑 16.9%；外商及港澳台商投资企业营业收入和利润总额分别同比下滑 6.1%和 24.9%，降幅更明显。

二、影响工业经济持续回升的四大突出问题

（一）全球需求萎缩叠加贸易转移效应显现，扩大出口面临严峻挑战

一方面，全球需求萎缩加大出口下行压力。2023 年以来，国际机构对全球经济衰退的担忧持续上升，陆续下调全球经济贸易增长预期。世界银行、联合国等机构认为受新冠疫情、乌克兰危机、高通货膨胀和气候变化等影响，2023 年全球经济增速将回落至 2%以下，为数十年来增速最低的年份之一。受经济衰退影响，全球经贸活动将大幅放缓，WTO 预计 2023 年全球贸易量增长 1%，联合国预计其将下降 0.4%。从先行指标看，2023 年以来主要国家制造业表现普遍低迷，全球制造业 PMI 及美国、欧元区、日本、韩国制造业 PMI 均在收缩区间低位调整，反映出外部需求整体疲软。

另一方面，贸易转移效应开始显现。近几年，美国极力拉拢盟友打造排华供应链，不断减小对我国的进口依赖，其进口多元化趋势日益明显。2023 年一季度，我国对美出口同比下降 17%，持续处于深跌状态，成为我国出口下滑的最大拖累。这里有美国高通胀带来的需求转弱影响，更有美国主动寻求脱钩的影响。来自美国经济分析局的数据显示，2022 年美国货物进口额同比增长 14.7%。其中，自中国进口额占比仅为 16.5%，较 2017 年下降 5 个百分点；自“近岸”国家加拿大和墨西哥的总份额从 2017 年的 26.2%稳步提升至 27.5%；自“友岸”国家印度和越南的总份额从 2017 年的 4.0%上升至 6.6%。特别是，高科技领域脱钩迹象更加明显。2022 年美国科技产品进口同比增长 14.7%，但自我国进口同比减少 0.4%，占美国高科技产品进口市场的份额为 23.7%，同比下降 3.6 个百分点，较 2017 年下降近 13 个百分点；而自欧盟、日本、韩国进口比重分别同比提高 1.6 个百分点、0.2 个百分点、0.3 个百分点。

（二）短期收入制约叠加长期人口结构变化，消费内生动力持续疲弱

新冠疫情以来，居民收入增长放缓，再加上失业率处于高位，对未来收入预期趋于谨慎，居民储蓄大幅提高，消费能力和消费意愿都明显下降。2023 年一季度全国居民人均可支配收入为 10870 元，比上年同期名义增长 5.1%，实际增长 3.8%，收入实际增速不仅低于经济增速 0.7 个百分点，并且较 2020—2021 年均增速（5.1%）及新冠疫情前增速（平均 6%以上）仍有较大差距。2023 年一季度，本外币住户贷款余额为 77.48 万亿元，同比增长 6%，增速较上年末高 0.6 个百分点；一季度增加 1.71 万亿元，同比多增 4496 亿元。可以看出居民消费意愿仍然较弱，消费支出比较谨慎。同时，2023 年的就业形势仍然严峻，对收入增长的支撑作用有待增强。2023 年一季度，我国城镇调查失业率为 5.3%，整体较上年有所回落；但结构性失业问题仍然比较突出，16～24 岁人口失业率为 19.6%，处于历史较高水平。

人口结构变化也开始影响整个社会的边际消费倾向。2022 年我国人口进入负增长，劳动年龄人口数量下降，老龄化程度快速加深，65 岁及以上人口占比达到 14.9%，已进入深度老龄化社会。随着人口结构

的变化叠加前几年新冠疫情，居民消费倾向明显下降。2023 年一季度，我国居民平均消费倾向为 61.99%，较新冠疫情三年同期水平小幅回升，但较 2019 年同期回落 3.2 个百分点，显著低于新冠疫情前水平（70%～72%）。特别是，自 2022 年开始，新中国成立后的第一波"婴儿潮"陆续达到退休年龄，在医疗、养老等消费发展不完善的情况下，老年人消费能力和消费倾向都会下降，整个社会的边际消费倾向存在下滑趋势。此外，持续三年的新冠疫情可能给消费者留下长期的"疤痕效应"，对消费者预期产生的影响并非短期内能够快速恢复。

（三）部分领域跨国公司加速调整全球布局，产业链供应链外迁风险上升

近几年，跨国公司分散供应链，将部分产能迁出中国，成为发达国家产业链"去中国化"战略的主要手段。2023 年这一趋势明显提速，在高技术领域体现尤为突出，给产业链供应链稳定发展带来重大风险。一是电子领域龙头企业大幅调整组装工序产业链。2022 年 12 月，《华尔街日报》称有关人士透露，苹果公司将在未来几周之内加快从中国产业链的转移速度，让印度、越南承接这部分外移产能。根据中国机电产品进出口商会测算，如果苹果公司将其在中国产能的 10%～20%转移到印度，将拖累我国手机每月出口额同比减少 10%。富士康公司与和硕公司均表示，将把东南亚纳入 2023 年扩张计划，摆脱对中国供应链的依赖。也有很多电子企业反映微软、谷歌、苹果等龙头企业要求供应链企业到东南亚地区设厂，否则就拿不到新订单。二是半导体产业链加速对华脱钩断链。受 2022 年美国对我国半导体限制新规影响，英特尔、三星、海力士等企业在我国已有投资和后续扩大投资将面临"二选一"的风险；美国三大半导体设备大厂（应用材料、泛林集团、科磊）也正在加速将相关业务从中国大陆转往东南亚，这将蚕食我国芯片制造产能，将长期影响我国芯片产业升级。

（四）需求不足拖累价格下行制约效益改善，企业投资信心恢复缓慢

2022 年以来，我国工业企业效益一直比较低迷，企业利润同比下

降 4.0%，亏损企业的亏损额同比增加 28.3%，利润率同比回落 0.64 个百分点。由于当前国内房地产市场和消费市场都还处于缓慢修复阶段，工业品出厂价格自 2022 年 10 月份开始同比下行趋势明显，企业收入增长放缓。与此同时，企业用电、用工、用料等推动工业企业成本攀升，企业效益仍然面临较大下行压力。2023 年一季度，规模以上工业企业营业收入同比下降 0.5%，利润同比下降 21.4%，每百元营业收入中的成本和费用分别较上年同期增加 0.91 元和 0.36 元，营业收入利润率同比下降 1.30 个百分点至 4.86%。考虑当前国际大宗商品价格仍在高位波动、国内需求恢复仍然缓慢、上年同期的高基数效应依然较强，预计未来一段时间，我国工业品出厂价格同比将延续下行态势，恐将拖累企业盈利能力下降，削弱企业投资信心的恢复。

三、2023 年上半年我国工业经济发展形势展望

（一）稳增长政策落实落细，工业生产动力增强，新产业、“数实融合”成为增长新动能，工业经济将企稳向好，预计 2023 年上半年我国规上工业增加值将同比增长 5%左右

一是稳增长政策持续发力见效，工业生产动力增强。2023 年以来，我国各地持续落实落细助企纾困政策，全力做好生产要素协调保障工作，确保产业链供应链稳定，工业经济循环加快畅通，复工复产大力推进，市场预期持续转好，工业生产呈现企稳向好态势。从高频指标看，3 月份，我国工业用电量同比增长 6.5%，为 2022 年 3 月份以来最高增速。我国汽车半钢胎和全钢胎开工率自 2 月中旬以来保持在 70%左右，明显高于 2022 年 50%～65%的水平，反映出乘用车和商用车生产动力均有所增强。重点企业粗钢和生铁日均产量 2023 年以来持续上升，4 月份以来达到 2009 年有数据以来的相对高位。水泥发运率、磨机运转率、电炉产能利用率均较 2023 年 2 月份回升 10 个百分点以上，高频指标显示我国工业经济企稳向好。二是新产业加快布局、“数实融合”深入推进，经济增长动能明显增强。近年来，我国多个地区围绕新兴产业和未来产业加快布局，着力构建新一代信息技术、人工智能、生物技术等一批新增长引擎，在建设现代化产业体系中塑造发展新动能新优势。

同时，我国数字经济和实体经济融合为经济增长注入强劲动力。截至2022年年底，我国企业数字化研发设计工具普及率和为关键工序数控化率分别为77%和58.6%，比2012年分别提高33.6个百分点和28.6个百分点。数字技术与传统产业深度融合，将有力增强产业发展的接续性和竞争力。综合来看，预计2023年二季度，一系列稳增长政策措施接续发力，内需对生产的支撑逐步增强，叠加上年低基数效应，工业增速将较一季度明显回升，上半年规上工业增加值将同比增长5%左右。

开局稳健，殊为不易；打好上半年，至关重要。各地区各部门要继续坚持稳字当头、稳中求进，把实施扩大内需战略同深化供给侧结构性改革有机结合起来，全力破除消费增长瓶颈，多措并举促进投资合理增长，有效激发外贸发展活力，强化需求对工业经济的支撑作用，推动工业经济平稳运行。

（二）产融合作激发投资潜力，房地产恢复带动相关投资，但企业利润下滑抑制投资动力，预计2023年二季度我国制造业投资增速较一季度小幅回升，上半年同比增长8%左右

一是产融合作质效提升，将进一步激发投资潜力。当前，国家产融合作平台助企融资累计突破5000亿元，将支持全国51个产融合作试点城市开展产融合作创新实践，服务实体经济，这将进一步激发制造业投资活力。截至2023年3月末，我国制造业中长期贷款同比增长41.2%，高于上月0.6个百分点，增速达到近年来高位。二是房地产投资将逐步恢复，基建投资将继续成为有力支撑。2023年一季度，我国房地产开发投资同比下降5.8%，降幅较上年全年收窄4.2个百分点。伴随房地产政策实质性放松，房屋新开工、施工、竣工面积增速均筑底反弹，房地产投资逐步改善，将带动机械、钢铁、建材、有色金属等行业投资回升。我国基础设施投资（不含电力）同比增长8.8%，增速连续七个月保持在8%～9.5%，呈现稳步增长态势。但考虑财政可持续性和财政资源的约束，以及上年高基数效应，未来几个月基建投资增速可能会稳中有降。值得注意的是，企业盈利能力整体减弱，将影响投资动力。一季度，我国工业企业利润同比下降21.4%，营业收入下降0.5%；营业收入利润率仅为4.86%，为2020年5月份以来的较低水平。利润是企业投资资金

的主要来源，企业盈利能力下降，直接影响企业现金流和投资动力。2023年一季度，我国工业和制造业产能利用率分别降至74.3%和74.5%，均较上年第四季度下降约0.7个百分点，处于2017年以来（除2020年第一、二季度以外）的最低值。综合来看，我国政策性开发性金融工具等稳投资政策落地落实，加快推进重大项目建设、设备更新改造，房地产投资带动作用逐步凸显，预计2023年二季度我国制造业投资增速将较一季度小幅回升，上半年将同比增长8%左右。

（三）促消费政策接续发力，重点领域消费逐步恢复，但居民收入对消费支撑不足，预计2023年二季度我国社会消费品零售额较一季度明显回升，上半年同比增长8.5%左右

一是多部委促消费政策将接续发力，增强消费反弹后劲。2023年以来，我国多部委围绕稳定大宗消费、提升服务消费、拓展农村消费等重点领域进行工作部署。尤其是汽车领域，北京、上海、天津、郑州、沈阳等地通过发放汽车消费券、延长新能源购置补贴等方式，促进汽车消费；贵州、浙江、海南、云南、江苏南京等省市印发相关政策，优化汽车消费环境，加大金融保险等扶持力度，一系列政策对汽车市场恢复的带动作用将逐步显现。二是汽车、家电家居家装等重点领域消费有望逐步恢复。从汽车看，在“促销战”和预期刺激政策下，消费者对汽车的关注和购买需求呈上升态势，我国汽车消费入店指数、需求指数、购买指数均自2022年12月呈现筑底回升态势，3月份入店指数为77.9，连续三个月回升；需求指数为68.2，虽然较上月回落，但较2022年12月份回升5.4个百分点；购买指数连续两个月保持在77.5左右的相对高位。未来一段时间，消费者的观望需求有望转化为实际订单，汽车销量将逐步回升。从家电家居家装看，2023年以来，我国消费者购房意愿明显恢复，一季度全国商品房销售面积同比下滑1.8%，降幅较1—2月收窄1.8个百分点，较2022年全年收窄22.5个百分点；30个大中城市商品房成交量和成交面积呈现波动上升态势，房地产市场恢复将有效带动家电家居家装等下游需求。但当前居民收入预期不振，对消费增长支撑不足。2023年一季度，我国全部居民人均可支配收入同比增长3.8%，低于上年同期1.3个百分点，也低于2013—2019年（5.8%以上）的水

平。消费者收入信心指数 2023 年 2 月为 99.2，虽然较 1 月小幅回升，但已连续 11 个月低于 100，远低于 2017—2021 年（110～125）的水平，收入对消费增长的支撑不够。考虑我国 CPI 总体稳定，重点领域促消费政策逐步发力，五一假期带动消费需求释放，预计 2023 年二季度各月将延续 3 月的回升态势，增速较一季度明显回升。上半年我国社会消费品零售总额将同比增长 8.5%左右。

（四）全球经济低迷，“黑天鹅”“灰犀牛”将影响贸易走势，贸易转移迹象凸显，预计 2023 年二季度我国工业出口交货值小幅增长，上半年同比下降 2%左右，降幅将逐步收窄

一是全球经济形势依然严峻，海外需求仍将低迷。2023 年 3 月以来，OECD、IMF、世界银行等国际权威机构预测，2023 年全球 GDP 增速在 2%～2.8%，明显低于 2022 年（3.4%）的水平。WTO 于 4 月 5 日预测 2023 年全球货物贸易增长 1.7%，低于 2022 年（2.7%）的增速，也低于过去 12 年来的平均增速（2.6%）。全球制造业 PMI 及其新订单指数仍处于收缩区间，其中，3 月美国、欧元区制造业 PMI 仅为 46.3 和 47.3，较上月低 1 个百分点以上，日本 PMI 也在收缩区间波动调整。在全球及主要国家经济持续低迷的背景下，我国海外订单恢复动力不强，PMI 新出口订单指数在连续两个月处于扩张区间之后，4 月再次回落至 47.6%，出口需求恢复不稳。二是主要国家货币政策紧缩与金融市场动荡，给贸易走势带来很大不确定性。当期主要发达国家央行加息预期波动较大，银行风险事件引发金融市场波动，全球金融风险上升，恐对脆弱恢复的全球贸易造成冲击。地缘政治冲突、美元指数回调导致人民币升值等，对出口的影响也不容忽视。但值得一提的是，我国出口增长新动能正加快壮大。2023 年 3 月，我国对东盟、俄罗斯、拉丁美洲、非洲出口额同比增长 35.4%、136.4%、18.8%和 46.5%，合计拉动我国出口额增长 10.4 个百分点，对新兴经济体出口将成为带动我国出口增长的新亮点。考虑 2022 年二季度基数较低，预计 2023 年二季度我国工业出口交货值增速有望转正，上半年同比下降 2%左右，降幅将逐步收窄。

四、提振工业经济的思考建议

（一）促进“消费—就业—收入—消费”良性循环。一是落实就业优先政策，加大对劳动密集型产业的支持，更好地发挥其就业吸纳池的作用，促进就业数量增加和结构改善。二是通过完善税收调节再分配制度，制定政策鼓励企业发展与员工收入相协调、鼓励各地提高最低工资标准等方式，提高中低收入人群收入水平。三是支持企业精准把握核心消费群体与市场需求，充分挖掘消费新模式、新场景、新业态，营造消费亮点、提振消费热度，并以新消费与现代服务业的融合创新拉动就业，形成“消费—就业—收入—消费”的良性循环。四是积极出台促消费政策，加快开展家电“以旧换新”和汽车购置优惠等促消费活动。

（二）持续巩固外贸优势提升国际循环质量。一是完善外贸通关便利化促进措施，加大跨境电商物流基础设施建设，畅通外贸企业抓订单渠道，鼓励各地开展商品境外展览平台出海参展计划，为企业洽谈外贸合作提供更大便利。二是支持企业紧抓 RCEP 等政策机遇，加快拓展东盟、非洲、拉丁美洲等合作空间较大的新兴市场。做好新兴市场国家最新外贸政策解读，完善外贸服务平台类型和功能，帮助企业实现出口目的地多元化，降低贸易摩擦带来的不确定性风险。三是充分发挥新能源汽车、锂电池、光伏等近年来出口增长较快的“新三样”产品优势，支持企业加快建设海外营销和售后服务网络，加大品牌宣传推广力度，拓宽出口运输渠道，丰富境外消费金融产品，促进优势产品出口的提升。

（三）加快构建产业链供应链稳定长效机制。建立产业转移信息预警和舆情处置机制，监测重点产业链企业外迁动向，通过放宽新兴领域市场准入、加强项目用地保障、投资便利化等措施，优化产业发展环境，增强企业在国内投资信心，减缓产业转移速度和规模。深化中国—东盟多领域、多层次交流合作，充分借助“一带一路”倡议、RCEP 等区域合作机制，主动拓展与东亚、东南亚国家的新产业新业态合作，打造一批中国—东盟产业链合作示范区，形成“以我为主”、协调发展的国际产业链分工体系。着力培育产业链主导企业，加强芯片、关键材料等研发，攻关产业链薄弱环节，提升对外迁产业供应链的可控力。

（四）加大财税金融支持力度提振企业信心。加大助企纾困力度，

引导金融机构增大让利力度，推动融资成本稳中有降，加强贷款延期还本付息支持，帮助企业解决临时性资金周转困难。延续阶段性降费缓缴政策，提前下达部分转移支付，增强地方政府财政贴息和留抵退税政策的财力保障，提高政府采购面向中小企业的预留份额，提升企业生产经营信心。加大对中小企业数字化智能化转型的指导和融资支持力度，通过设备器具优惠和示范奖励等方式，推动“专精特新”中小企业数字化转型全覆盖，助力中小企业提质增效。

第二节　2023 年上半年工业经济形势分析及下半年走势展望

2023 年上半年，随着经济社会全面常态化运行，工业生产恢复向好，投资稳定增长，消费稳步反弹，出口新优势产品表现亮眼。但要推动工业经济持续回升，仍面临国内外终端需求同步走弱、工业企业效益持续恶化、部分领域结构性过剩风险上升、产业转型升级压力加大等突出问题。建议从四个方面进行发力：多措并举稳定消费恢复势头，持续加大对企业的支持力度，巩固拓展外贸优势优化结构，激发企业活力持续扩大投资。

一、上半年工业经济运行分析

（一）上半年工业经济整体呈现“生产恢复向好，投资稳定增长，消费稳步反弹，出口明显下滑”的发展态势

工业生产恢复向好，复苏程度弱于预期。2023 年上半年，我国规模以上工业增加值同比增长 3.8%，增速较一季度和上年同期分别回升 0.8 个百分点和 0.4 个百分点（见图 7-13）。从当月增速看，2023 年前 4 个月工业增速呈现明显的逐月回升态势，4 月在低基数效应的支撑下达到 5.6%；5 月、6 月分别同比增长 3.5%、4.4%，逐月恢复向好（见图 7-14）。从历史对比看，上半年规模以上工业增加值 2022—2023 年的两年平均增速为 3.6%，较一季度两年平均增速回落 1.1 个百分点，既低于 2020—2021 年的两年平均增速，也低于新冠疫情前的平均水平。可以

看出，工业生产尚未恢复至潜在增长水平。

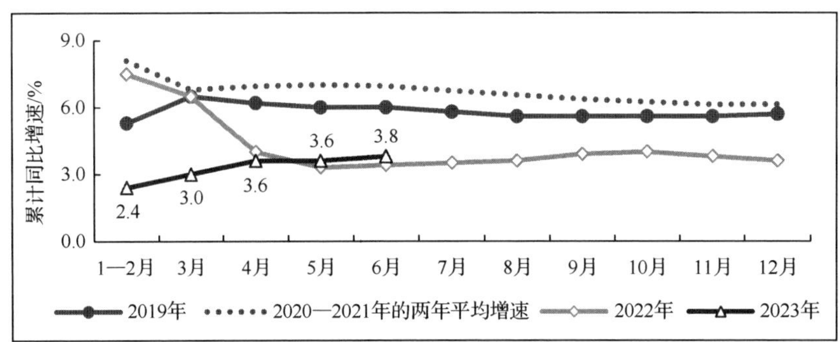

图 7-13　规模以上工业增加值累计同比增速

（数据来源：国家统计局，赛迪工经所整理，2023 年 7 月）

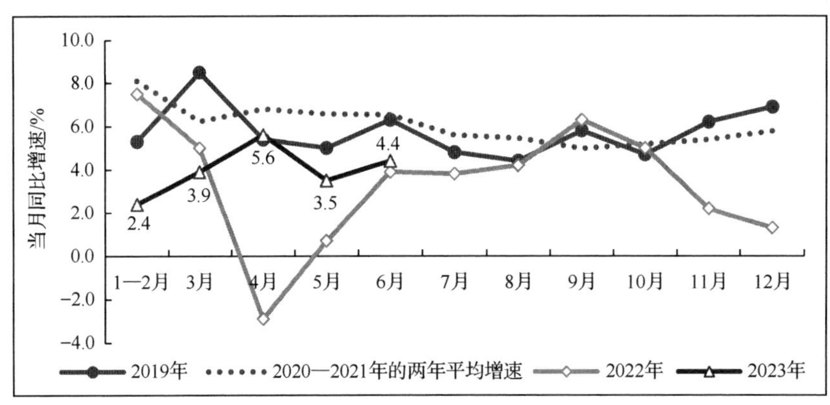

图 7-14　规模以上工业增加值当月同比增速

（数据来源：国家统计局，赛迪工经所整理，2023 年 7 月）

从工业对经济增长的支撑作用来看（见表 7-3），2023 年上半年，全部工业增加值同比增长 3.7%，低于 GDP 增速 1.8 个百分点，工业对经济增长的贡献率回落至历史同期低位，为 23.5%，低于上年同期 19.8 个百分点。这主要是由于新冠疫情平稳转段之后服务业快速反弹，上半年服务业增加值同比增长 6.4%，增速领先 GDP 增速 0.9 个百分点；相比之下，工业对经济增长的贡献率有所回调。但从工业占比看，2023 年上半年全部工业增加值占 GDP 比重为 32.8%，仍然处于 2019 年以来的较高水平，工业对经济增长的压舱石作用不容忽视。

表 7-3　工业对经济增长的支撑情况

年度	工业占 GDP 比重累计值/%				工业对 GDP 累计增长贡献率/%			
	一季度	二季度	三季度	四季度	一季度	二季度	三季度	四季度
2012	40.2	40.1	39.3	38.8	47.4	44.3	42.3	41.3
2013	38.7	38.6	37.9	37.5	39.0	38.5	38.8	38.5
2014	37.4	37.4	36.7	36.2	36.1	36.3	35.2	33.9
2015	35.4	35.3	34.6	34.1	30.6	30.6	29.7	29.6
2016	33.0	33.3	33.0	32.9	27.6	28.4	28.4	28.3
2017	33.5	33.6	33.2	33.1	29.1	30.0	29.7	29.3
2018	33.1	33.3	33.0	32.8	31.1	31.3	30.4	30.1
2019	32.2	32.4	31.9	31.6	27.9	27.3	26.3	26.9
2020	30.9	31.4	31.1	30.9	38.9	33.1	48.9	36.6
2021	32.6	32.9	32.6	32.6	41.7	40.3	38.9	37.9
2022	34.6	34.4	33.7	33.2	43.9	43.3	40.1	37.0
2023	33.3	32.8			22.2	23.5		

数据来源：国家统计局，赛迪工经所整理，2023 年 7 月。

工业投资稳定增长，投资结构不断优化。2023 年一季度，我国工业投资同比增长 8.6%，较上年同期和上年全年分别回落 7.9 个百分点、1.7 个百分点。但从历史对比看，一季度工业投资增速不仅快于 2020—2021 年的两年平均增速（0.4%），也领先于 2019 年的增长水平（4.4%）。整体上看，虽然工业投资增速有所放缓，但仍延续了前两年的稳定增长态势。制造业投资的增长趋势与工业投资的增长趋势基本一致，但增长速度自上年一季度以来持续慢于工业投资。2023 年一季度制造业投资同比增长 7%，增速比工业投资低 1.6 个百分点，与工业投资增速的缺口处于一年来的高位（见图 7-15）。

从制造业内部看，高技术制造业投资强劲增长带动投资结构不断优化。2023 年上半年，高技术制造业投资同比增长 11.8%，增速自 2020 年四季度以来一直保持在两位数，遥遥领先制造业投资（见图 7-16）。其中，医疗仪器设备及仪器仪表制造业投资增长 16.8%，电子及通信设

备制造业投资增长 14.2%。医药、电子等高技术制造业投资的快速增长，将持续优化投资结构，进而优化供给结构，释放经济增长新动能。

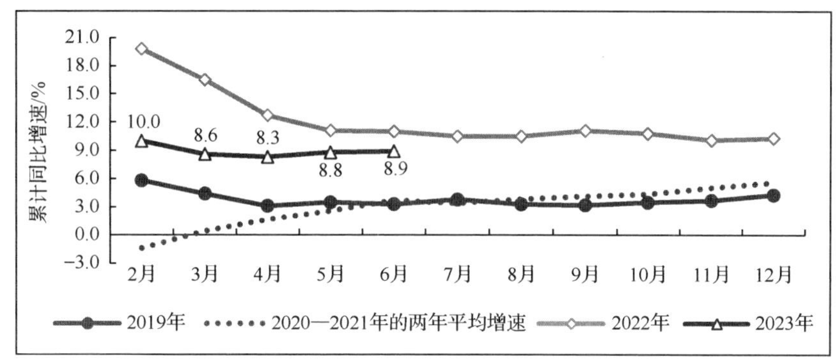

图 7-15　工业投资累计同比增速

（数据来源：国家统计局，赛迪工经所整理，2023 年 7 月）

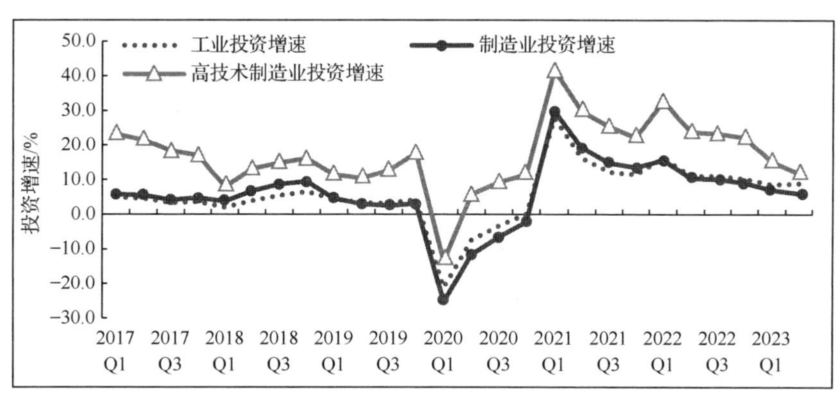

图 7-16　工业投资、制造业投资与高技术制造业投资增速对比

（数据来源：国家统计局，赛迪工经所整理，2023 年 7 月）

消费增速稳步反弹，商品消费恢复较慢。2023 年上半年，我国最终消费支出对经济增长的贡献率达到 77.2%，贡献率较上年同期大幅提升 46.4 个百分点，消费对经济增长的基础性作用稳步恢复（见表 7-4）。2023 年上半年，社会消费品零售总额同比增长 8.2%，增速较上年同期回升 8.9 个百分点。从消费类型看，居民外出、娱乐、旅游等消费需求快速释放，带动餐饮收入强劲反弹。2023 年上半年餐饮收入同比增长

21.4%，2022—2023 年的两年平均增长 5.9%。相比之下，商品消费恢复较为缓慢。2023 年上半年，商品零售同比增长 6.8%，2022—2023 年的两年平均增长 3.4%，增速显著低于餐饮收入，反弹幅度相对较小。

社会消费品零售总额当月同比增速如图 7-17 所示，社会消费品零售总额累计同比增速如图 7-18 所示。

表 7-4 消费对经济增长的贡献率

年度	最终消费支出 对经济增长的贡献率累计值/%				资本形成总额 对经济增长的贡献率累计值/%			
	一季度	二季度	三季度	四季度	一季度	二季度	三季度	四季度
2016	78.1	66.5	63.6	66.0	38.3	44.0	47.0	45.7
2017	76.2	62.3	61.5	55.9	28.4	39.6	39.2	39.5
2018	68.5	68.4	66.5	64.0	47.8	43.9	44.2	43.2
2019	66.1	59.0	59.1	58.6	13.4	23.8	23.6	28.9
2020	58.4	155.6	-302.4	-6.8	24.0	-75.8	368.0	81.5
2021	47.2	54.0	56.1	58.3	27.0	25.0	23.0	19.8
2022	67.4	30.8	41.9	32.8	13.1	20.6	20.4	50.1
2023	66.6	77.2			34.7	33.6		

数据来源：国家统计局，赛迪工经所整理，2023 年 7 月。

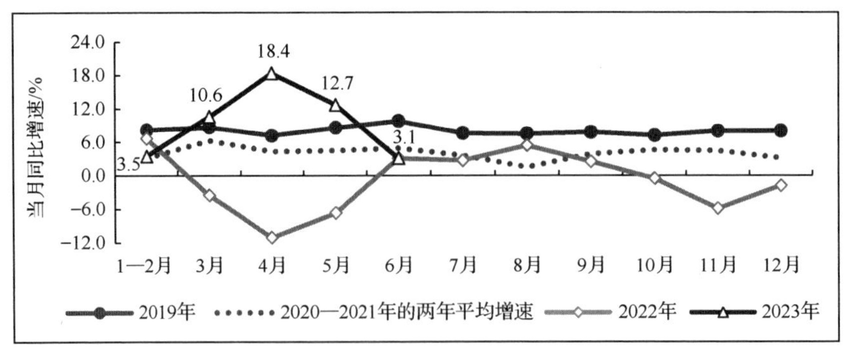

图 7-17 社会消费品零售总额当月同比增速

（数据来源：国家统计局，赛迪工经所整理，2023 年 7 月）

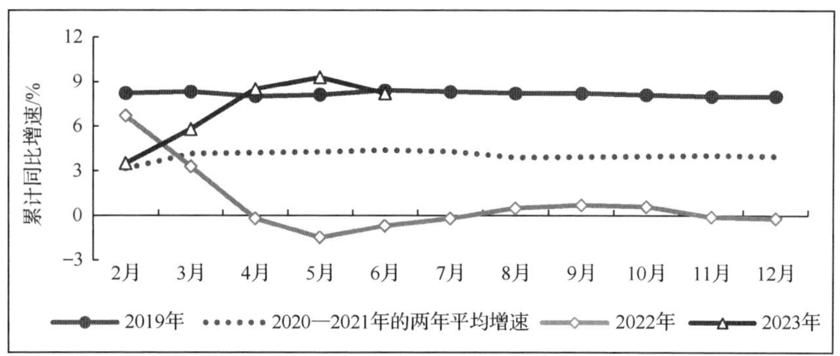

图 7-18　社会消费品零售总额累计同比增速

（数据来源：国家统计局，赛迪工经所整理，2023 年 7 月）

工业出口明显下滑，下行压力有增无减。2023 年上半年，我国工业企业出口交货值同比下降 4.8%，增速低于上年同期 15.6 个百分点，下行压力较大。从两年平均看，2022—2023 年的上半年工业企业出口交货值的两年平均增速为 2.7%，低于 2020—2021 年的两年平均增速，也低于新冠疫情前 2019 年的同期水平（见图 7-19）。从各月增速看，1—2 月出口交货值同比下降 4.9%，降幅较 2022 年 12 月收窄 3.5 个百分点；3 月当月出口同比降幅小幅扩大 0.5 个百分点至 5.4%；4 月在低基数的支撑下同比小幅增长 0.7%，5 月、6 月出口降幅又有所扩大（见图 7-20）。整体上看，出口受全球需求萎缩制约明显，下行压力不减。

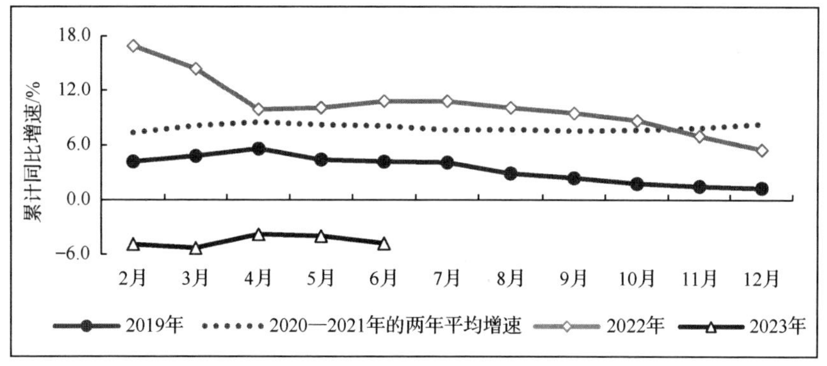

图 7-19　工业企业出口交货值累计同比增速

（数据来源：国家统计局，赛迪工经所整理，2023 年 7 月）

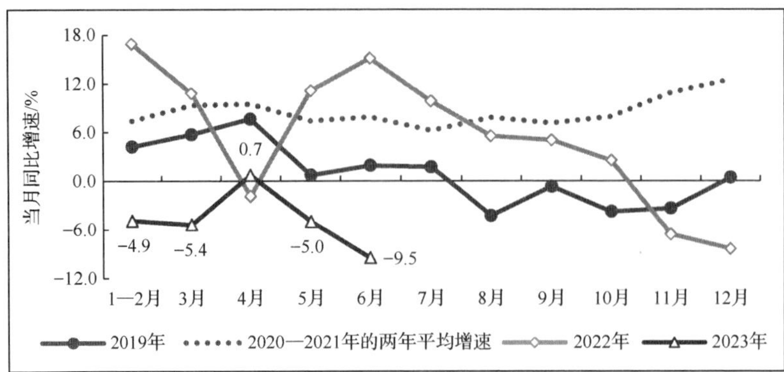

图 7-20　工业企业出口交货值当月同比增速

（数据来源：国家统计局，赛迪工经所整理，2023 年 7 月）

（二）从行业层面看，以汽车、电气机械和铁路船舶为代表的装备制造业成为拉动工业生产、投资和出口的重要力量，消费品制造业整体表现较为低迷

生产端（见图 7-21）：以电气机械、汽车制造为代表的装备制造业增长较快，而消费品制造业除烟草、食品、化纤等外基本出现下滑。2023 年上半年，三大工业门类中，制造业增加值同比增长 4.2%，电力、热力、燃气及水的生产和供应业同比增长 4.1%，均领先规上工业平均水平；采矿业同比增长 1.7%，增速相对缓慢。41 个工业大类行业中有 26 个行业增加值实现同比增长，有 20 个行业增加值增速较 2023 年一季度加快或降幅收窄。行业增长面和改善面分别为 63.4%和 48.8%。其中，电气机械、汽车、铁路、船舶、仪器仪表等装备制造业及化工和有色金属等原材料行业增加值同比增长，是拉动工业生产增长的重要行业支撑。与之形成鲜明对比的是，皮革制鞋、家具、纺织服装、医药等消费品制造业生产同比大幅下滑，两年平均增速也有不同程度下滑，拖累了工业生产的恢复。

投资端（见图 7-22）：电气机械、仪器仪表、汽车等装备制造业投资普遍增长较快，部分消费品行业和原材料行业投资低迷，成为工业投资的主要拖累。2023 年上半年，31 个制造业大类行业中，18 个行业投资实现同比增长，17 个行业投资平均增速保持在两位数。装备制造业同比增长 14.4%，其中，电气机械、仪器仪表、汽车等投资同比增长 20%以上。原材料工业中，有色金属、化工投资同比增长 10%以上，而石化投资同比

下降 26.4%，两年平均增速下滑 13.1%。消费品制造业中，烟草投资依旧延续较快增速，同比增长 66%；农副食品，酒、饮料、茶等必需品类投资保持增长，两年平均增速也在 10%以上；医药、食品等保持缓慢增速；家具、化纤、纺织和纺织服装等可选消费品投资下滑。

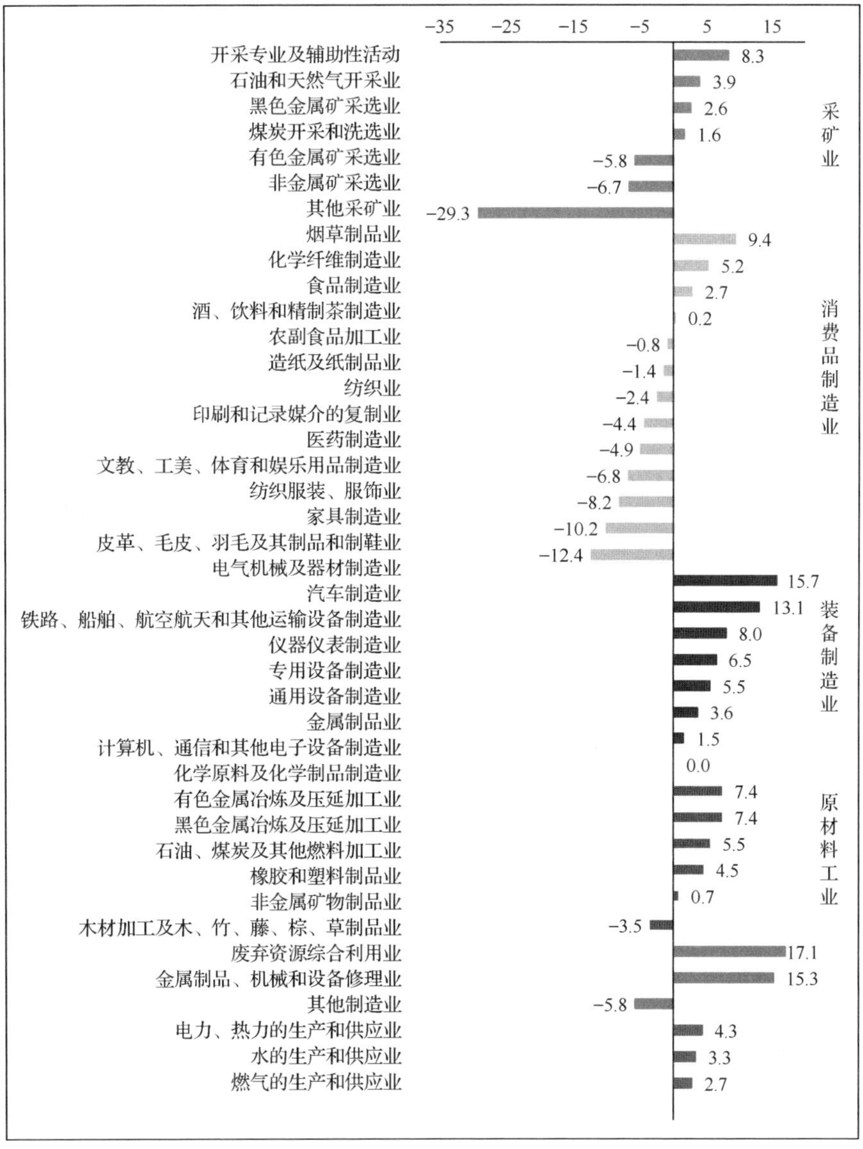

行业	增速/%
开采专业及辅助性活动	8.3
石油和天然气开采业	3.9
黑色金属矿采选业	2.6
煤炭开采和洗选业	1.6
有色金属矿采选业	−5.8
非金属矿采选业	−6.7
其他采矿业	−29.3
烟草制品业	9.4
化学纤维制造业	5.2
食品制造业	2.7
酒、饮料和精制茶制造业	0.2
农副食品加工业	−0.8
造纸及纸制品业	−1.4
纺织业	−2.4
印刷和记录媒介的复制业	−4.4
医药制造业	−4.9
文教、工美、体育和娱乐用品制造业	−6.8
纺织服装、服饰业	−8.2
家具制造业	−10.2
皮革、毛皮、羽毛及其制品和制鞋业	−12.4
电气机械及器材制造业	15.7
汽车制造业	13.1
铁路、船舶、航空航天和其他运输设备制造业	8.0
仪器仪表制造业	6.5
专用设备制造业	5.5
通用设备制造业	3.6
金属制品业	1.5
计算机、通信和其他电子设备制造业	0.0
化学原料及化学制品制造业	7.4
有色金属冶炼及压延加工业	7.4
黑色金属冶炼及压延加工业	5.5
石油、煤炭及其他燃料加工业	4.5
橡胶和塑料制品业	0.7
非金属矿物制品业	−3.5
木材加工及木、竹、藤、棕、草制品业	17.1
废弃资源综合利用业	15.3
金属制品、机械和设备修理业	−5.8
其他制造业	4.3
电力、热力的生产和供应业	3.3
水的生产和供应业	2.7
燃气的生产和供应业	

采矿业　消费品制造业　装备制造业　原材料工业

图 7-21　2023 年上半年工业大类行业增加值累计同比增速/%

（数据来源：国家统计局，赛迪工经所整理，2023 年 7 月）

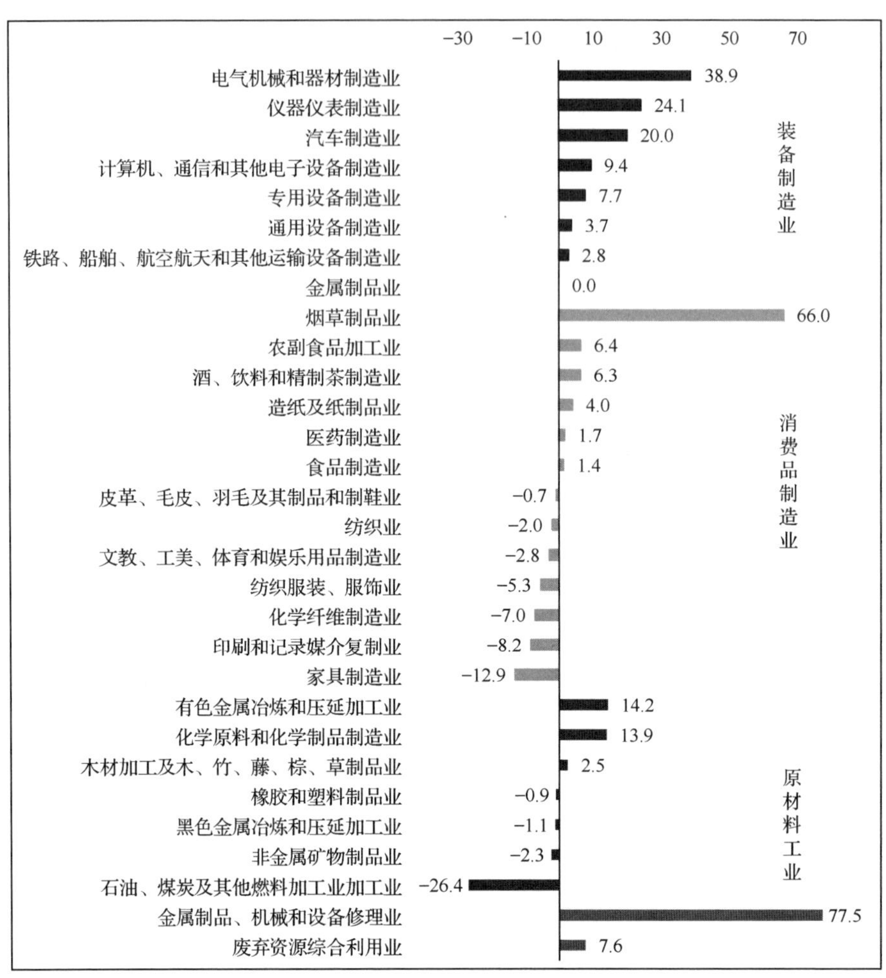

图 7-22　上半年制造业行业投资增速/%

（数据来源：国家统计局，赛迪工经所整理，2023 年 7 月）

消费端：餐饮消费大幅增长，汽车类和通信器材类商品零售增速明显提升。2023 年上半年随社会全面恢复常态化运行，经济恢复向好、消费场景拓展，居民消费稳步扩大。餐饮类接触式消费同比大幅增长 21.4%，商品类消费同比增长 6.8%。在商品类消费中，除文化办公用品和建筑装潢材料外，均实现同比正增长；服装鞋帽、金银珠宝、体育娱乐品等可选类消费品同比增速达 10.5%～17.5%，成为拉动消费增长的主要动力；汽车、通信器材等商品零售额增速较 2023 年一季度均有明

显改善。随着促消费政策不断发力及消费场景的增多，居民消费能力和意愿有望进一步提升。

外贸端（见图 7-23）：烟草制品、汽车、铁路船舶等出口交货值保持强劲增长，医药、家具、化工、纺织、电子等下滑明显。2023 年上半年，41 个工业大类行业中，14 个行业出口交货值实现正增长。其中，烟草制品业，汽车制造业，铁路、船舶、航空航天和其他运输设备制造业出口交货值分别同比增长 95.1%、41.3%、16.3%，是拉动工业出口交货值增长的重要力量。而医药、家具、纺织等消费品制造业及化工行业同比下滑，是出口下行的重要拖累。此外，受全球消费电子终端需求持续疲软的影响，电子设备制造出口交货值同比下降。

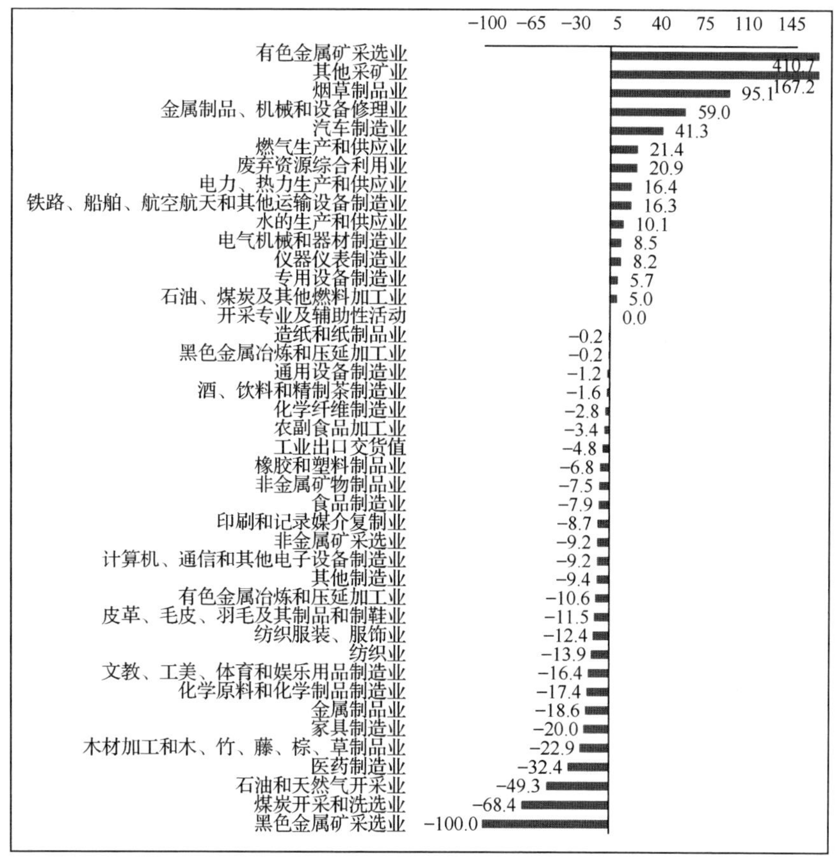

图 7-23　2023 年上半年工业行业出口交货值累计同比增速/%

（数据来源：国家统计局，赛迪工经所整理，2023 年 7 月）

（三）从地区层面看，工业大省生产逐步企稳，支撑作用不断增强；多地进出口增速为负，出口压力加大

生产端（见图7-24）：东部地区工业增长全国领先，广东、福建工业逐步回升。2023年上半年，我国工业经济恢复向好，全国规模以上工业增加值同比增长3.8%。分省（区、市）看，21个省（区、市）工业增加值增速高于全国平均水平。其中，海南增长最快，2023年上半年同比增长19.9%，主要是海南炼化100万吨乙烯项目在2月建成投产，带动石油、煤炭及其他燃料加工业增加值同比增长47.6%，拉动全省规模以上工业增长8.5个百分点。上海增速位居全国第二，汽车、电气机械和器材制造、通用设备制造业产值同比分别增长21.3%、37.5%、22.7%，受2022年同期低基数效应的影响较大。在增速低于全国平均水平的地区中，黑龙江和北京出现负增长。北京主要受新冠疫苗需求减少和电子信息产业进入下行周期等拖累较大。2023年上半年，北京医药制造业增速下降33%（剔除新冠疫苗生产因素，下降5.4%），电子信息制造业下降6.2%。分四大区域看，2023年上半年，东部地区工业增速领先全国平均水平，其中，江苏、山东、河北保持稳定增长，广东、福建呈现筑底回升态势；东北地区工业增速略高于全国平均水平，除黑龙江表现不佳外，辽宁、吉林都保持较好增长；西部地区工业增速与全国平均水平相当；中部地区工业增速低于全国平均水平。工业大省中，2023年上半年江苏、河北、山东、湖北、浙江、四川6省的规模以上工业增加值分别同比增长8.3%、7.2%、6.9%、4.7%、4.7%、4.3%，分别高于全国4.5个百分点、3.4个百分点、3.1个百分点、0.9个百分点、0.9个百分点、0.5个百分点，成为稳定全国工业增长的重要支撑；河南、湖南、广东、福建等省的工业增速低于全国平均水平。

贸易端（见表7-5）：面对世界经济复苏乏力、全球需求收缩的不利环境，多地进出口出现负增长，出口压力加大。从进出口增速看，16个省（区、市）的增速超全国平均水平（2.1%），西部地区的新疆、广西、内蒙古、贵州、青海等都保持了两位数以上的增长，在全国处于领先位置。其中，广西对东盟进出口大幅增长，产业链供应链联系不断紧密，广西汽车企业加速开拓东盟市场，汽车零配件、电动载人汽车出口

分别增长 36.9%、106.8 倍。东部地区的海南增长 26.4%，进出口增速排名全国第 4 位。工业大省中，广东、江苏、福建、河南、四川均呈现负增长，江苏降幅最大。从出口增速看，2023 年上半年，17 个省（区、市）的增速超全国平均水平（3.7%），西部的新疆、广西出口分别增长 69.8%、51.7%，处于全国前两位。2023 年上半年安徽出口额达到 2512.6 亿元，超过河南位居中部出口第一。电动载人汽车、锂电池、太阳能电池“新三样”成为拉动安徽出口增长的重要力量，2023 年上半年出口额为 219.3 亿元，同比增长 51.7%，拉动全省出口增长 3.4 个百分点。2023 年全国有 7 个地区出口出现负增长，其中，江苏、福建 6 月出口大幅下滑，拖累上半年出口分别下降 2.9%和 5.3%。

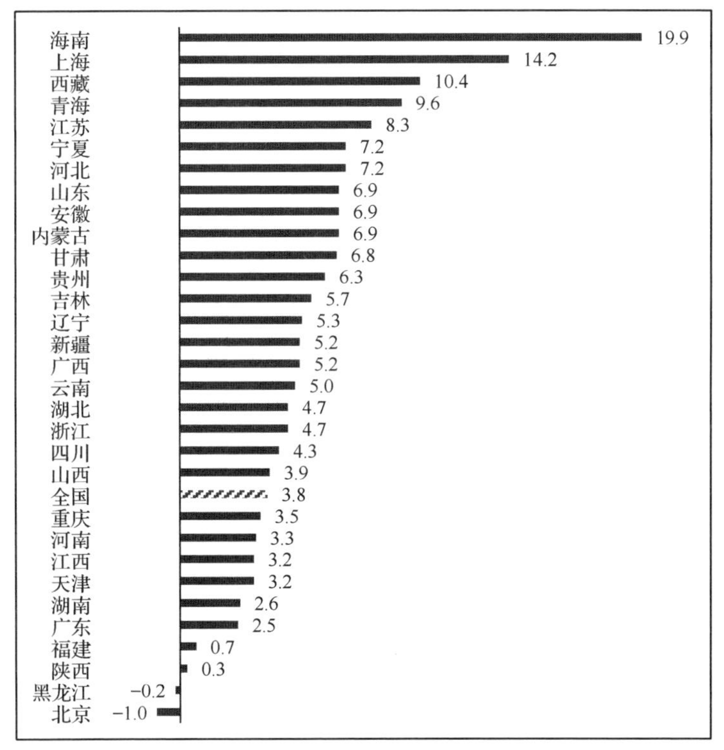

图 7-24 2023 年上半年各省（区、市）规模以上工业增加值增速/%

（数据来源：国家统计局，赛迪工经所整理，2023 年 7 月）

表 7-5　2023 年上半年各省（区、市）进出口情况

序号	地区	进出口总额/亿元	进出口同比增长率/%	出口总额/亿元	出口同比增长率/%
全国		201016.2	2.1	114587.7	3.7
1	广东	38584.9	-1.3	25535.8	3.6
2	江苏	24842.3	-5.3	16023.4	-2.9
3	浙江	23612.8	4.7	17311.8	4.1
4	上海	20926.2	11.4	8463.2	15.2
5	北京	17850.6	5.9	2881.4	13.9
6	山东	15629.6	1.8	9249.0	1.9
7	福建	9535.7	-1.3	5592.1	-5.3
8	四川	4629.0	-2.9	3000.5	5.4
9	天津	4012.1	-1.3	1870.4	0.7
10	辽宁	3883.4	1.4	1781.0	5.3
11	河南	3799.5	-3.4	2505.8	2.4
12	安徽	3775.5	3.4	2512.6	14.5
13	重庆	3582.1	-15.0	2378.5	-13.5
14	广西	3390.7	43.2	1690.4	51.7
15	湖南	3367.5	7.6	2328.7	1.7
16	江西	3312.3	6.3	2449.5	3.3
17	湖北	3012.9	4.0	2063.0	6.8
18	河北	2723.5	4.9	1662.1	7.8
19	陕西	2025.0	-14.0	1306.2	-9.3
20	新疆	1496.2	65.2	1254.9	69.8
21	黑龙江	1424.6	16.6	328.7	43.7
22	云南	1252.5	-12.0	437.5	-29.7
23	海南	1151.6	26.4	382.0	45.1
24	内蒙古	903.2	32.9	346.8	18.7
25	吉林	740.6	0.7	281.4	25.3
26	山西	732.5	-18.5	443.4	-23.5
27	贵州	388.0	25.4	278.7	35.9

续表

序号	地区	进出口总额/亿元	进出口同比增长率/%	出口总额/亿元	出口同比增长率/%
28	甘肃	274.8	-11.6	68.5	18.6
29	宁夏	105.3	2.5	82.0	0.9
30	青海	25.9	19.2	14.1	16.0
31	西藏	16.4	-25.1	14.4	-29.7

数据来源：海关总署，Wind，赛迪工经所整理，2023 年 7 月。

（四）从市场主体看，企业预期仍然不稳，内资企业生产和投资恢复较快，外资企业利润改善比较明显

企业预期仍然不稳。2023 年以来，我国制造业 PMI 波动较大，前三个月保持在荣枯线上方，并于 2 月达到 52.6%，回升至近年来的较高水平；二季度各月制造业 PMI 在 49%左右波动，仍处于荣枯线下方。分类指数中，生产指数整体好于新订单指数，6 月生产指数较上月提高 0.7 个百分点至 50.3%，回升至荣枯线上方，而新订单指数仍在 48.5%左右震荡。分企业类型看，大型企业预期改善略好于中小型企业。6 月，大型企业生产经营活动预期指数较上月提高 0.4 个百分点至 54.6%；而中型企业生产经营活动预期指数为 53.1%，较上月回落 1.4 个百分点；小型企业生产经营活动预期指数为 51.4%，较上月回落 2 个百分点，已连续 4 个月回落。这表明市场主体发展预期仍然不稳，中小型企业信心明显不足。

生产方面，2023 年上半年，私营企业和国有企业增加值分别同比增长 1.9%和 4.4%，而外商及港澳台商投资企业增加值同比增长 0.8%。投资方面，上半年，内资企业固定资产投资同比增长 4%，港澳台商企业固定资产投资同比下降 3.4%，外商企业固定资产投资同比增长 3.4%。效益方面，上半年，私营企业利润总额同比下降 13.5%，降幅较一季度收窄 9.5 个百分点；国有企业利润总额同比下降 21%，降幅较一季度扩大 4.1 个百分点；外商及港澳台商投资企业利润总额同比下降 12.8%，降幅较一季度收窄 12.1 个百分点。综合来看，内资企业生产和投资恢复较快，而外资企业利润改善较明显。

二、影响工业经济持续回升的四大突出问题

（一）国内外终端需求同步走弱，产销率降至历史低位，挫伤企业生产积极性

2023 年以来，全球需求萎缩加大我国出口下行压力，国内消费在低基数基础上实现恢复性增长，但内生动力仍然不足，特别是消费电子、建材等受需求不足制约更为突出。消费电子终端自 2022 年开始进入下行周期，并且通过产业链向上游芯片、半导体、显示屏等行业传导。2023 年上半年，自动数据处理设备及其零部件、集成电路、手机等出口额分别同比下降 24.3%、17.7%、14.8%，合计拉动出口额同比下降 3.1 个百分点。建材行业与房地产、基建等投资关联度较大。2023 年上半年，房地产开发投资同比下降 7.9%，降幅逐月扩大；基建投资同比增长 7.2%，增速逐月放缓。相关投资持续放缓，对建材需求大幅减少。消费是生产的最终目的和动力，终端消费不足，导致产销率下降，直接挫伤企业生产积极性，制约产能利用率提升。2023 年上半年，我国产销率只有 96.2%，处于历史低位；重点产品产量显著下滑，产能利用率显著回落。电子行业：微型计算机设备、智能手机、集成电路产量分别同比下降 25%、9.1%、3%；产能利用率较 2022 年同期和历史同期均值回落 3 个百分点。建材行业：水泥、平板玻璃产量分别同比增长 1.3%、-9.1%，两年平均增速分别下降 7.2%、4.5%；产能利用率同比回落 1.8 个百分点，较历史同期均值回落 2.7 个百分点。综合来看，电子、建材等增加值规模在制造业大类行业中位居前列，这些支柱性行业受需求不足拖累生产放缓，产能利用率也难有提升。

（二）工业企业效益持续恶化，进入主动去库存阶段，延缓生产投资恢复步伐

受需求持续不足、工业品出厂价格持续走低等多重因素影响，2023 年以来工业企业收入增长放缓、利润持续下滑。2023 年上半年，规模以上工业企业营业收入同比下降 0.4%，增速延续自 2021 年以来的回落态势；利润总额同比下滑 16.8%，降幅有所收窄但仍高达两位数；利润

率同比回落 1.07 个百分点至 5.41%。前 5 个月，工业企业产成品库存同比增长 3.2%，增速较年初快速回落。可以看出，当前企业生产经营预期趋于谨慎，工业企业整体上处于“主动去库存”阶段，特别是部分重点行业效益下滑更加突出，直接拖累产能利用率回升。前 5 个月，41 个工业大类行业中，21 个行业营业收入和利润总额均同比下滑，14 个行业利润率同比回落超过 1 个百分点，10 个行业存货和产成品存货均出现同比下滑。其中，电子行业营业收入同比下降 4.2%，利润同比下降 49.2%，利润率同比回落 2.09 个百分点至 2.36%；产成品库存同比减少 0.4%，存货同比减少 6.9%，增速分别较一季度回落 10 个百分点、5.7 个百分点。建材、纺织等行业营业收入分别同比下降 6.1%、5.2%，利润同比下降 25.9%、27.8%，利润率同比回落 1.48 个百分点、0.72 个百分点。在需求不足、效益持续下滑的形势下，为缓解经营压力，很多企业选择“主动去库存”来减少生产供给。

（三）各地竞相布局新兴产业，部分领域产能快速扩张，引发结构性过剩风险

2023 年以来，各地为拼抢经济，纷纷加大投资力度。2023 上半年，工业投资同比增长 8.9%，增速领先固定资产投资 5.1 个百分点，保持稳定增长态势，是各地稳经济的重要抓手。特别是高技术制造业投资，既能逆周期调节经济增长，又能推动经济结构优化，自 2020 年四季度以来持续保持两位数增长。但是由于本轮复苏是大疫之后的复苏，并且伴随着房地产深度调整和全球经济格局加速调整，需求恢复缓慢，而投资持续高速增长，部分行业产能快速扩张，导致产能利用率偏低，也引发结构性产能过剩风险。调研发现，光伏、动力电池等新兴领域及化工等传统领域，均存在重复布局和过热投资现象，产能过剩风险凸显。2023 年上半年，电气行业产能利用率较 2022 年同期回落 0.1 个百分点，较历史同期均值回落 1.2 个百分点；但投资同比增长 38.9%，增速自 2022 年以来稳定在 30%以上，位居工业大类行业前列。化工行业产能利用率较 2022 年同期回落 2.9 个百分点，较历史同期均值回落 0.6 个百分点；但投资同比增长 13.9%，增速自 2021 年以来保持在两位数。

（四）政治因素叠加成本上升，订单和产业转移可能加快，产业转型升级压力加大

近年来，政治、安全等非市场因素成为全球产业链供应链加速重构的重要驱动力，叠加成本上升、中美经贸摩擦带来的加征关税等影响，我国部分领域产业链供应链转移提速，近期尤以电子领域最为突出。据了解，苹果公司正在加速布局 iPhone 在印度的产业链，预计 2025 年全球 25%的 iPhone 产能转移到印度，并且这一数据有望在 2027 年实现翻倍。国内很多电子产业链企业或主动布局，或为保住订单被动迁出，在印度、越南等地均设有备份厂区。美国经济分析局数据显示，与高技术制造业产能转移高度相关的贸易转移效应已经开始显现。2023 年前 5 个月，美国高技术产品进口中，自中国进口占比为 18.7%，较 2017 年最高点回落 18.1 个百分点；自欧盟进口比重达到 22.9%，较 2017 年提高 4.5 个百分点；自泰国、新加坡、印度等进口占比稳步增加，合计提高近 4 个百分点。长此以往，国内企业的订单将持续遭到海外生产基地的分流，国内产业转型升级步伐也将受到影响。

三、2023 年下半年我国工业经济发展形势展望

（一）制造业信贷支持力度加大，民企信心有望提振，房地产开发投资将筑底恢复，基建投资仍持续发力，支撑制造业投资延续 2023 年上半年稳步增长态势，2023 年下半年将增长 6%左右

制造业投资：截至 2023 年 6 月末，我国制造业中长期贷款同比增长 40.3%，比上年同期提高 10.7 个百分点。2023 年上半年，新发放企业贷款加权平均利率为 3.96%，比上年同期低 25 个基点。制造业贷款保持较高增速且企业融资成本下降，这将为制造业投资增长注入动力。另外，2023 年 7 月以来，《关于促进民营经济发展壮大的意见》等政策出台，工信部也提出联合国家开发银行实施专项贷款，加大制造业投资力度，这将有力增强制造业投资活力。房地产开发投资：2023 年 6 月，房屋新开工和施工面积均连续三个月降幅扩大，反映出房地产开发投资仍处于低迷区间。7 月以来，一系列房地产支持政策相继出台，房地产“金融 16 条”中房企存量融资展期、保交楼配套融资支持两条政策明确

延期，这将缓解房企资金压力，推动“保交楼”工作。2023 年下半年政策逐步蓄力，助力房地产开发投资筑底恢复。基建投资：截至 2023 年 6 月末，基础设施业中长期贷款同比增长 15.8%，有力保障了基建项目推进。6 月，建筑业 PMI 保持在 55%以上，基建投资需求仍保持韧性。但考虑财政可持续性及高基数效应，2023 年下半年基建投资增速可能稳中有降。未来几个月，房地产开发投资可能筑底恢复，基建投资将形成有力支撑，制造业投资信心逐步改善，产能利用率稳中有升，制造业投资增速将延续稳步增长态势，同比增长 6%左右。

（二）重点领域促消费政策接续发力，居民收入增长加快，但 CPI 涨幅回落，汽车和电子消费难有大幅提振，消费增速将较 2023 年上半年小幅下降，2023 年下半年社会消费品零售额同比增长 7%左右

一是促进汽车和家居消费等政策加快落实，受促消费政策、轻型车国六实施公告发布、多地汽车营销，叠加车企半年度节点冲量和基数影响，2023 年上半年汽车需求增长较快，部分汽车需求提前释放。2023 年下半年，新能源汽车车辆购置税减免政策进一步延长，并在设定减免限额等方面进行优化，《关于促进汽车消费的若干措施》等政策陆续出台，有望刺激汽车消费潜力继续释放，但汽车消费增速难有大幅反弹。在家居消费领域，2023 年下半年，商务部在全国组织开展“家居焕新消费季”活动，基于功能改造、消费升级的家居消费潜力将进一步释放。二是居民收入增速明显回升，2023 年上半年，全国居民人均可支配收入同比实际增长 5.8%，较一季度回升 2.0 个百分点，达到 2022 年以来最高水平。此外，国家发展改革委 2023 年 6 月提出，将努力实现居民收入增长和经济增长基本同步，并在加强居民增收方面做出研究部署。居民收入增长加快及预期改善，将支撑消费稳步恢复。三是消费者信心逐步增强，2023 年上半年，我国个人短期消费贷款新增 3009 亿元，同比增加 4019 亿元，并且多家银行下调个人消费贷利率，居民贷款合理增长、成本稳中有降，助力消费者信心逐步恢复。根据人民银行城镇储户问卷调查，倾向于更多消费的居民占比连续三个季度回升，2023 年二季度末占比较上季度末提升 1.3 个百分点，居民消费信心明显改善。

但考虑2023年以来我国CPI涨幅逐步回落，支撑消费品零售额增长的价格因素恐将减弱；汽车消费增速难有大幅反弹；电子行业仍未出现明显转机，主要消费电子终端产品下行压力仍较大，我国消费增速难有大幅回升，叠加基数升高，消费增速可能较2023年上半年小幅下降，2023年下半年消费品零售额同比增长7%左右。

（三）全球经济形势严峻，叠加金融风险加剧，海外需求低迷，大宗商品价格回落拖累出口价格下行，电子行业仍将低迷，我国出口将延续2023年上半年下滑态势，2023年下半年工业出口交货值同比下滑5%左右

从国际环境看，世界银行于2023年6月6日发布《全球经济展望》，对2023年全球GDP的预测为2.1%，远低于2022年3.1%的增速。世界银行还提出，全球经济增长预计将在2023年下半年显著放缓，银行业动荡范围扩大且货币政策收紧会导致全球经济增长进一步走弱，新兴市场和发展中经济体金融风险可能加剧，全球及主要国家经济形势更加严峻，海外需求将持续低迷。2023年6月，全球制造业PMI为48.8%，较上月下降0.8个百分点。其中，美国、欧元区、韩国PMI仅为46.3%、43.4%、47.8%，分别较上月下降2.1个百分点、1.4个百分点、0.6个百分点；日本PMI再次降至收缩区间。另外，截至2023年7月25日，人民币对美元汇率较2023年4月初下调2460个基点，这将进一步拖累以美元计价的出口增速。从国内情况看，一是在全球及主要国家经济下行压力加大的背景下，我国海外订单恢复动力减弱，PMI新出口订单指数连续四个月下滑，6月份降至46.4%，较上月下降0.8个百分点，出口订单大幅收缩。二是大宗商品价格快速回落，进一步拖累我国工业品PPI降幅扩大，导致产品出口价格下行。我国出口价格指数（上年同月为100）由上年10月的115.3降至2023年5月的99.5，出口价格下行从价格角度进一步拖累出口表现。三是占我国工业出口交货值比重超40%的计算机、通信和其他电子设备制造业，其出口降幅呈扩大态势，2023年下半年电子行业仍处于周期性下行阶段，对整体出口的拖累仍将突出。此外，一些出口亮点正在逐步减弱，我国"新三样"出口面临激烈的国际市场竞争；越南等国家房地产市场危机加剧，我国对东盟出

口增长动力减弱。综上所述，2023 年下半年我国出口将延续负增长态势，下半年工业出口交货值同比下滑 5%左右。

我国各地区各部门着力扩大有效需求、强化助企纾困，工信部于 2023 年 7 月表示，正加紧制定实施汽车、电子、钢铁等十个重点行业稳增长工作方案，持续加强政策供给，大力支持龙头企业和专精特新企业发展，凝聚工业稳增长合力，我国工业经济持续发展的基本面没有改变。2023 年 7 月以来，我国汽车半钢胎和全钢胎开工率呈现稳中有升态势；化工领域具有代表性的 PTA 产业链上下游——PX、PTA、聚酯切片、江浙织机开工率均呈现小幅回升态势；重点企业粗钢和生铁产量自 6 月以来显著回升；磨机运转率和水泥发运率波动恢复；6 月，制造业 PMI 较上月回升，其中，生产指数恢复至扩张区间，主要先行指标预示工业生产增长有较强韧性。考虑 2023 年下半年制造业投资将稳步增长，但消费小幅下降，出口延续负增长态势，预计下半年我国规模以上工业增加值将同比增长 5%左右，全年增长 4.5%左右。

四、2023 年下半年推动工业经济整体好转的思考建议

（一）多措并举稳定消费恢复势头

一是继续落实落细国家出台的各项稳就业举措，引导和支持劳动密集型产业向中西部地区转移，充分发挥劳动密集型产业的就业吸纳池作用。加强对灵活就业和新就业形态的支持，针对重点群体强化精准就业帮扶措施，通过稳定就业来稳定收入预期。二是加快落实促进汽车和电子产品消费的若干措施，充分发挥大宗消费的提振带动作用。三是支持各地出台政策，鼓励银行机构与客户协商降低存量房贷利率，释放居民个人存款消费潜力。四是充分发挥大数据、云计算、人工智能等技术在供需智能匹配和精准对接中的应用，深度挖掘产品实用价值和“情绪价值”，积极推广网络协同制造、个性化定制，主动满足消费者个性化需求。

（二）持续加大对企业的支持力度

一是鼓励地方政府在科学研判的前提下，通过加大金融支持、税费

减免、政府优先采购等方式对受西方国家恶意打压制裁而产生困难的企业进行产业救济，帮助企业渡过难关。二是引导金融机构设立专项额度，对重点行业、重点企业及科创企业、中小微企业等加大信贷支持力度，拓宽企业融资渠道，为企业提供汇率、利率风险管理及套期保值及避险服务。三是鼓励各地完善融资信用服务平台，加大企业信用信息共享和应用，创新征信产品和服务，探索“以信促融”模式，引导金融机构对诚信企业不随意抽贷、断贷、压贷。

（三）巩固拓展外贸优势优化结构

一是完善外贸通关便利化促进措施，加强对外贸企业的市场准入和出口许可管理，推动外贸企业实现“一单清”和“一口通”。二是做好新兴市场国家最新外贸政策解读，完善外贸服务平台类型和功能，帮助企业实现出口市场多元化，降低贸易摩擦带来的不确定性风险。三是支持出口型新能源企业进行碳足迹核算与认证服务，推动新能源汽车、锂电池、光伏等“新三样”产品大规模“出海”参与国际竞争，进一步释放产业活力。四是鼓励外贸企业发展服务贸易和数字贸易，加强技术创新和知识产权保护，强化外贸专业人才培养，推动外贸向高端化、智能化、绿色化方向转型升级。

（四）激发企业活力持续扩大投资

一是加快推进已审批下达的“十四五”重大项目建设，适度超前开展新型基础设施建设，尽快将项目储备转化为实物工作量，使基础设施建设投资和制造业投资继续保持平稳增长。二是加快构建国企民企一视同仁的制度和法律框架，切实降低民企融资利率，消除民企面临的“玻璃门、旋转门、弹簧门”等隐形门槛，营造公平的营商环境，激发民间投资活力。三是稳步扩大制度型开放，缩减外资准入负面清单，拓宽外商投资准入范围，加大对欧洲、日韩等重点国家产业引资力度，强化对外资标志性项目的针对性服务工作，推动外资标志性项目落地建设。

第三节　2023 年前三季度工业经济形势分析及四季度走势展望

2023 年前三季度，我国工业经济整体呈现“生产恢复向好，投资稳定增长，消费逐步反弹，出口降幅收窄”发展态势，电气机械、汽车等重点行业发挥了非常重要的支撑作用，工业大省的压舱石作用凸显，企业预期逐步改善。但要推动工业经济持续回升，仍面临市场需求不足问题突出、动能转换面临多重挑战、企业生产经营依然困难、国际形势更趋复杂严峻等多重制约。建议从四个方面进行发力：强化需求牵引应用主导，提升自主创新能力；坚持传统新兴双轮驱动，推动增长动能转换；持续优化区域开放布局，增强制造业根植性；精准施策持续助企纾困，推动降本减负增效。

一、2023 年前三季度工业经济运行分析

（一）2023 年前三季度工业经济整体呈现“生产恢复向好，投资稳定增长，消费逐步反弹，出口降幅收窄”发展态势

工业生产恢复向好。2023 年前三季度，我国规模以上工业增加值同比增长 4.0%，增速较一季度和上半年分别回升 1.0 个百分点和 0.2 个百分点，较上年同期加快 0.1 个百分点（见图 7-25）。从当月增速看，2023 年前 4 个月工业增速逐月回升，在低基数效应的支撑下，4 月工业增速反弹至 5.6%；由于全球经济恢复不及预期，叠加基数逐月抬高，5 月工业增速回落至 3.5%；随着推动经济持续回升向好的一批政策措施落地见效，9 月工业增速稳定在 4.5%，两年平均增速达到 5.4%，创年内高点（见图 7-26）。从历史对比看，2023 年前三季度规模以上工业增加值 2022—2023 年的两年平均增速为 3.9%，低于 2020—2021 年的两年平均增速，也低于疫情前的平均水平，但较上半年平均增速加快 0.3 个百分点。可以看出，虽然工业生产尚未恢复至潜在增长水平，但呈现出明显的稳步向好态势。

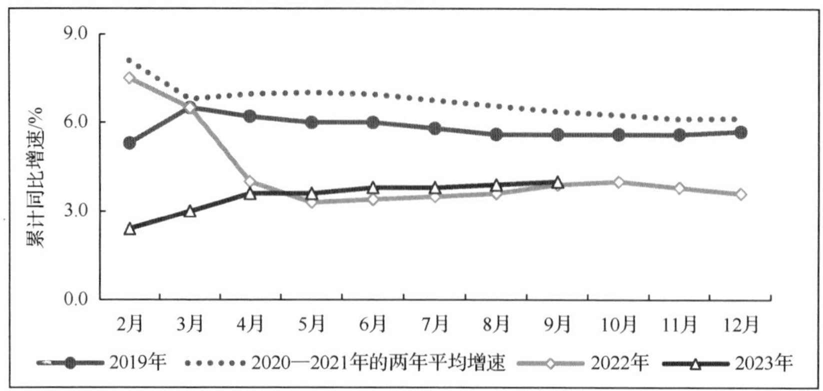

图 7-25 规模以上工业增加值累计同比增速

（数据来源：国家统计局，赛迪工经所整理，2023 年 10 月）

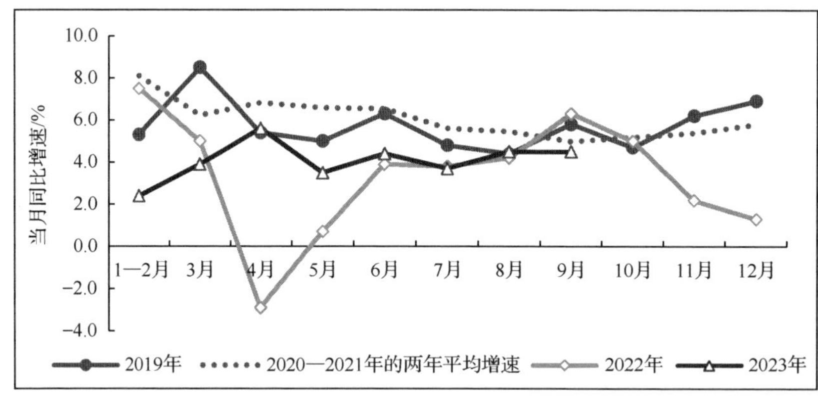

图 7-26 规模以上工业增加值当月同比增速

（数据来源：国家统计局，赛迪工经所整理，2023 年 10 月）

从工业对经济增长的支撑作用来看（见表 7-6），2023 年前三季度，全部工业增加值同比增长 3.9%，增速低于 GDP 增速 1.3 个百分点，工业对经济增长的贡献率较上半年提升 1.6 个百分点，但仍处于历史同期低位（25.1%）。这主要是由于疫情平稳转段之后服务业快速反弹，2023 年前三季度服务业增加值同比增长 6.0%，增速领先 GDP 增速 0.8 个百分点；相比之下，工业对经济增长的贡献率有所回调。但从工业占比看，2023 年前三季度全部工业增加值占 GDP 比重为 32.3%，仍然处于 2019 年以来的较高水平，工业对经济增长的压舱石作用不容忽视。

表 7-6 工业对经济增长的支撑情况

年度	工业占 GDP 比重累计值/%				工业对 GDP 累计增长贡献率/%			
	一季度	二季度	三季度	四季度	一季度	二季度	三季度	四季度
2012	40.2	40.1	39.3	38.8	47.4	44.3	42.3	41.3
2013	38.7	38.6	37.9	37.5	39.0	38.5	38.8	38.5
2014	37.4	37.4	36.7	36.2	36.1	36.3	35.2	33.9
2015	35.4	35.3	34.6	34.1	30.6	30.6	29.7	29.6
2016	33.0	33.3	33.0	32.9	27.6	28.4	28.4	28.3
2017	33.5	33.6	33.2	33.1	29.1	30.0	29.7	29.3
2018	33.1	33.3	33.0	32.8	31.1	31.3	30.4	30.1
2019	32.2	32.4	31.9	31.6	27.9	27.3	26.3	26.9
2020	30.9	31.4	31.1	30.9	38.9	33.1	48.9	36.6
2021	32.6	32.9	32.6	32.6	41.7	40.3	38.9	37.9
2022	34.6	34.4	33.7	33.2	43.9	43.3	40.1	37.0
2023	33.3	32.8	32.3		22.2	23.5	25.1	

数据来源：国家统计局，赛迪工经所整理，2023 年 10 月。

工业投资稳定增长。2023 年前三季度，我国工业投资同比增长 9.0%，增速较上年同期和上年全年分别回落 2.1 个百分点和 1.3 个百分点，但较一季度和上半年分别加快 0.4 个百分点和 0.1 个百分点。从历史对比看，2023 年前三季度工业投资增速不仅快于 2020—2021 年的两年平均增速（4.2%），也领先于疫情前 2019 年的增长水平（3.2%）。整体上看，2023 年以来工业投资延续了前两年的稳定增长态势，体现出非常强的韧性和抗风险能力。制造业投资的增长趋势与工业投资的增长趋势基本一致，但增长速度自 2022 年一季度以来持续慢于工业投资的增长速度。2023 年前三季度制造业投资同比增长 6.2%，增速比工业投资增速低 2.8 个百分点，与工业投资增速的缺口处于一年来的高位（见图 7-27）。

从制造业内部看，高技术制造业投资强劲增长，带动投资结构不断优化。2023 年前三季度，高技术制造业投资同比增长 11.3%，增速自 2020 年四季度以来一直保持在两位数，遥遥领先制造业投资（见图 7-28）。

其中，医疗仪器设备及仪器仪表制造业投资增长17%，电子及通信设备制造业投资增长12.8%。医药、电子等高技术制造业投资的快速增长，将持续优化投资结构，进而优化供给结构，释放经济增长新动能。

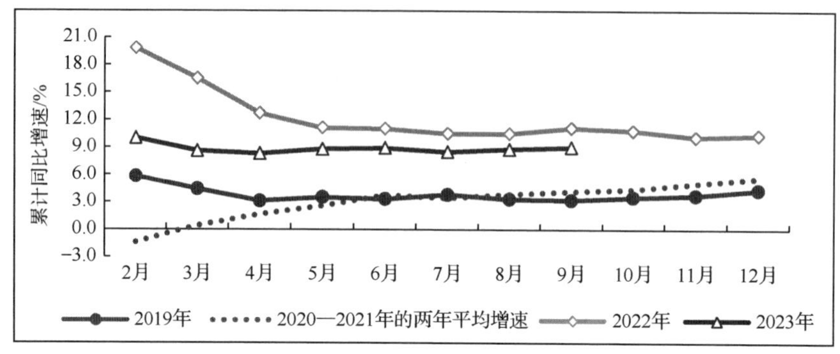

图 7-27　工业投资累计同比增速

（数据来源：国家统计局，赛迪工经所整理，2023年10月）

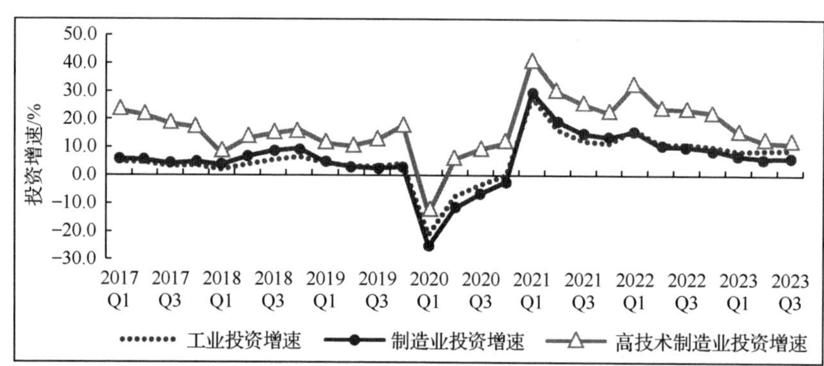

图 7-28　工业投资增速、制造业投资增速与高技术制造业投资增速对比

（数据来源：国家统计局，赛迪工经所整理，2023年10月）

商品消费逐步反弹。2023年前三季度，我国最终消费支出对经济增长的贡献率达到83.2%，较上年同期大幅提升41.3个百分点，消费对经济增长的基础性作用稳步恢复（见表7-7）。2023年前三季度，社会消费品零售总额同比增长6.8%，增速较上年同期回升6.1个百分点。从消费类型看，居民外出、娱乐、旅游等消费需求快速释放，带动餐饮收入强劲反弹。2023年前三季度餐饮收入同比增长18.7%，2022—2023

年的两年平均增长 6.4%。相比之下，商品消费恢复较为缓慢。2023 年前三季度，商品零售同比增长 5.5%，2022—2023 年的两年平均增长 3.4%，增速显著低于餐饮收入增速，反弹幅度相对较小。

社会消费品零售总额当月同比增速如图 7-29 所示，社会消费品零售总额累计同比增速如图 7-30 所示。

表 7-7　内需对经济增长的贡献率

年度	最终消费支出 对经济增长的贡献率累计值/%				资本形成总额 对经济增长的贡献率累计值/%			
	一季度	二季度	三季度	四季度	一季度	二季度	三季度	四季度
2016	78.1	66.5	63.6	66.0	38.3	44.0	47.0	45.7
2017	76.2	62.3	61.5	55.9	28.4	39.6	39.2	39.5
2018	68.5	68.4	66.5	64.0	47.8	43.9	44.2	43.2
2019	66.1	59.0	59.1	58.6	13.4	23.8	23.6	28.9
2020	58.4	155.6	-302.4	-6.8	24.0	-75.8	368.0	81.5
2021	47.2	54.0	56.1	58.3	27.0	25.0	23.0	19.8
2022	67.4	30.8	41.9	32.8	13.1	20.6	20.4	50.1
2023	66.6	77.2	83.2		34.7	33.6	29.8	

数据来源：国家统计局，赛迪工经所整理，2023 年 10 月。

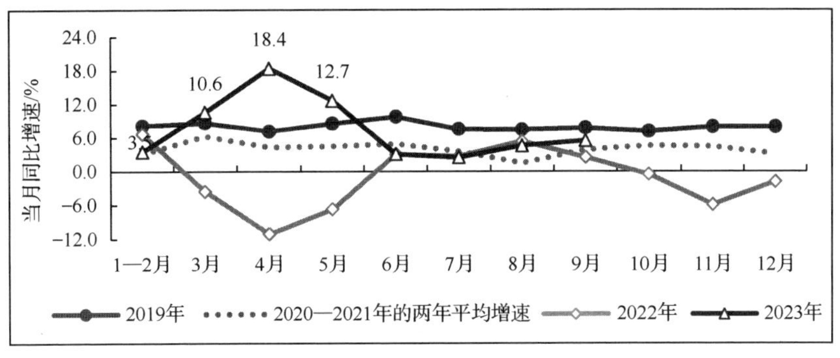

图 7-29　社会消费品零售总额当月同比增速
（数据来源：国家统计局，赛迪工经所整理，2023 年 10 月）

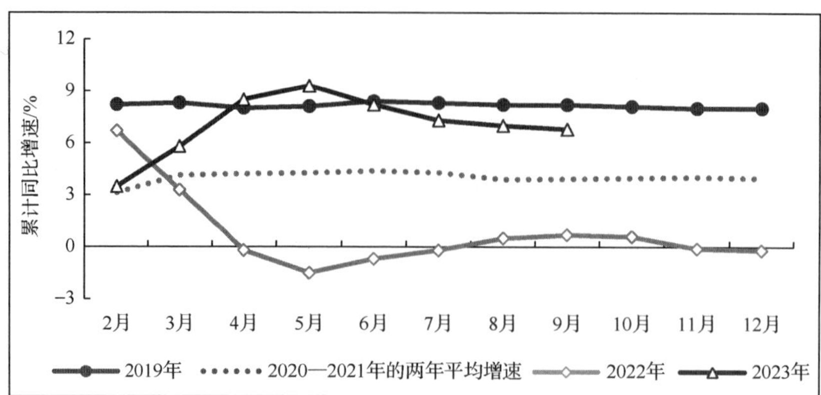

图 7-30　社会消费品零售总额累计同比增速

（数据来源：国家统计局，赛迪工经所整理，2023 年 10 月）

工业出口降幅收窄。2023 年前三季度，我国工业企业出口交货值同比下降 4.8%，增速低于上年同期 14.3 个百分点，但降幅较一季度收窄 0.5 个百分点，与上半年持平。从两年平均增速看，2022—2023 年前三季度工业企业出口交货值的两年平均增速为 2.1%，低于 2020—2021 年同期两年平均增速，也低于 2019 年的同期水平（见图 7-31）。从各月增速看，1—2 月出口交货值同比下降 4.9%，降幅较 2022 年 12 月收窄 3.5 个百分点；3 月当月出口同比降幅小幅扩大 0.5 个百分点至 5.4%；4 月在低基数的支撑下同比小幅增长 0.7%，6 月出口降幅创年内低点（9.5%），9 月份降幅收窄至 3.6%（见图 7-32）。整体上看，出口受全球需求萎缩制约明显，随着全球经济逐步改善，出口降幅逐步收窄。

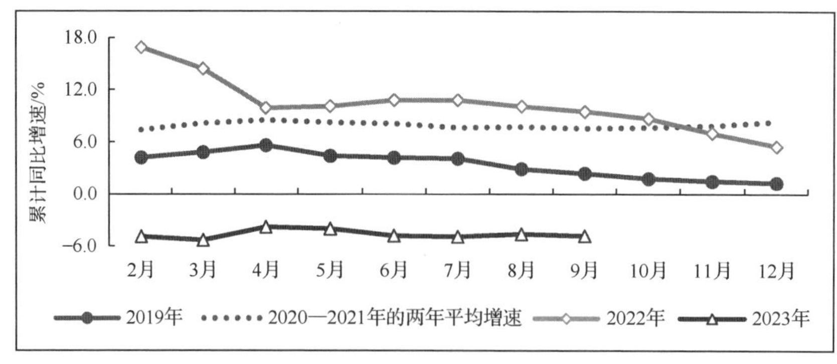

图 7-31　工业企业出口交货值累计同比增速

（数据来源：国家统计局，赛迪工经所整理，2023 年 10 月）

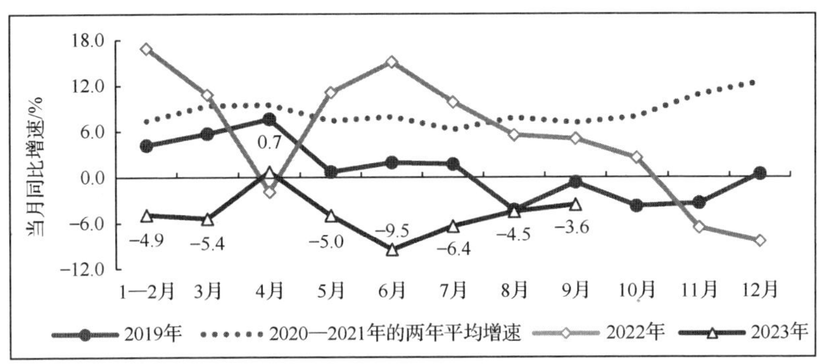

图 7-32 工业企业出口交货值当月同比增速

（数据来源：国家统计局，赛迪工经所整理，2023 年 10 月）

（二）从行业层面看，电气机械、汽车等装备制造业是拉动工业生产、投资和出口的重要力量

生产端（见图 7-33）：装备制造业稳定增长，原材料工业加快恢复，消费品制造业仍然低迷。2023 年前三季度，制造业增加值同比增长 4.4%，领先规上工业平均水平。41 个工业大类行业中，27 个行业增加值实现同比增长，22 个行业增加值增速较上半年加快或降幅收窄。具体行业来看：一是装备制造业稳定增长。2023 年前三季度，装备制造业增加值同比增长 6.0%，增速领先规上工业平均水平 2.0 个百分点，对规上工业增长的贡献率为 46.8%。其中，电气机械及器材制造业和汽车制造业保持快速增长，分别同比增长 14.1%和 11.4%；计算机、通信和其他电子设备制造业扭转下滑态势，同比增长 1.4%。二是原材料工业加快恢复。三是消费品制造业持续低迷。13 个消费品大类行业中，9 个行业增加值增速较上半年加快，改善趋势明显，但仍有 8 个行业增加值同比下滑，其中，皮革、毛皮、羽毛及其制品和制鞋业，家具制造业，以及纺织服装、服饰业等同比下降 10.9%、9.1%、8.8%，是消费品制造业下滑的主要拖累。

投资端（见图 7-34）：行业投资增速分化明显，装备制造业投资整体保持较快增长。2023 年前三季度，制造业大类行业中，21 个行业投资同比增长，7 个行业投资增速保持在两位数。一是装备制造业投资整体保持较快增长。2023 年前三季度，装备制造业 8 个大类行业投资均实现正增长，其中，电气机械及器材制造业、汽车制造业、仪器仪表制造业投资增长强劲；计算机、通信和其他电子设备制造业投资稳步回升，增速升至 10%以上。二是生活必需品类行业投资增长较快。2023 年前三季度，烟草投资增速高达 43.4%，食品、农副食品加工等生活必需品类行业投资增速领先于制造业投资平均水平（6.2%），而化纤、家具、纺织服装服饰、纺织业等受需求疲软制约，投资持续下滑。三是原材料工业投资明显分化。2023 年前三季度，化工和有色金属工业投资分别增长 13.5%和 9.9%，两年平均增速均在 10%以上，持续保持快速增长；但石油和化工行业投资同比降幅高达 22.7%，两年平均降幅也超过 13%，建材行业投资持续小幅下滑。

行业	增速	类别
开采专业及辅助性活动	6.7	采矿业
石油和天然气开采业	4.3	
黑色金属矿采选业	2.4	
煤炭开采和洗选业	1.4	
有色金属矿采选业	−4.1	
非金属矿采选业	−7.0	
其他采矿业		
化学纤维制造业	8.0	消费品制造业
烟草制品业	6.6	
食品制造业	2.9	
造纸及纸制品业	1.1	
农副食品加工业	0.4	
酒、饮料和精制茶制造业	−0.2	
纺织业	−1.3	
印刷和记录媒介的复制业	−4.2	
医药制造业	−5.2	
文教、工美、体育和娱乐用品制造业	−6.3	
纺织服装、服饰业	−8.8	
家具制造业	−9.1	
皮革、毛皮、羽毛及其制品和制鞋业	−10.9	
电气机械及器材制造业	14.1	装备制造业
汽车制造业	11.4	
铁路、船舶、航空航天和其他运输设备制造业	5.9	
专用设备制造业	3.9	
仪器仪表制造业	3.3	
通用设备制造业	2.1	
金属制品业	1.9	
计算机、通信和其他电子设备制造业	1.4	
化学原料及化学制品制造业	9.2	原材料工业
黑色金属冶炼及压延加工业	7.8	
有色金属冶炼及压延加工业	7.8	
石油、煤炭及其他燃料加工业	7.3	
非金属矿物制品业	−0.5	
废弃资源综合利用业	18.8	
金属制品、机械和设备修理业	16.5	
橡胶和塑料制品业	2.2	
木材加工及木、竹、藤、棕、草制品业	−3.1	
其他制造业	−4.7	
电力、热力的生产和供应业	3.9	
水的生产和供应业	2.2	
燃气的生产和供应业	1.8	

图 7-33　2023 年前三季度工业大类行业增加值累计同比增速/%

（数据来源：国家统计局，赛迪工经所整理，2023 年 10 月）

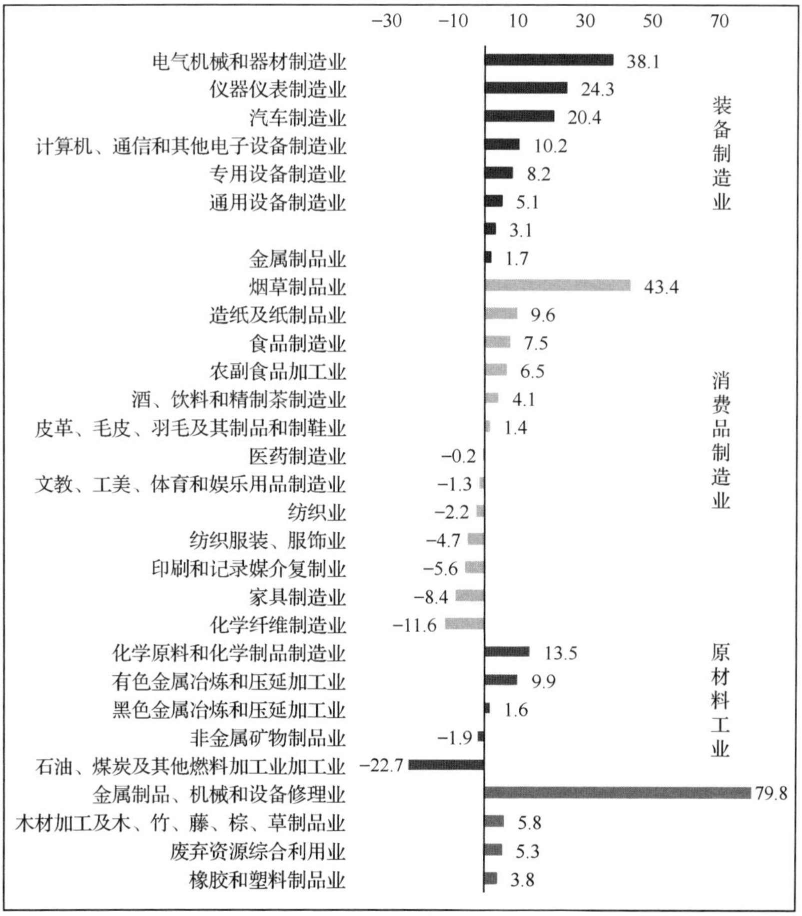

行业	增速/%	类别
电气机械和器材制造业	38.1	装备制造业
仪器仪表制造业	24.3	装备制造业
汽车制造业	20.4	装备制造业
计算机、通信和其他电子设备制造业	10.2	装备制造业
专用设备制造业	8.2	装备制造业
通用设备制造业	5.1	装备制造业
	3.1	装备制造业
金属制品业	1.7	装备制造业
烟草制品业	43.4	消费品制造业
造纸及纸制品业	9.6	消费品制造业
食品制造业	7.5	消费品制造业
农副食品加工业	6.5	消费品制造业
酒、饮料和精制茶制造业	4.1	消费品制造业
皮革、毛皮、羽毛及其制品和制鞋业	1.4	消费品制造业
医药制造业	−0.2	消费品制造业
文教、工美、体育和娱乐用品制造业	−1.3	消费品制造业
纺织业	−2.2	消费品制造业
纺织服装、服饰业	−4.7	消费品制造业
印刷和记录媒介复制业	−5.6	消费品制造业
家具制造业	−8.4	消费品制造业
化学纤维制造业	−11.6	消费品制造业
化学原料和化学制品制造业	13.5	原材料工业
有色金属冶炼和压延加工业	9.9	原材料工业
黑色金属冶炼和压延加工业	1.6	原材料工业
非金属矿物制品业	−1.9	原材料工业
石油、煤炭及其他燃料加工业加工业	−22.7	原材料工业
金属制品、机械和设备修理业	79.8	
木材加工及木、竹、藤、棕、草制品业	5.8	
废弃资源综合利用业	5.3	
橡胶和塑料制品业	3.8	

图 7-34　2023 年前三季度制造业行业投资增速/%

（数据来源：国家统计局，赛迪工经所整理，2023 年 10 月）

消费端：2023 年以来，消费市场持续稳定恢复，成为稳增长、拉动经济的重要力量。从消费模式来看，线上消费快速增长，实体零售持续恢复。2023 年前三季度实物商品网上零售额同比增长 8.9%，占社会消费品零售总额的比重为 26.4%，限额以上零售业实体店商品零售额同比增长 4%，带动实体店铺零售经营持续改善。从消费类型来看，商品零售和服务零售均较快恢复，服务零售保持两位数增长。2023 年前三季度，服务零售额同比增长 18.7%，增速快于同期商品零售额增速 13.2 个百分点。从商品类别看，七成以上商品类零售额保持增长，吃穿类商

品销售良好。2023 年前三季度，限额以上单位金银珠宝类、服装鞋帽类、烟酒类商品零售额同比分别增长 12.2%、10.6%和 9.8%。但也要看到，建筑装潢、家用电器等居住类商品销售保持低迷。

外贸端（见图 7-35）：汽车制造业，铁路、船舶、航空航天和其他运输设备制造业，电气机械和器材制造业等装备制造业出口交货值保持快速增长，医药制造业，家具制造业，纺织服装、服饰业，纺织业等消费品制造业出口下滑明显。2023 年前三季度，工业企业出口交货值同比下滑 4.8%，降幅与 2023 年上半年持平。工业大类行业中仅有 16 个行业出口交货值实现正增长。其中，汽车制造业，铁路、船舶、航空航天和其他运输设备制造业，电气机械和器材制造业等出口交货值分别同比增长 34.3%、11.8%、4%，是拉动工业出口交货值增长的重要力量。而医药制造业，家具制造业，纺织服装、服饰业，纺织业等行业同比下滑 12.4%～27.5%，拖累出口交货值同比下行。此外，消费电子产业进出口呈现复苏的势头，集成电路进出口在 2023 年 8 月、9 月连续环比回升，2023 年 9 月手机、计算机出口同比降幅明显收窄。

（三）从地区层面看，西部地区工业增速领涨全国，工业大省支撑作用凸显，但省份间出口增速明显分化

生产端（见图 7-36）：2023 年前三季度，我国工业经济整体呈现稳中向好发展态势。分省看，有 22 个省（区、市）工业增加值增速高于或等于全国平均水平。其中，海南继续保持全国首位。2023 年前三季度，海南工业增加值同比增长 19.1%，稳居全国首位。海南炼化乙烯、中海油富岛化工丙烯腈、紫金黄金科技等制造业项目顺利投产，对拉动海南工业增长发挥了重要作用。采矿业稳产增产，对海南工业起到压舱石的作用。另外，在自贸港等优惠政策影响下，海南医药工业生产和出口实现大幅增长。宁夏、内蒙古进入全国前五。2023 年前三季度，宁夏和内蒙古工业增速分别为 9.6%和 7.6%，分别较上半年提高 2.4 个百分点和 0.7 个百分点。宁夏重点发展新材料、新能源、新食品加工“三新”产业，其中，银川着力打造“中国新硅都”，西安隆基、天津中环等国内光伏龙头企业均已在银川落地。黑龙江、陕西、北京持续负增长。2023 年前三季度，黑龙江、陕西工业增加值分别下降 2.4%和 1.5%，降

幅较上半年扩大或由正转负；北京工业增加值同比下降 0.7%，降幅较上半年收窄 0.3 个百分点。

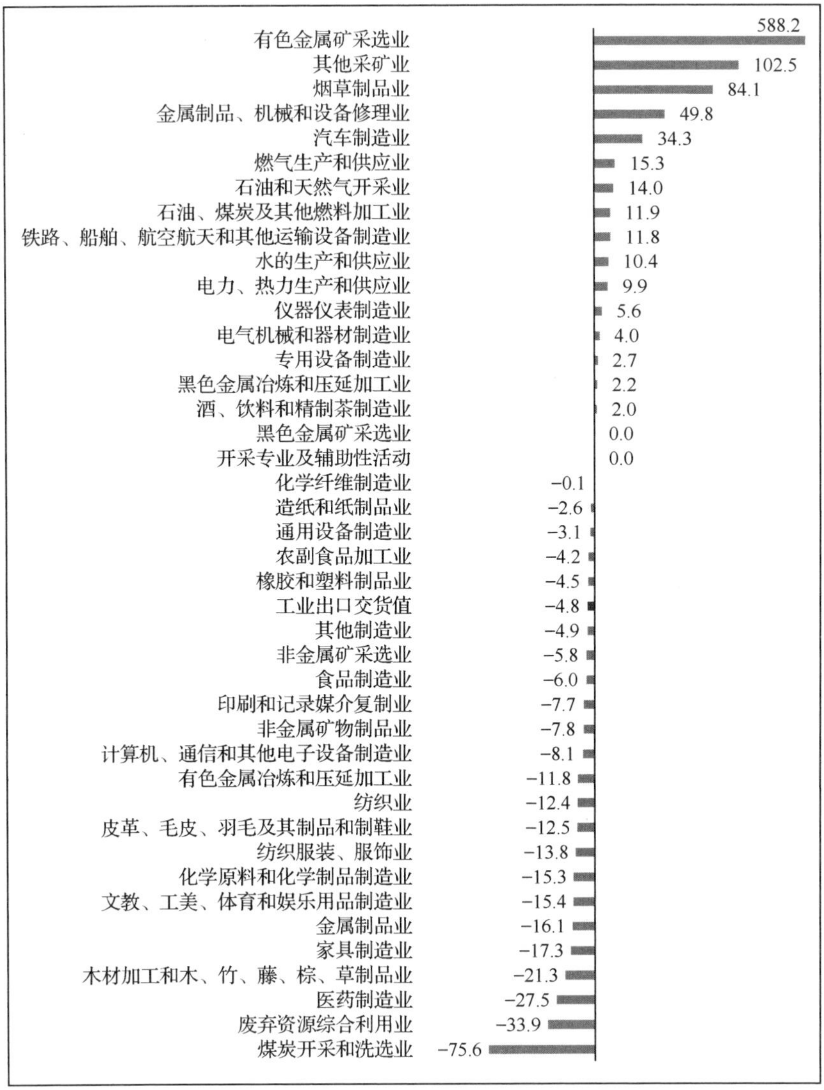

行业	增速/%
有色金属矿采选业	588.2
其他采矿业	102.5
烟草制品业	84.1
金属制品、机械和设备修理业	49.8
汽车制造业	34.3
燃气生产和供应业	15.3
石油和天然气开采业	14.0
石油、煤炭及其他燃料加工业	11.9
铁路、船舶、航空航天和其他运输设备制造业	11.8
水的生产和供应业	10.4
电力、热力生产和供应业	9.9
仪器仪表制造业	5.6
电气机械和器材制造业	4.0
专用设备制造业	2.7
黑色金属冶炼和压延加工业	2.2
酒、饮料和精制茶制造业	2.0
黑色金属矿采选业	0.0
开采专业及辅助性活动	0.0
化学纤维制造业	−0.1
造纸和纸制品业	−2.6
通用设备制造业	−3.1
农副食品加工业	−4.2
橡胶和塑料制品业	−4.5
工业出口交货值	−4.8
其他制造业	−4.9
非金属矿采选业	−5.8
食品制造业	−6.0
印刷和记录媒介复制业	−7.7
非金属矿物制品业	−7.8
计算机、通信和其他电子设备制造业	−8.1
有色金属冶炼和压延加工业	−11.8
纺织业	−12.4
皮革、毛皮、羽毛及其制品和制鞋业	−12.5
纺织服装、服饰业	−13.8
化学原料和化学制品制造业	−15.3
文教、工美、体育和娱乐用品制造业	−15.4
金属制品业	−16.1
家具制造业	−17.3
木材加工和木、竹、藤、棕、草制品业	−21.3
医药制造业	−27.5
废弃资源综合利用业	−33.9
煤炭开采和洗选业	−75.6

图 7-35　2023 年前三季度工业行业出口交货值累计同比增速/%

（数据来源：国家统计局，赛迪工经所整理，2023 年 10 月）

分四大区域看，东部地区工业经济稳定增长，2023 年前三季度，江苏、山东、河北、浙江等工业大省同比增长 5.5%以上，广东、福建呈现持续回升态势，分别增长 3.1%、2.5%。东北地区在低基数效应支撑下，2023 年前三季度，辽宁和吉林工业增速略高于全国平均水平，但较上半年有所回落；黑龙江工业增加值降幅较上半年扩大 2.2 个百分点。西部地区工业增速整体领涨全国。2023 年前三季度，除陕西外，其他西部地区工业增速均超过全国平均水平，多地还跃居全国前列。陕西工业自 2023 年 7 月累计增速由正转负后，连续三个月负增长。2023 年，陕西消费品工业表现不佳，食品、医药等行业降幅较大。中部地区工业增速稳步回升。安徽、湖北分别增长 7.3%、5%，高于全国平均水平，湖南、山西等地区表现不佳。

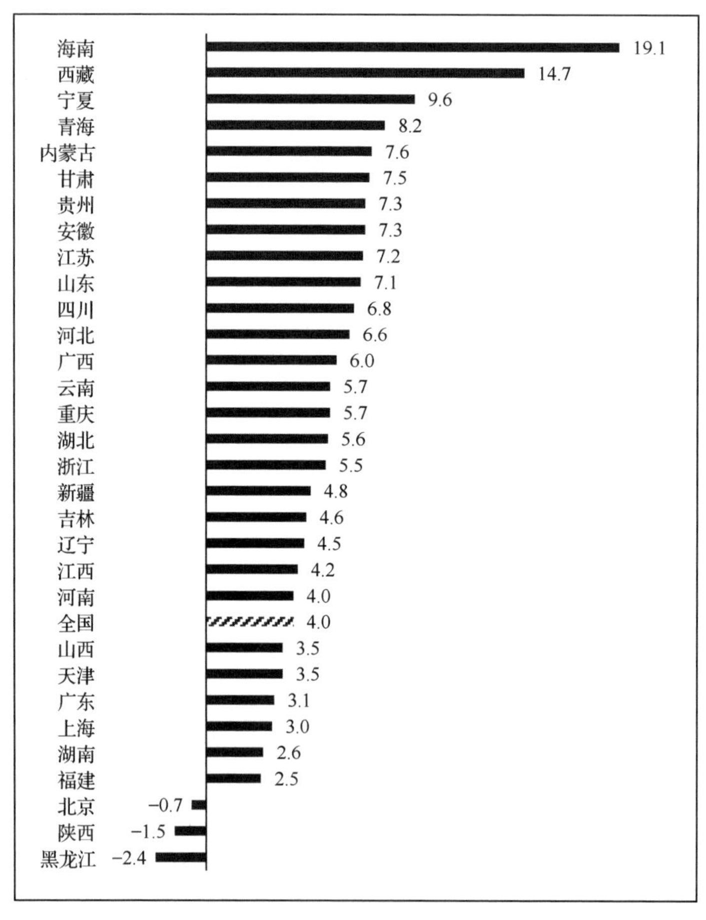

图 7-36　2023 年前三季度各省（区、市）规模以上工业增加值增速/%

（数据来源：国家统计局，赛迪工经所整理，2023 年 10 月）

十个工业大省中，2023 年前三季度江苏、山东、四川、河北、湖北、浙江六省的规模以上工业增加值分别同比增长 7.2%、7.1%、6.8%、6.6%、5.6%、5.5%，分别高于全国 3.2 个百分点、3.1 个百分点、2.8 个百分点、2.6 个百分点、1.6 个百分点、1.5 个百分点，对全国工业增长发挥重要支撑作用；河南的规模以上工业增加值同比增长 4.0%，与全国增速持平；广东、湖南、福建三省的工业增速低于全国平均水平，但较 2023 年上半年均有不同程度改善。

贸易端（见表 7-8）：多数地区进出口增速超过全国平均水平，工业大省之间出口分化较为严重。从进出口增速看，2023 年前三季度，有 16 个省（区、市）超全国平均水平（人民币计价，-0.2%），西部地区的西藏、新疆、内蒙古、青海、广西等都保持了两位数以上的增长，在全国处于领先位置。其中，新疆进出口同比增长 47.3%，排名全国第二，作为丝绸之路经济带核心区，新疆 2023 年前 8 个月对“一带一路”共建国家进出口额为 2066.8 亿元，同比增长 53.7%，增势迅猛。2023 年前三季度，东部地区的海南进出口同比增长 20.2%，东北地区的黑龙江进出口同比增长 15.1%，增速分别排名全国第 4 和第 7 位。工业大省中，广东、湖北、福建、湖南、四川、江苏、河南进出口额均为负增长，降幅为 0.1%～6.8%。从出口增速看，2023 年前三季度，有 17 个省（区、市）增速超全国平均水平（0.6%），西藏、黑龙江、新疆出口分别增长 125.2%、49.1%、48.8%，处于全国前三位。10 个工业大省中，广东、浙江、山东等出口态势好于全国平均水平，出口增速分别为 3.9%、4.4%、2.5%，是促进全国出口实现正增长的重要力量；江苏、福建、湖南等出口明显下滑，分别同比下降 5.4%、4.8%、14.9%，对全国出口形成拖累。

表 7-8　2023 年前三季度各省（区、市）进出口情况

序号	地区	进出口额/亿元	进出口同比增长率/%	出口总额/亿元	出口同比增长率/%	进口总额/亿元	进口同比增长率/%
全国		308021.1	-0.2	176025.2	0.6	131995.9	-1.2
1	广东	60947.4	-0.1	40403.4	3.9	20544.0	-7.2
2	江苏	38315.1	-6.5	24591.4	-5.4	13723.7	-8.3
3	浙江	36959.8	5.0	27143.6	4.4	9816.2	6.8

续表

序号	地区	进出口额/亿元	进出口同比增长率/%	出口总额/亿元	出口同比增长率/%	进口总额/亿元	进口同比增长率/%
4	上海	31665.6	2.7	12989.3	3.9	18676.4	1.8
5	北京	26810.7	1.2	4447.5	6.1	22363.2	0.3
6	山东	24134.0	2.5	14365.8	2.5	9768.2	2.5
7	福建	14504.7	-1.7	8580.2	-4.8	5924.5	3.1
8	四川	6873.6	-6.0	4328.6	-1.8	2545.0	-12.4
9	天津	6002.1	-2.7	2770.9	-3.0	3231.2	-2.4
10	安徽	5960.2	6.1	3912.1	12.1	2048.1	-3.7
11	辽宁	5785.3	-3.3	2675.7	-2.4	3109.6	-4.1
12	河南	5719.6	-6.8	3730.8	-1.6	1988.8	-15.2
13	重庆	5416.3	-12.5	3638.6	-9.5	1777.8	-18.2
14	广西	4981.5	18.4	2473.0	13.1	2508.5	24.2
15	湖南	4622.9	-5.5	3064.6	-14.9	1558.3	20.6
16	湖北	4575.1	-1.5	3082.3	-2.1	1492.7	-0.4
17	江西	4420.0	-9.8	3168.2	-16.0	1251.8	11.0
18	河北	4100.5	4.1	2496.2	5.2	1604.3	2.5
19	陕西	2962.9	-17.3	1908.1	-14.6	1054.8	-21.6
20	新疆	2528.4	47.3	2133.8	48.8	394.6	39.8
21	黑龙江	2182.2	15.1	540.9	49.1	1641.3	7.1
22	云南	1913.3	-23.0	680.9	-44.4	1232.4	-2.1
23	海南	1715.3	20.2	554.1	16.7	1161.2	22.0
24	内蒙古	1379.9	29.2	535.7	20.7	844.2	35.3
25	山西	1210.9	-11.6	754.6	-15.8	456.3	-3.6
26	吉林	1195.8	3.7	438.1	19.8	757.7	-3.7
27	贵州	480.4	6.8	317.4	13.0	163.0	-3.5
28	甘肃	382.4	-12.2	93.1	5.3	289.3	-16.6
29	宁夏	155.7	-5.7	115.1	-8.0	40.6	1.5
30	西藏	76.5	126.3	71.5	125.2	5.0	142.3
31	青海	34.5	19.7	19.6	13.5	14.9	29.0

数据来源：海关总署，Wind，赛迪工经所整理，2023 年 10 月。

（四）从市场主体看，企业预期逐步改善，内资企业生产和投资恢复较快，外资企业利润改善比较明显

2023 年以来，我国制造业 PMI 波动较大，2023 年前三个月保持在荣枯线上方，并于 2 月达到 52.6%，回升至近年来较高水平；2023 年二季度各月制造业 PMI 在 49%左右波动，回落至荣枯线下方；2023 年三季度制造业 PMI 逐月改善，9 月为 50.2%，再次回升至荣枯线上方。分类指数中，生产指数整体好于新订单指数。生产指数自 2023 年 6 月开始处于荣枯线上方，2023 年 9 月较上月提高 0.8 个百分点至 52.7%；新订单指数自 2023 年 8 月开始升至荣枯线上方，2023 年 9 月较上月提高 0.3 个百分点至 50.5%。分企业类型看，大型企业景气状况明显好于中小型企业，但中小型企业预期逐步改善。2023 年 9 月，大型和中型企业生产经营活动预期指数分别为 56.8%和 55.4%，处于年内高位；小型企业生产经营活动预期指数为 53.1%，仍低于大中型企业，但环比回升 1.5 个百分点，改善比较明显。这显示出市场主体发展预期在逐步改善。

生产方面，2023 年前三季度，私营企业和国有企业增加值分别同比增长 2.3%和 4.6%，而外商及港澳台商投资企业增加值增长 0.5%。投资方面，2023 年前三季度，内资企业固定资产投资同比增长 3.3%，港澳台商企业固定资产投资同比下降 2.6%，外商企业固定资产投资同比增长 1.7%。效益方面，2023 年前 8 个月，私营企业利润总额同比下降 4.6%，降幅较上半年收窄 8.9 个百分点；国有企业利润总额同比下降 21%，降幅较上半年收窄 4.5 个百分点；外商及港澳台商投资企业利润总额同比下降 11.1%，降幅较上半年收窄 1.7 个百分点。综合来看，内资企业各项指标恢复略快于外资企业。

二、工业经济持续回升面临四重制约

（一）市场需求不足问题突出

国内有效需求不足叠加外需走弱仍然是制约我国经济恢复的突出问题。一是消费回升仍面临制约。居民就业压力仍然较大、收入预期不稳、消费意愿不强，制约消费电子、汽车、轻工、纺织等面向终端消费的行业持续恢复。此外，疫后居民消费习惯和消费方式发生变化，消费降级现象凸显，汽车、住房等大宗消费增长动力不足。二是投资拉动作用减弱。房地产风险、地方债务风险、金融风险等相互交织，将继续拖累房地产开发投资恢复、制约基建投资增长，对钢铁、建材、工程机械及家具家电等相关行业的拉动作用不断减弱。此外，部分企业受发展预期不稳、投资收益下降、营商环境不优等影响，投资信心受挫，制造业技改投资持续低迷，对相关装备和产品的带动性下降。三是出口增长面临挑战。全球经济割裂破坏增长前景，美欧等发达经济体受高利率高通胀高债务制约，生产投资和家庭消费恢复缓慢，对我国产品需求难有显著改善；东南亚、墨西哥、印度等地抓住全球产业链供应链重构机遇，加快承接全球产业转移，转移产能逐步释放，恐将继续挤占我国出口份额。

（二）动能转换面临多重挑战

我国正处于经济增长动能转换的关键时期，在传统支撑行业动能减弱的同时，新动能增长面临新挑战。一是高技术制造业等新动能增长放缓。受消费电子需求低迷及美西方打压等多重因素影响，高技术制造业生产持续低迷、投资增速放缓、出口持续下滑。2023 年前三季度高技术制造业增加值同比增长 1.9%，增速比规模以上制造业增速低 2.5 个百分点；高技术制造业投资同比增长 11.3%，领先制造业投资增速的幅度收窄至 5.1 个百分点；高新技术产品出口（美元计价）同比下降 13.7%，对出口总额增长的负向贡献率超过 64%。二是装备制造业支撑有所减弱。终端需求疲软逐步向中游装备制造业传导，2023 年增长亮眼的电动汽车、光伏和锂电池等新兴领域遭遇欧盟双反调查、新电池法案冲击，装备制造业对工业经济的支撑能力恐将减弱。三是部分领域结构性产能过剩风险凸显。各地产业布局趋同，光伏、动力电池等新兴领域及化工等传统领域，在一定程度上存在过热投资现象，产能结构性过剩风险上升。调研中有不少地方反映光伏、锂电池等领域竞争加剧，价格大幅下滑，企业增产不增值，部分项目投产后产能释放不及预期。

（三）企业生产经营依然困难

2023 年以来，企业效益逐月改善但仍然低迷，企业生产经营面临盈利能力走低、成本负担加重、资金链紧张等困难。一是盈利能力走低。2023 年前 8 个月，规模以上工业企业利润同比下降 11.7%，降幅逐月收窄但仍高达两位数；营业收入利润率为 5.52%，同比下降 0.71 个百分点，制约企业信心恢复。二是成本负担仍然较重。2023 年前 8 个月，规模以上工业企业每百元营业收入中的成本、费用分别同比增加 0.42 元、0.28 元，成本费用负担较重。调研中有不少地方反映用能成本居高不下，环保成本、人力成本等增长较快。三是企业资金链紧张。受经济下行和需求不足影响，下游企业拖欠问题突出，账款不能如期支付，风险向中游、上游接续传导，形成全行业账款系统性风险。很多中小企业反映，企业应收款和外欠账款增多，上下游企业间相互欠款，形成“三角债”，加剧了资金紧张，经营压力大幅上升。

（四）国际形势更趋复杂严峻

当前，我国经济发展面临的外部不确定性、不稳定性因素明显增多，全球地缘政治风险、通胀风险、债务风险等相互交织，全球经济增长前景疲软。一是全球地缘政治风险上升。俄乌冲突持续跌宕，巴以冲突骤然升级，加剧了大宗产品价格波动震荡，抬升了我国工业企业要素成本。美遏华制华战略不变，叠加美大选政治周期，排华动作更加频繁，干扰我国周边安全稳定，黑天鹅事件、灰犀牛事件随时可能发生。二是全球通胀风险仍将持续。美联储加息效应、绿色能源转型、地缘政治冲突等因素推动能源和粮食等价格保持高位。2023 年 9 月美国 CPI（居民消费价格指数）同比上涨 3.7%，涨幅居高不下；欧元区、印度、土耳其、阿根廷的通货膨胀率短期内难以有效下降，制约全球经济稳定复苏。三是全球债务风险仍难缓解。主要发达经济体货币政策外溢效应显现，全球利率短期内难以大幅下降，全球债务总额仍处于历史高位，IMF（国际货币基金组织）最新报告预警，未来三年全球债务比率可能有所回升。

三、2023年四季度我国工业经济发展形势展望

（一）房地产市场将继续调整，基建投资继续保持较快增长，企业信贷支持力度加大，生产经营预期改善，制造业投资将呈趋稳向好态势

制造业投资与房地产开发投资、基建投资等紧密相关。从房地产开发投资看，各部门和地方密集出台房地产支持政策，但商品房销售、土地出让等恢复不及预期，政策效果显现尚需时日，房地产开发投资短期内仍将低迷。从基建投资看，2023年9月地方政府专项债发行提速，银行加大配套资金支持力度，基础设施中长期贷款余额增长15%以上，财政金融对基建投资起到关键拉动作用。但当前地方政府债务压力普遍较大，财政资金紧张，2023年四季度基建投资增速可能趋缓。从制造业投资看，资金支持和经营预期都在逐步改善。一是金融机构对企业信贷支持力度加大。2023年9月末制造业中长期贷款余额同比增长38.2%，增速较2022年末提升1.5个百分点；新发放企业贷款加权平均利率较2022年末下降32个基点。此外，工信部联合国家开发银行实施专项贷款，多家银行也将制造业作为信贷投放的重点，这将为制造业投资增长注入动力。二是企业经营预期有望逐步恢复。工业品价格2023年7月出现拐点，工业企业当月利润同比转正，有助于推动企业预期改善。PMI生产经营活动预期指数连续高于55%，企业预期稳步恢复。总体来看，2023年四季度制造业投资预期将逐步恢复，投资增速将呈现趋稳向好态势。

（二）重点领域促消费政策接续发力，居民可支配收入有望改善，消费贷需求合理增加，但消费者信心恢复缓慢，消费将呈现平稳运行态势

消费恢复主要受居民收入预期、消费信贷资金、消费政策支持等影响。一是重点领域促消费政策将接续发力。相关部门加快家居、汽车、电子产品等领域促消费政策落地见效，为消费加快恢复增添动力。预计2023年四季度，受上年同期低基数及政策效应逐步发力的影响，汽车消费有望继续恢复，具备消费升级与技术革新特征的电子产品、家居家

电等消费有望低位复苏。二是居民收入预期改善。2023 年前三季度，全国居民人均可支配收入同比实际增长 5.9%，较 2022 年全年回升 3.0 个百分点，达到上年以来最高水平。近期，国家发布实施了提高个人所得税专项附加扣除标准、下调存量首套商业性个人住房贷款利率，这些将刺激居民可支配收入改善。三是消费贷款合理增加。截至 2023 年 9 月末，我国住户消费性贷款余额稳步升至 58 万亿元，达到 2015 年以来最高水平，信贷增加有利于促进消费规模增长和消费升级。2023 年下半年以来，我国消费者信心指数仅为 86 左右，低于上半年的水平，消费信心恢复较缓。考虑上年同期低基数效应，2023 年四季度消费整体将基本平稳。

（三）全球经济依然低迷，紧缩货币政策外溢效应显现，我国出口增长的“量”“价”同步走弱，工业出口交货值降幅将逐步收窄

从国际环境看，首先，全球经济依然低迷。多家国际机构上调全球经济增长预期，预测 2023 年全球经济增速在 2.1%～3.0%，仍处于低迷区间。其次，多国货币政策紧缩速度有望趋缓，但前期紧缩货币政策带来的外溢效应已经显现。多国央行连续两年加息后于 2023 年 9 月暂停加息，一些国家利率处于见顶边缘，这释放了货币政策紧缩放缓的信号。由于核心通胀仍远高于央行目标，未来一段时间主要国家仍将维持紧缩货币政策，这将抑制非金融部门信贷需求，加剧金融市场波动风险；同时或加大新兴经济体债务违约风险。从国内环境看，一是海外订单量仍显疲态。我国 PMI 新出口订单指数处于 2023 年以来低点，出口订单继续较大幅度收缩，“新三样”对出口增长带动减弱。二是出口品价格呈快速下行趋势。2023 年 8 月，我国出口价格指数（上年同月为 100）为 91.4，较 2023 年 1 月下滑 20.5 个百分点，未来一段时间价格因素仍将拖累出口表现。此外，美西方加速“去风险化”，产能转移和订单转移效应逐渐显现。但随着“一带一路”国际合作更加深入，以及 RCEP 全面实施，我国与东盟等国家的贸易往来更加紧密，出口增长韧性增强。综上所述，预计 2023 年四季度我国工业出口交货值将延续负增长态势，但降幅将逐步收窄。

（四）稳增长政策组合效应逐步显现，重点行业支撑带动性有望增强，工业生产将继续小幅回升

综合来看，党中央、国务院高度重视工业稳增长，为工业经济发展提供了明确方向，各地采取有力举措，推动新型工业化跨越突破、全面跃升。同时，我国完整的产业体系、完善的基础设施和超大规模市场优势叠加，为工业稳定恢复提供了重要动力。当前我国财政赤字率相对较低，金融机构降息降准仍有空间，政策回旋余地较大，政策持续发力依然可期，存量政策与增量政策将叠加发力，十大重点行业稳增长工作方案加紧实施，将推动工业运行持续好转。PMI生产指数恢复至扩张区间，先行指标预示工业生产恢复韧性较强。预计2023年四季度，规模以上工业增加值将呈现小幅回升态势，全年增长4.5%左右。

四、推动工业经济持续好转的思考建议

（一）强化需求牵引应用主导，提升自主创新能力

一是坚持应用牵引，支持重点产业链龙头企业和关键企业实施国产化导入、国产试验线建设，引导人才、资金、政策向龙头企业集聚，逐步提高基础材料和关键设备国产化率，增强产业链供应链自主可控能力。二是进一步扩大首台（套）推广应用指导目录范围，实施首台（套）产品政府首购制度，提高国有企业采购首台（套）产品和服务的比例，发挥其引领带动作用；引导更多保险机构提供首台（套）重大技术装备综合保险业务，促进企业创新和科技成果产业化。

（二）坚持传统新兴双轮驱动，推动增长动能转换

一是支持各地顺应技术趋势和产业规律，积极布局新能源、生物医药、新一代信息技术等新兴产业，同时要引导各地因地制宜，坚持差异化发展，培育特色优势产业。二是继续提高研发费用税前加计扣除比例，特别是针对精细化工、高端纺织面料、新能源汽车等行业领域，可阶段性大幅提高研发费用税前加计扣除比例，加大力度推进企业转型升级。三是鼓励地方政府设立技改专项资金，加大对企业智能化、绿色化技改投资的财政补贴和贷款贴息力度。四是研究扩大企业所得税专用设备抵

扣范围，建议由环境保护、节能节水、安全生产专用设备扩展到智能专用设备，并适当上调抵扣比例。

（三）持续优化区域开放布局，增强制造业根植性

一是完善支持西部优势地区发展的政策体系，支持川渝等西部地区积极打造产业转移重点合作园区，支持广西、云南等地区积极探索推进沿边临港产业园区建设，发挥产业转移“拦水坝”和“蓄水池”作用。二是持续优化营商环境，强化要素保障和服务质量，巩固拓展减税降费成效，降低企业生产经营成本，提升制造业企业根植性和竞争力，稳住产业链龙头企业和关键零部件企业，保障国内重点产业链供应链安全稳定。三是深化中国—东盟多领域、多层次交流合作，充分借助“一带一路”倡议、RCEP 等区域合作机制，主动拓展与东亚、东南亚国家的新产业新业态合作，打造一批中国—东盟产业链合作示范区，构建互利共赢、深度融合的产业链供应链合作体系。

（四）精准施策持续助企纾困，推动降本减负增效

一是真正落实好前期出台的各项助企纾困政策，加快推动惠企政策“免申即享”、奖补资金“一键直达”，充分释放政策效用。二是切实降低企业能源成本，支持工业企业参与电力市场调节，减少不同电力用户之间的交叉补贴；进一步完善分时电价，引导企业错峰生产，降低用电成本。三是切实解决拖欠企业账款问题，明确拖欠企业账款的主体及还款规模、方式、节奏，并约定时间节点；优先解决专精特新中小企业和整体欠款过高行业的拖欠账款问题。四是优化各类再贷款的白名单制度，加强商业银行间的信贷信息共享；支持金融机构开展知识产权、商标权、订单、科技成果等无形资产质押融资服务；加大制造业中长期贷款、贴息贷款等支持力度。

第四节　2023 年工业经济形势分析及 2024 年走势展望

2023 年，我国工业经济整体呈现“生产逐步复苏，投资稳步增长，

消费回升向好，出口降幅收窄”发展态势，装备制造业继续发挥引领带动作用，工业大省的压舱石作用凸显，企业预期在波动中逐步改善。工业经济平稳运行，仍面临美西方遏制打压升级、有效需求持续不足、动能转换道阻且艰、企业生产经营依然困难等突出问题。建议加快现代化产业体系建设、助力企业开拓国际市场、强化绿色转型能源保障、优化营商环境降低成本。

一、2023年工业经济运行分析

（一）从总体上看，2023年工业经济整体呈现“生产逐步复苏，投资稳步增长，消费回升向好，出口降幅收窄”发展态势

工业生产逐步复苏。2023年，我国规模以上工业增加值同比增长4.6%，增速较2023年前三季度提高0.6个百分点，较上年同期提升1.0个百分点（见图7-37）。从当月增速看，工业增速呈现“前稳后升”态势。2023年工业生产平稳开局，前4个月工业增速逐月回升，在低基数效应的支撑下4月工业增速反弹至5.6%；5—10月工业增速在3.5%～4.6%平稳波动；随着新型工业化稳步推进，稳增长政策“组合拳”落地见效，叠加低基数效应，11月、12月增速连创年内新高，分别达6.6%和6.8%（见图7-38）。从历史对比来看，工业生产仍处在逐步复苏区间。2023年工业增速较上年明显回升1.0个百分点，疫情以来的2020—2022年的三年平均增速为5.1%，虽然较疫情前平均增速还有一些差距，但体现出很强的发展韧性。

从工业对经济增长的支撑作用看（见表7-9），2023年我国全部工业增加值同比增长4.2%，增速低于GDP增速1.0个百分点，工业对经济增长的贡献率为26.2%，较2023年前三季度提升1.1个百分点，较上年回落10.8个百分点。这主要是由于疫情期间受到抑制的接触型聚集型服务业快速恢复，带动服务业对经济增长的贡献率快速上升。从工业占比看，2023年工业增加值占GDP的比重为31.7%，较上年回落1.1个百分点，与疫情前的2019年水平相当，工业对经济的压舱石作用不容忽视。

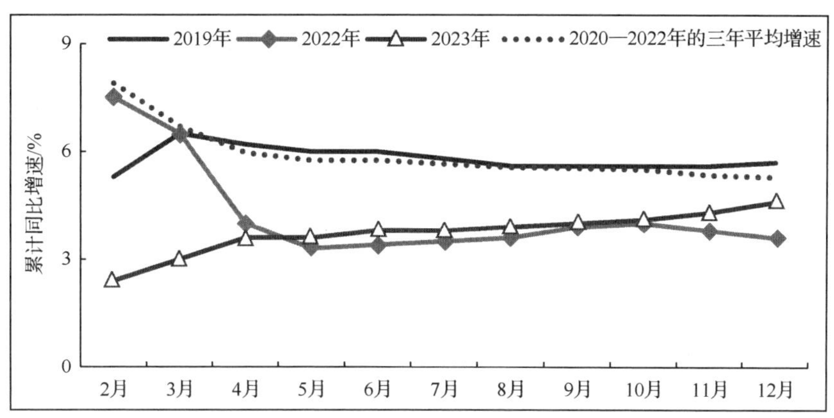

图 7-37　规模以上工业增加值累计同比增速

（数据来源：国家统计局，赛迪工经所整理，2024 年 1 月）

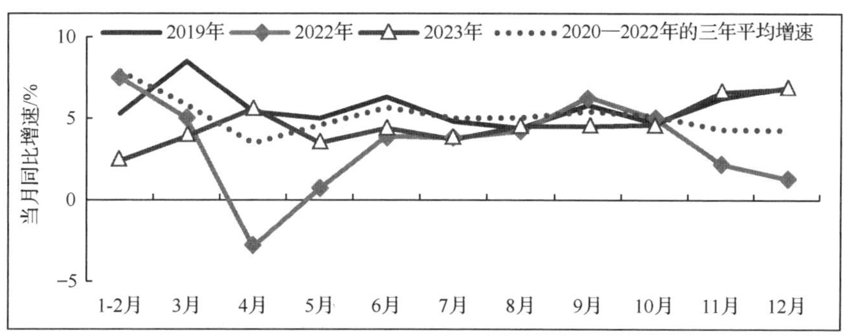

图 7-38　规模以上工业增加值当月同比增速

（数据来源：国家统计局，赛迪工经所整理，2024 年 1 月）

表 7-9　工业对经济增长的支撑情况

年度	工业占 GDP 比重累计值/%				工业对 GDP 累计增长贡献率/%			
	一季度	二季度	三季度	四季度	一季度	二季度	三季度	四季度
2012	40.2	40.1	39.3	38.8	47.4	44.3	42.3	41.3
2013	38.7	38.6	37.9	37.5	39.0	38.5	38.8	38.5
2014	37.4	37.4	36.7	36.2	36.1	36.3	35.2	33.9
2015	35.4	35.3	34.6	34.1	30.6	30.6	29.7	29.6
2016	33.0	33.3	33.0	32.9	27.6	28.4	28.4	28.3
2017	33.5	33.6	33.2	33.1	29.1	30.0	29.7	29.3

续表

年度	工业占 GDP 比重累计值/%				工业对 GDP 累计增长贡献率/%			
	一季度	二季度	三季度	四季度	一季度	二季度	三季度	四季度
2018	33.1	33.3	33.0	32.8	31.1	31.3	30.4	30.1
2019	32.2	32.4	31.9	31.6	27.9	27.3	26.3	26.9
2020	30.9	31.4	31.1	30.9	38.9	33.1	48.9	36.6
2021	32.6	32.9	32.6	32.6	41.7	40.3	38.9	37.9
2022	34.1	34.0	33.3	32.8	43.9	43.3	40.1	37.0
2023	32.9	32.5	32.0	31.7	22.2	23.5	25.1	26.2

数据来源：国家统计局，赛迪工经所整理，2024 年 1 月。

工业投资稳步增长。2023 年，我国工业投资同比增长 9.0%，增速较上半年加快 0.1 个百分点，与前三季度持平，但较上年回落 1.3 个百分点。历史对比显示，工业投资韧性强、增速快。2023 年工业投资在上年高基数的基础上继续保持稳步增长，不仅大幅高于疫情前 2019 年的增长水平（4.3%），也高于 2020—2022 年疫情三年间的平均水平（7.1%），体现出非常强的韧性与抗风险能力。制造业投资持续增长，稳步加快。在制造业企业盈利持续改善及转型升级加快等因素的带动下，制造业投资持续企稳向好。2023 年，制造业投资比上年增长 6.5%，增速比全部固定资产投资增速高 3.5 个百分点（见图 7-39）。

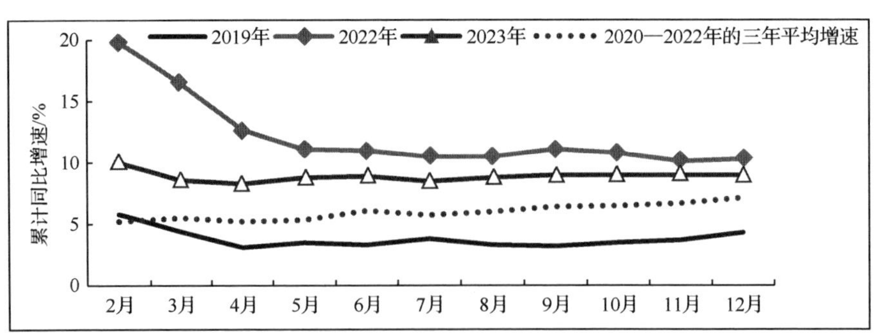

图 7-39 工业投资累计同比增速

（数据来源：国家统计局，赛迪工经所整理，2024 年 1 月）

从制造业内部看，高技术制造业投资保持较快增长，持续推动产业转型升级。2023 年，高技术制造业投资同比增长 9.9%，增速较全部固

定资产投资增速、工业投资增速、制造业投资增速高 6.9 个百分点、0.9 个百分点、3.4 个百分点；占全部投资的比重比上年提高 0.7 个百分点（见图 7-40）。其中，航空航天器及设备制造业投资增长 18.4%，计算机及办公设备制造业投资增长 14.5%，电子及通信设备制造业投资增长 11.1%。航空航天、电子等高技术制造业投资动力强劲，对制造业转型升级的引领带动作用日益凸显。

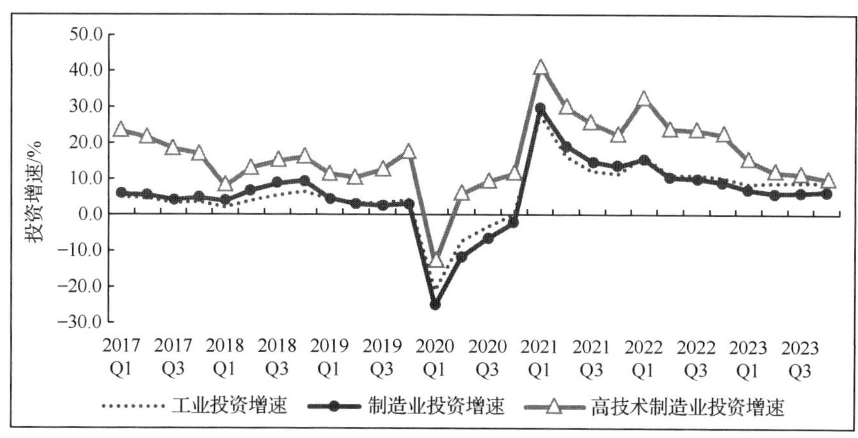

图 7-40 工业投资增速、制造业投资增速与高技术制造业投资增速对比

（数据来源：国家统计局，赛迪工经所整理，2024 年 1 月）

商品消费回升向好。2023 年社会消费品零售总额超 47 万亿元，比上年增长 7.2%，增速较上年回升 7.4 个百分点，但疫情以来的 2020—2023 年的平均增速只有 3.7%，消费整体仍处于恢复增长阶段。从贡献率看，消费重新成为经济增长的首要动力。2023 年，我国最终消费支出拉动经济增长 4.3 个百分点，比上年提高 3.1 个百分点；对经济增长的贡献率达 82.5%，贡献率较上年提升 49.7 个百分点，消费对经济增长的基础作用逐步恢复（见表 7-10）。从消费类型看，居民外出、娱乐、旅游等消费需求快速释放，餐饮收入强劲增长。2023 年餐饮收入同比增长 20.4%，2022—2023 年的两年平均增长 6.2%。相比之下，商品消费恢复较为缓慢。2023 年商品零售同比增长 5.8%，2022—2023 年的两年平均增长 3.1%，同比增速与两年平均增速都明显低于餐饮收入，反弹幅度相对较小。

社会消费品零售总额累计同比增速如图 7-41 所示，商品零售总额累计同比增速如图 7-42 所示，餐饮收入累计同比增速如图 7-43 所示。

表 7-10　内需对经济增长的贡献率

年度	最终消费支出 对经济增长的贡献率累计值/%				资本形成总额 对经济增长的贡献率累计值/%			
	一季度	二季度	三季度	四季度	一季度	二季度	三季度	四季度
2016	78.1	66.5	63.6	66.0	38.3	44.0	47.0	45.7
2017	76.2	62.3	61.5	55.9	28.4	39.6	39.2	39.5
2018	68.5	68.4	66.5	64.0	47.8	43.9	44.2	43.2
2019	66.1	59.0	59.1	58.6	13.4	23.8	23.6	28.9
2020	58.4	155.6	−302.4	−6.8	24.0	−75.8	368.0	81.5
2021	47.2	54.0	56.1	58.3	27.0	25.0	23.0	19.8
2022	67.4	30.8	41.9	32.8	13.1	20.6	20.4	50.1
2023	66.6	77.2	83.2	82.5	34.7	33.6	29.8	28.9

数据来源：国家统计局，赛迪工经所整理，2024 年 1 月。

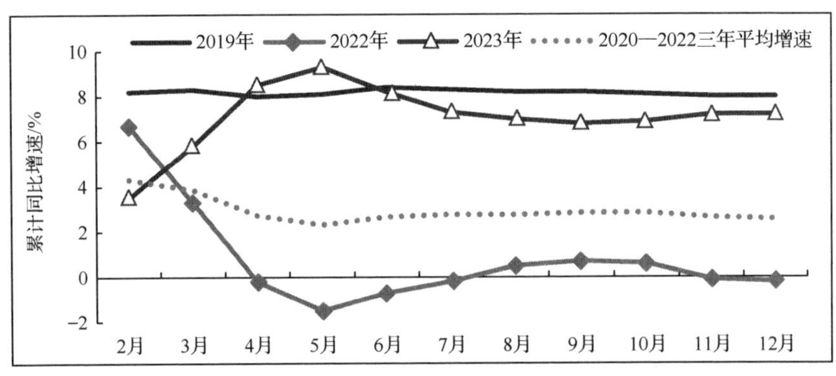

图 7-41　社会消费品零售总额累计同比增速

（数据来源：国家统计局，赛迪工经所整理，2024 年 1 月）

工业出口降幅收窄。2023 年，我国工业企业出口交货值同比下降 3.9%，增速较上年回落 9.4 个百分点，但较 2023 年前三季度收窄 0.9 个百分点。历史数据显示，工业出口交货值处于历年较低水平。2023 年出口交货值增速低于 2019 年的 1.3%，也低于 2020—2022 年的平均水平（7.4%）（见图 7-44）。需要关注的是，高新技术产品出口同比大幅下滑，创近 20 年低值。2023 年我国高新技术产品出口（人民币计价）下跌 5.8%，跌幅较 2023 年前三季度收窄 2.1 个百分点（见图 7-45）。

其中，计算机通信、电子、生命科学技术类产品出口拖累明显。

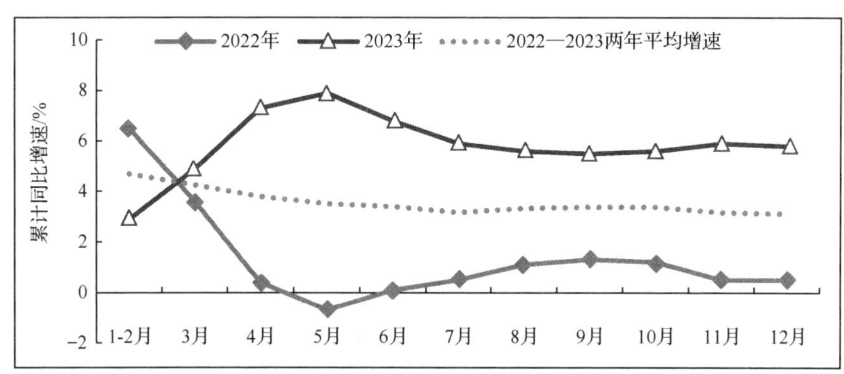

图 7-42 商品零售总额累计同比增速

（数据来源：国家统计局，赛迪工经所整理，2024 年 1 月）

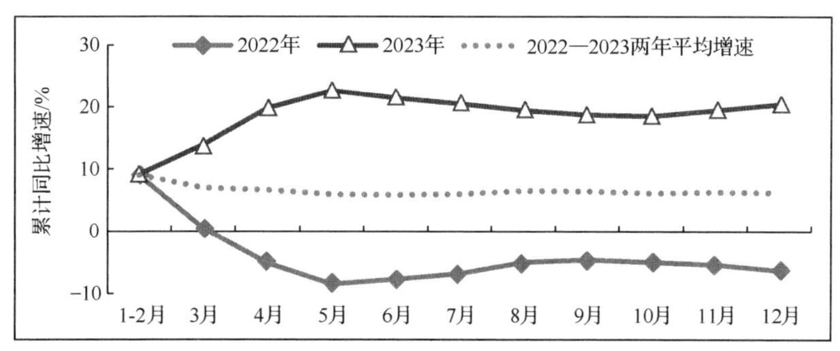

图 7-43 餐饮收入累计同比增速

（数据来源：国家统计局，赛迪工经所整理，2024 年 1 月）

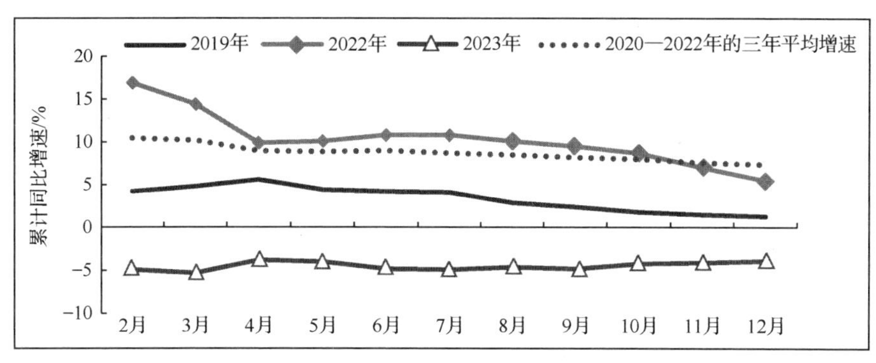

图 7-44 工业企业出口交货值累计同比增速

（数据来源：国家统计局，赛迪工经所整理，2024 年 1 月）

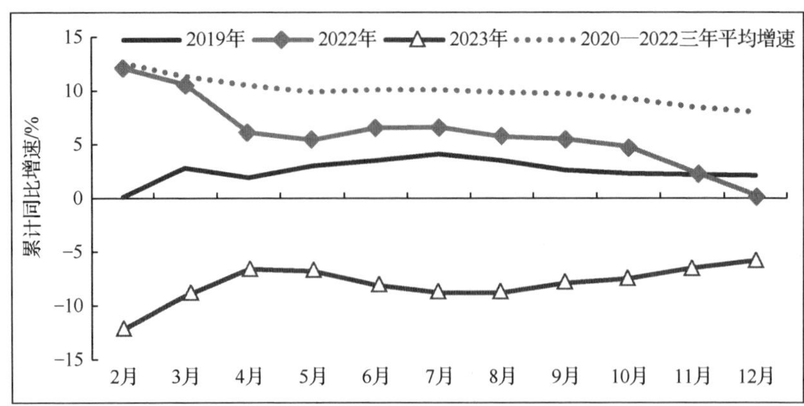

图 7-45　高新技术产品出口累计同比增速（人民币计价）

（数据来源：国家统计局，赛迪工经所整理，2024 年 1 月）

（二）从行业层面看，装备制造业引领带动，原材料制造业逐步恢复，消费品制造业总体改善但内部分化

生产端（见图 7-46）：十大重点行业增长稳定器作用凸显，装备制造业成为重要引擎，原材料制造业稳中加快，消费品制造业出现分化。2023 年，我国规模以上制造业增加值同比增长 5.0%。41 个工业大类行业中，28 个保持增长，增长面近七成，重点行业整体稳中向好。具体行业分类来看，一是制造业"高端化"稳步推进，装备制造业是引领高质量发展的重要引擎。2023 年，装备制造业增加值同比增长 6.8%，对规上工业增长贡献率接近五成，占规上工业增加值的比重为 33.6%。其中，规模以上高技术制造业中的航空航天器及设备制造业增加值同比增长 17.7%；汽车制造业增加值增长 13%，汽车总产量突破 3000 万辆大关。二是原材料工业生产持续恢复，稳中加快。随着重点行业稳增长工作方案的落地见效，2023 年石油、化工、钢铁、有色等原材料工业生产增速持续恢复，增加值分别增长 8.2%、9.6%、7.1%、8.8%，增速均较上一年明显回升。三是消费品制造业分化明显，但重点优势产品增势稳定。2023 年消费品制造业 13 个大类行业中，化学纤维、烟草和食品等 6 个行业实现正增长；医药、纺织、家具等行业同比下降 5.8%～7.6%。从重点产品产量看，2023 年我国有 100 多种产品产量稳居世界第一，空调、冰箱、洗衣机等重点优势产品产量持续快速增长，分别增长 13.5%、14.5%、19.3%。

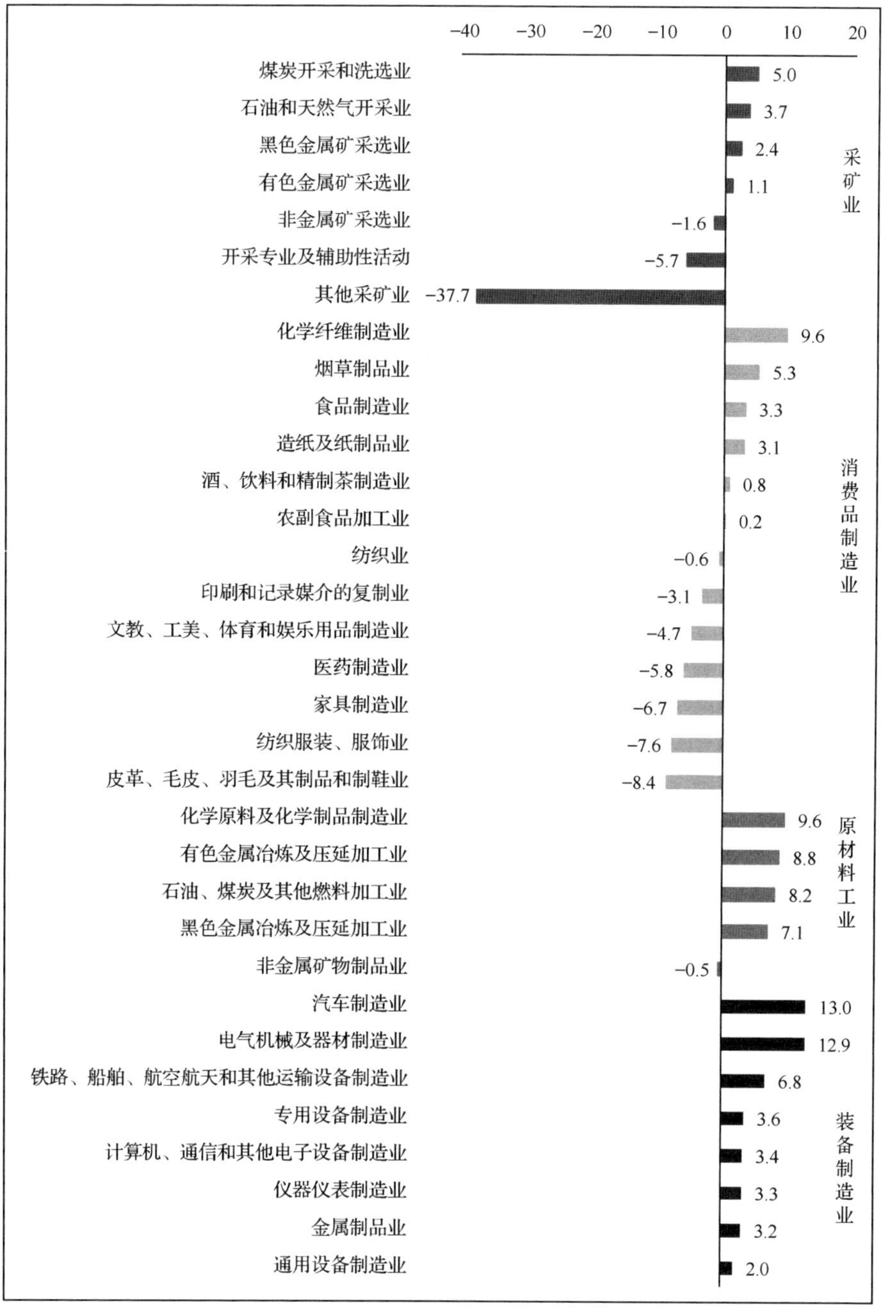

类别	行业	增速/%
采矿业	煤炭开采和洗选业	5.0
采矿业	石油和天然气开采业	3.7
采矿业	黑色金属矿采选业	2.4
采矿业	有色金属矿采选业	1.1
采矿业	非金属矿采选业	−1.6
采矿业	开采专业及辅助性活动	−5.7
采矿业	其他采矿业	−37.7
消费品制造业	化学纤维制造业	9.6
消费品制造业	烟草制品业	5.3
消费品制造业	食品制造业	3.3
消费品制造业	造纸及纸制品业	3.1
消费品制造业	酒、饮料和精制茶制造业	0.8
消费品制造业	农副食品加工业	0.2
消费品制造业	纺织业	−0.6
消费品制造业	印刷和记录媒介的复制业	−3.1
消费品制造业	文教、工美、体育和娱乐用品制造业	−4.7
消费品制造业	医药制造业	−5.8
消费品制造业	家具制造业	−6.7
消费品制造业	纺织服装、服饰业	−7.6
消费品制造业	皮革、毛皮、羽毛及其制品和制鞋业	−8.4
原材料工业	化学原料及化学制品制造业	9.6
原材料工业	有色金属冶炼及压延加工业	8.8
原材料工业	石油、煤炭及其他燃料加工业	8.2
原材料工业	黑色金属冶炼及压延加工业	7.1
原材料工业	非金属矿物制品业	−0.5
装备制造业	汽车制造业	13.0
装备制造业	电气机械及器材制造业	12.9
装备制造业	铁路、船舶、航空航天和其他运输设备制造业	6.8
装备制造业	专用设备制造业	3.6
装备制造业	计算机、通信和其他电子设备制造业	3.4
装备制造业	仪器仪表制造业	3.3
装备制造业	金属制品业	3.2
装备制造业	通用设备制造业	2.0

图 7-46　2023 年工业大类行业增加值同比增速/%

（数据来源：国家统计局，赛迪工经所整理，2024 年 1 月）

投资端（见图 7-47）：装备制造业投资引领增长，化工、有色增速亮眼，消费品制造业投资整体较好。我国制造业正处于结构优化升级，新、旧动能接续转换的重要时期，传统产业面临产能调整和提质增效，新兴产业正在加快发展和逐步壮大，制造业投资增长动力较强。制造业大类行业中，19 个行业投资同比增长，9 个行业投资实现两位数增长。分具体行业看：一是装备制造业投资持续向好。在产业转型升级和新兴产业发展的带动下，资金技术密集型的装备制造业投资增长较快。2023 年装备制造业 8 个大类行业投资全部实现增长，4 个行业增速高达两位数。其中，电气机械和器材制造业、汽车制造业、仪器仪表制造业和专用设备制造业投资增长强劲。二是化工、有色投资增速较为亮眼，钢铁、石油投资下滑。得益于新能源金属需求增长和制造业绿色转型大趋势，有色、化工等原材料行业保持较快投资增速，分别高达 12.5%和 13.4%。受原油、钢铁等原材料价格仍在低位运行的影响，钢铁、石油等上游原材料行业利润普遍下滑，石油行业投资同比下滑 18.9%，钢铁投资增速仅为 0.2%。三是消费品制造业投资整体较好。生活必需品类消费品投资增长较快，食品制造、农副食品加工、酒饮料等行业投资增速高于制造业投资平均水平；化纤、家具、皮革等行业投资均同比下降。

消费端：服务消费增长较快，线上消费蓬勃发展，居民消费升级加快。2023 年我国社会消费品零售总额超 47 万亿元，总量创历史新高，比上年增长 7.2%，消费重新成为经济增长的主引擎，呈现出以下三方面特征：一是服务消费增长较快。随着经济社会全面恢复常态化运行，接触型消费较快回暖。2023 年，服务零售额比上年增长 20%，高于商品零售额 14.2 个百分点。文旅、餐饮等服务消费快速增长，2023 年全国餐饮收入同比增长 20.4%，电影票房收入比上年增长 82.6%。二是线上消费蓬勃发展。随着大数据、云计算、人工智能等新技术的加速运用，消费新业态新模式不断涌现，直播带货、即时零售等新型消费模式蓬勃发展。2023 年，全国线上零售额高达 15.4 万亿元，比上年增长 11%；其中，实物商品线上零售额同比增长 8.4%，占社会消费品零售总额的比重为 27.6%。三是居民消费结构持续升级。目前我国正处在居民消费结构快速升级时期，2023 年商品零售额同比增长 5.8%，其中升级类商品消费需求增长明显，限额以上单位金银珠宝、体育娱乐用品、通信器

材零售额同比分别增长 13.3%、11.2%和 7%。

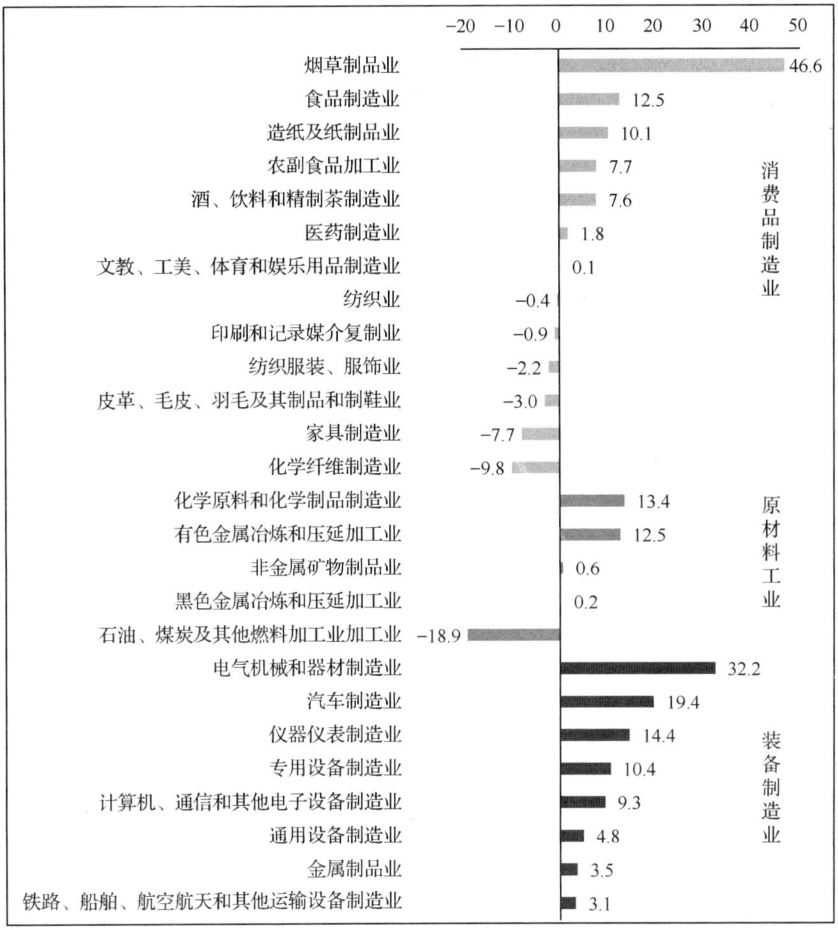

类别	行业	增速
消费品制造业	烟草制品业	46.6
消费品制造业	食品制造业	12.5
消费品制造业	造纸及纸制品业	10.1
消费品制造业	农副食品加工业	7.7
消费品制造业	酒、饮料和精制茶制造业	7.6
消费品制造业	医药制造业	1.8
消费品制造业	文教、工美、体育和娱乐用品制造业	0.1
消费品制造业	纺织业	−0.4
消费品制造业	印刷和记录媒介复制业	−0.9
消费品制造业	纺织服装、服饰业	−2.2
消费品制造业	皮革、毛皮、羽毛及其制品和制鞋业	−3.0
消费品制造业	家具制造业	−7.7
消费品制造业	化学纤维制造业	−9.8
原材料工业	化学原料和化学制品制造业	13.4
原材料工业	有色金属冶炼和压延加工业	12.5
原材料工业	非金属矿物制品业	0.6
原材料工业	黑色金属冶炼和压延加工业	0.2
原材料工业	石油、煤炭及其他燃料加工业加工业	−18.9
装备制造业	电气机械和器材制造业	32.2
装备制造业	汽车制造业	19.4
装备制造业	仪器仪表制造业	14.4
装备制造业	专用设备制造业	10.4
装备制造业	计算机、通信和其他电子设备制造业	9.3
装备制造业	通用设备制造业	4.8
装备制造业	金属制品业	3.5
装备制造业	铁路、船舶、航空航天和其他运输设备制造业	3.1

图 7-47　2023 年制造业行业投资增速/%

（数据来源：国家统计局，赛迪工经所整理，2024 年 1 月）

出口端（见图 7-48）：行业分化严重，有色、烟草、汽车等出口同比实现 20%以上的增长，但医药、石油、化工等同比两位数下滑。2023 年工业企业出口交货值同比下滑 3.9%，2022—2023 年两年平均增长 0.7%。工业大类行业中仅有 14 个行业出口交货值实现正增长，19 个行业出口交货值高于工业企业平均水平。其中，有色，烟草，汽车，铁路、船舶、航空航天等行业出口交货值分别同比增长 762%、63.7%、44.2%和 26.3%，是拉动工业出口的重要力量；煤炭、医药、石油、化工、家具、纺织等行业出口交货值同比两位数下滑，是工业企业出口交货值的主要拖累。

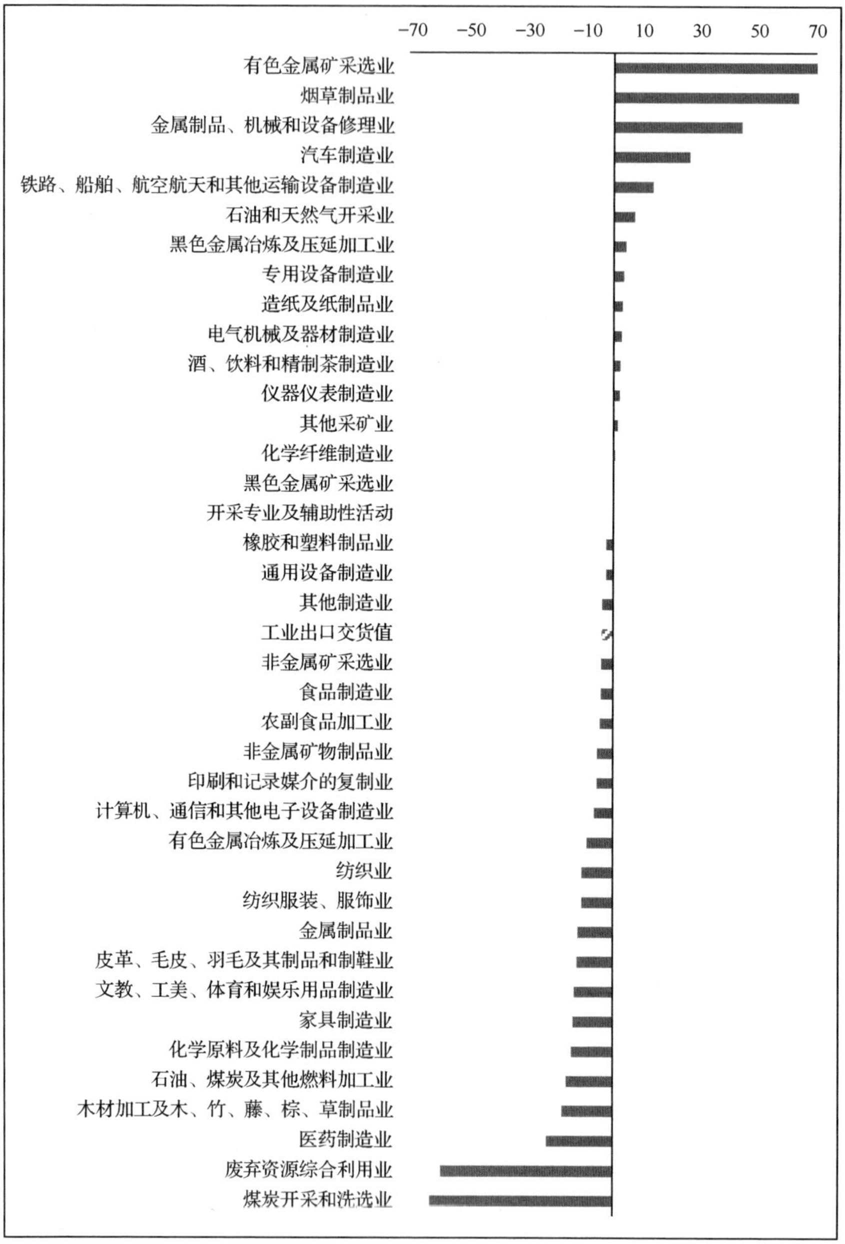

图 7-48　2023 年工业行业出口交货值同比增速/%

（数据来源：国家统计局，赛迪工经所整理，2024 年 1 月）

（三）从地区层面看，东部省份回升快，西部省份亮点多，中部省份增长稳

生产端（见图 7-49）：东部加快回升，西部多地进入全国前列，中部保持平稳增长。2023 年有 25 个省份工业增加值增速高于或等于全国平均水平，较前三季度增加了 3 个地区，分别为陕西、湖南和山西，全国仅黑龙江一省负增长。海南延续全国首位，全年同比增长 18.5%。自 2023 年 6 月以来，海南始终保持全国增速第一的位置。宁夏、甘肃进入全国前五，全年分别增长 12.4%和 7.6%，较前三季度分别提高 2.8 个百分点和 0.1 个百分点。青海未能延续前三季度的高增长势头，全年增速从全国前列滑落至中游水平。

分四大区域看，东部地区：工业增速加快回升，其中，江苏、山东、河北保持较快增长，2023 年增速进入全国前十；广东、福建保持稳健增长，与全国增速的差距逐步缩小。东北地区：除黑龙江表现不佳外，吉林工业在新能源汽车的带动下回升较快，2023 年增速挤入全国前十行列。西部地区：各省份增速均超过全国平均水平，宁夏、西藏、甘肃、内蒙古四地进入全国前十。陕西工业自 2023 年 11 月起回升态势明显，增速实现由负转正，全年增长 5%，较三季度提高 6.5 个百分点。中部地区：安徽进入全国第一方阵，湖北保持在全国中游水平，其余地区虽然增长平稳，但总体表现不佳。综合看，工业大省挑大梁作用突出，江苏、山东、河北、四川、浙江、湖北、湖南、河南的工业增速高于全国平均水平；广东、福建两省的工业增速低于全国平均水平。

贸易端（见图 7-11）：全年进出口规模稳中有增，整体趋势向好，但地区分化较为严重。从进出口增速看，2023 年有 17 个省份增速超全国平均水平（0.2%），西部地区的西藏、新疆、内蒙古、青海、贵州等均保持两位数以上的增长，在全国处于领先位置。东部地区的海南增长 15.3%，东北地区的黑龙江增长 12.3%，中部地区的安徽增长 7.8%，进出口增速分别排名全国第 5、第 6、第 8 位。工业大省中，江苏、福建、四川、河南、湖南均为负增长，其中，湖南全年进出口同比下降 12.1%，降幅最大。从出口增速看，全年有 19 个省份增速超全国平均水平（0.6%），西藏、新疆、黑龙江全年出口分别增长 127.7%、45.7%、39.4%，排在全国前三位。出口规模前十的省份中，广东、浙江、山东、上海、河南、安徽等地区出口态势好于全国平均水平，是稳定我国全年出口规模和增速的重要力量。全年有 12 个省份出口出现负增长，其中，江苏、福建等工业大省全年出口分别同比下降 2.5%和 2.7%，下降幅度较 2023 年前三季度分别收窄 2.9 个百分点、2.1 个百分点。

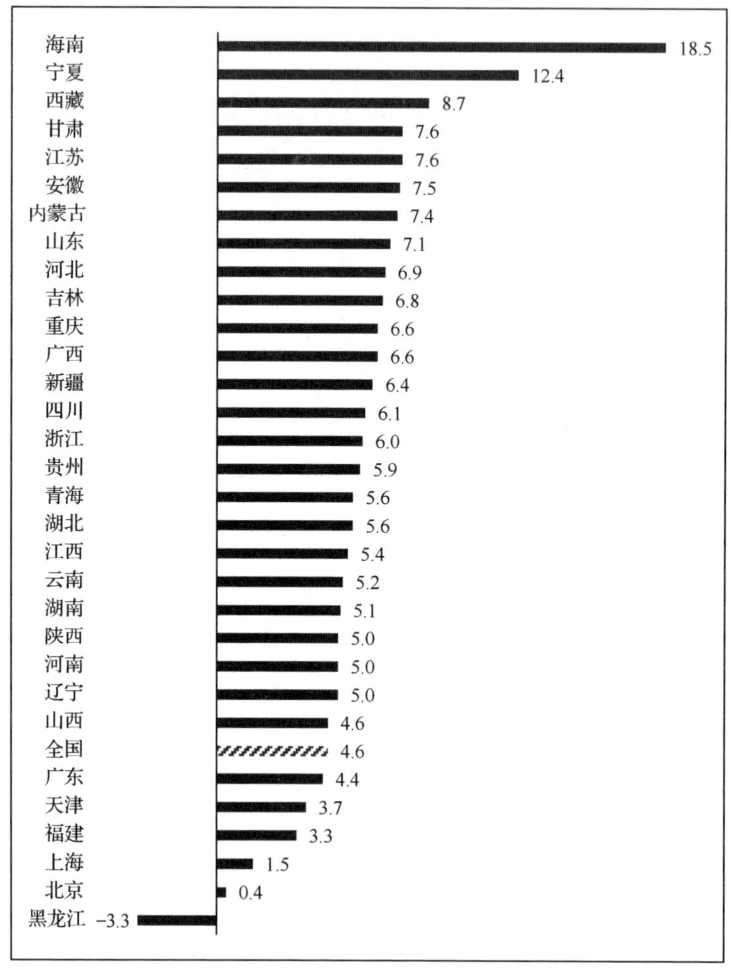

图 7-49　2023 年各省份规上工业增加值增速/%

（数据来源：国家统计局，赛迪工经所整理，2024 年 1 月）

表 7-11 2023 年各省份进出口情况

序号	地区	进出口额/亿元	进出口同比增长率/%	出口总额/亿元	出口同比增长率/%	进口总额/亿元	进口同比增长率/%
全国		417568.0	0.2	237726.0	0.6	179842.0	-0.3
1	广东	83040.7	0.3	54386.5	2.5	28654.2	-3.6
2	江苏	52493.8	-3.2	33719.1	-2.5	18774.6	-4.3
3	浙江	48998.0	4.6	35665.5	3.9	13332.5	6.7
4	上海	42121.6	0.7	17377.9	1.6	24743.7	0.1
5	北京	36466.3	0.3	6000.1	2.0	30466.3	0.0
6	山东	32642.6	1.7	19430.2	1.1	13212.4	2.7
7	福建	19743.5	-0.2	11766.4	-2.7	7977.1	3.9
8	四川	9574.9	-4.0	6033.9	-1.3	3541.0	-8.2
9	河南	8107.9	-3.8	5280.0	2.4	2827.9	-13.5
10	安徽	8052.2	7.8	5231.2	11.3	2821.0	1.8
11	天津	8004.7	-3.4	3631.7	-2.6	4373.0	-4.1
12	辽宁	7659.6	-3.1	3535.6	-1.1	4124.0	-4.7
13	重庆	7137.4	-10.7	4782.2	-6.1	2355.2	-18.8
14	广西	6936.5	7.3	3639.5	1.5	3297.0	14.6
15	湖北	6449.7	5.8	4333.3	4.7	2116.4	7.9
16	湖南	6175.0	-12.1	4009.4	-21.9	2165.6	14.6
17	河北	5818.4	7.4	3505.5	9.3	2312.9	4.6
18	江西	5697.7	-10.2	3928.5	-17.3	1769.2	11.1
19	陕西	4042.1	-14.9	2630.9	-11.5	1411.1	-20.7
20	新疆	3573.3	45.9	3024.9	45.7	548.4	47.6
21	黑龙江	2978.3	12.3	760.6	39.4	2217.7	5.3
22	云南	2588.0	-17.9	926.1	-36.3	1661.9	-2.2
23	海南	2312.8	15.3	742.1	2.8	1570.7	22.4
24	内蒙古	1965.3	30.4	785.7	28.1	1179.6	32.1
25	山西	1693.7	-7.4	1050.3	-12.3	643.4	2.0
26	吉林	1679.1	7.7	627.0	24.9	1052.1	-0.5

续表

序号	地区	进出口额/亿元	进出口同比增长率/%	出口总额/亿元	出口同比增长率/%	进口总额/亿元	进口同比增长率/%
27	贵州	759.8	11.5	520.5	22.6	239.3	-6.7
28	甘肃	491.7	-13.0	123.8	3.8	367.9	-17.5
29	宁夏	205.4	-4.3	149.8	-7.0	55.6	3.8
30	西藏	109.8	138.3	98.2	127.7	11.5	295.2
31	青海	48.7	20.3	29.5	23.0	19.1	16.5

数据来源：海关总署，Wind，赛迪工经所整理，2024年1月。

（四）从市场主体看，企业预期在波动中逐步改善，内资企业生产经营情况略好于外资企业

企业预期在波动中逐步改善。2023年我国制造业PMI波动较大，一季度各月保持在荣枯线上方，并于2月份达到52.6%，回升至近年来较高水平；二季度各月制造业PMI在49%左右波动，回落至荣枯线下方；三季度制造业PMI逐月改善，9月份为50.2%，再次回升至荣枯线上方；四季度制造业PMI波动下行，回落至荣枯线下方。分类指数中，生产指数整体好于新订单指数。分企业类型看，大型企业景气状况明显好于中小型企业。2023年12月份，大型企业生产经营活动预期指数为57.9%，处于年内高位；中型企业生产经营活动预期指数为56.2%；小型企业生产经营活动预期指数为51.4%，显著低于大中型企业。

内资企业生产经营情况略好于外资企业。生产方面，2023年，私营企业和国有企业增加值分别同比增长3.1%和5.0%；而外商及港澳台商投资企业增加值同比增长1.4%。投资方面，2023年，内资企业固定资产投资同比增长3.2%；港澳台商企业固定资产投资同比下降2.7%；外商企业固定资产投资同比增长0.6%。效益方面，2023年私营企业营业收入、利润总额分别较上年增长0.6%、2.0%；国有控股企业营业收入较上年增长0.8%、利润总额较上年下降3.4%；外商及港澳台商投资企业营业收入、利润总额分别较上年下降2.3%、6.7%。综合看，内资企业各项指标略好于外资企业。

二、工业经济发展面临的突出问题

（一）美西方遏制打压升级，外部风险挑战增多

近几年，美联合盟友对我进行疯狂遏制打压围堵，不仅加速推动技术断链、人才割裂、资金撤离，还通过操纵舆论唱衰中国、动摇企业在华投资信心，我国经济发展面临的外部环境日益趋紧。一是加速对华“去风险化”。尽管近期中美关系有所缓和，但美西方遏华制华战略并未根本改变，仍不遗余力地打造“排华供应链”，贸易转移影响逐渐显现。美国经济分析局数据显示，2023 年前 11 个月美国高技术产品进口中，自中国进口占比为 18.8%，较 2017 年最高点回落 18 个百分点；自欧盟进口比重达 22.7%，较 2017 年提高 4.3 个百分点；自泰国、新加坡、印度等进口占比稳步增加，合计提高近 3.6 个百分点。二是针对性贸易壁垒增多。最近两年，针对我国新兴领域的贸易保护主义开始加码。美国《通胀削减法案》对申请补贴的新能源汽车的电池材料及电池组件原产地提出苛刻要求，欧盟对来自中国的电动汽车发起反补贴调查等，这些都将加大我国企业开拓国际市场的难度和成本。此外，《欧盟碳边境调节机制过渡期实施细则》、《欧盟新电池法案》正式生效，也将加大我国钢铁、铝及铝制品等传统产业的成本压力，干扰我国新能源汽车、锂电池等新兴产业的出口势头和全球布局，削弱我国制造业在全球产业链供应链中的地位。

（二）国内多重风险交织，有效需求持续不足

当前，经济恢复期的矛盾和问题叠加周期性、结构性、体制性矛盾和问题，并且与房地产风险、金融风险、债务风险等相互交织，经济内生增长动能不足。一是房地产持续疲软拖累相关行业恢复。当前房地产市场供求关系发生重大变化，房地产持续不振严重影响冶金、建材、工程机械、家装家电家具等相关产业恢复。二是债务高企削弱地方政府投资能力。当前地方政府债务风险集聚，并且跟房地产风险交织在一起，制约了地方政府对基础设施建设的投资能力，也削弱了对产业转型升级过程中企业的补贴扶持力度。三是消费恢复缓慢且面临多重制约。疫情

以来的2020—2023年，我国社会消费品零售总额平均增速只有3.7%，较疫情前8%以上的水平仍有较大差距。消费潜力释放仍受居民就业压力增大、收入预期不稳、消费意愿不强等制约，并且随着居民消费升级，对服务消费需求上升，工业品消费占比下降，消费增长对工业发展的带动性减弱。

（三）动能转换道阻且艰，产业优化升级缓慢

我国正处于经济增长动能转换的关键时期，传统产业带动性减弱，新兴产业增长面临挑战，动能转换道阻且艰。一是传统产业动能减弱。我国传统产业体量大，是现代化产业体系的基底，但受资源环境约束增强、市场需求不足、转型成本高企等多重影响，对经济发展的支撑性作用明显减弱。例如，原材料工业主营业务收入占规上工业30%左右，对国计民生、重大工程等有显著支撑作用，但最近两年钢铁、有色、建材、石化化工等行业增加值平均增速远低于疫情前水平。二是新兴产业竞争加剧。各地都争抢布局新领域新赛道，大量资本进入新兴领域，导致结构性产能过剩，产品价格大幅下降，对经济发展的带动性和支撑性不足。调研中有不少地方反映光伏、锂电池等领域出现产能过剩苗头，价格大幅下滑，企业增产不增值，部分项目投产后产能释放不及预期，如当前部分P型光伏组件最低投标价已接近成本，成本“倒挂”逼迫企业通过下调开工率来减少亏损。此外，高技术制造业增长势头放缓。2023年受美西方遏制技术围剿、部分高技术领域产能转移、全球终端需求放缓等多重因素影响，我国高技术制造业增加值增速回落至2.7%，2010年以来首次低于规上工业增加值增速，并且高技术制造业投资增速也较上年回落12.3个百分点至9.9%，对高技术制造业的支撑恐将减弱。

（四）成本上涨应收增多，企业预期依然较弱

近几年，全球经济不确定性不稳定性因素明显增多，再加上全球数字化和绿色化转型等带来的冲击，企业生产成本上行，盈利能力下降，对未来预期依然较弱。一是生产成本明显上涨。2023年以来，由于市场需求恢复缓慢，企业开工明显不足，成本上涨问题相对凸显。2023年工业企业每百元营业收入中的成本费用同比增加0.24元至93.32元，

处于历史上较高水平。调研中有很多地方反映近两年企业用能成本大幅上涨；结构性用工矛盾突出，招工成本增加，平均工资和社保费用逐年增加；安全生产成本、环境保护成本、绿色低碳改造成本等都明显增加。二是企业盈利能力下降。2023 年工业企业利润同比下滑 2.3%，利润率同比回落 0.2 个百分点至 5.76%。2024 年工业企业利润有望在市场回暖、价格回升的支撑下逐步改善，但主要是恢复性增长，企业经营依然面临较大困难。

三、2024 年一季度我国工业经济发展形势展望

（一）金融支持不断加力，企业预期趋于改善，基建投资支撑较好但房地产仍将拖累，工业投资将保持较快增长

一是金融机构对制造业支持力度不断加大。2024 年 1 月 24 日中国人民银行宣布以较大幅度降准，并下调支农支小再贷款、再贴现利率，对提振市场主体信心、助力房市企稳、激发经济活力具有重要意义。2024 年一季度金融机构对制造业中长期贷款余额增速有望保持在 30%左右，新发放企业贷款加权平均利率继续走低，为制造业投资增长注入“源头活水”。二是企业预期将继续改善。制造业 PMI 生产经营活动预期指数保持较高水平，企业预期恢复向好态势明显。2024 年一季度全球主要国家将进入补库存周期，工业品价格降幅呈收窄态势，工业企业利润增速有望继续改善，将有效提振企业预期。三是基建投资将稳步增长，对工业投资形成较好支撑。2023 年我国基础设施建设投资增长 8.2%，呈现较快增长态势。2023 年年底增发一万亿元国债，首批资金有望在 2024 年一季度形成实物工作量，专项用于支持灾后恢复重建和提升防灾减灾能力，将推动部分省份投资“开门红”，但多数省份 2024 年一季度新增专项债发行额同比减少，根据 2023 年一季度地方政府债券发行计划，截至 2024 年 1 月中旬，只有山东、江西、辽宁三个省份新增专项债券发行规模较上年同期有所增加，其余 17 个省份均有不同程度的下降，其中，河北一季度新增专项债券发行规模直接从 1286 亿元降至 0。专项债发行减少将制约基建投资回升力度。四是房地产市场仍将底部调整，对工业投资的带动难有改善。当前，房地产开发投资降幅仍在扩大，

房地产相关先行指标仍未呈现出明显降幅收窄的迹象，商品房市场供需关系尚未实质性改善，政策效应显现尚需时日。综合看，2024 年一季度工业投资将保持较快增长。

（二）政策接续发力，收入支撑增强，新亮点涌现，但消费降级、信心不足使工业品消费承压，消费总体将稳定恢复

一是促消费举措接续发力，将推动消费持续扩大。2023 年 12 月召开的中央经济工作会议指出，要激发有潜能的消费，推动消费从疫后恢复转向持续扩大，培育壮大新型消费，大力发展数字消费、绿色消费、健康消费，积极培育智能家居、文娱旅游、体育赛事、国货“潮品”等新的消费增长点。国家发展改革委指出，要在落实落细已出台的促消费政策文件、改善居民消费能力和预期、营造放心消费环境等方面持续发力，为消费复苏增添动力。商务部将“2023 年消费提振年”提升为“2024 年消费促进年”，力推消费从疫后恢复转向持续扩大。春节假期，国内旅游和国民休闲转入繁荣发展新阶段，带动 2024 年一季度消费市场升温。二是居民收入稳步改善，将增强居民消费能力。2023 年国家出台系列创新举措，如发布实施提高个人所得税专项附加扣除标准、下调存量首套商业性个人住房贷款利率等，将显著增加居民可支配收入，增强居民消费能力。2023 年全年居民人均可支配收入实际增长 6.1%，较 2022 年全年回升 3.2 个百分点，高于 GDP 增速 0.9 个百分点，收入增长将为居民消费奠定坚实基础。三是国货消费、绿色消费、健康消费等快速增长，将成为消费新亮点。疫情促使越来越多的消费者将身心健康放在首位，消费者将绿色理念贯穿于衣、食、住、用、行等各领域，如食品消费方面，消费者更倾向于主动选择配料天然、营养、健康的食品以维护自身健康和免疫力。2023 年德勤消费者调查显示，66%的消费者愿意为绿色消费支付溢价；阿里研究院调研显示，我国本土品牌线上市场占有率达 72%，达到几十年来最高。但当前消费者信心指数处于历史低位，居民更倾向于服务消费，并出现消费“降级”趋势，工业品消费将继续承压。综合看，2024 年一季度我国社会消费品零售额将延续稳步恢复态势。

（三）全球经济增长前景疲软，金融市场波动风险加大，但我国贸易增长韧性较强，低基数下出口交货值增速有望转正

一是全球经济增长前景疲软。2024 年以来，国际货币基金组织、世界银行、联合国等国际机构下调 2024 年全球经济增长预期至 2.4%～2.9%，远低于历史平均水平。全球制造业 PMI 持续处于收缩区间，主要国家经济增长依然疲软。同时，俄乌冲突走向不明，巴以冲突短期难以有效解决，红海危机持续升级，这些都将对全球经济和大宗产品价格带来扰动，加剧了全球通货膨胀，导致世界经济动荡，冲击我国出口市场。二是全球经济政策不确定性加大。全球高通胀高利率高债务仍将持续，主要发达经济体货币政策调整的外溢效应仍在显现，全球债务风险增加，不利于经济稳定恢复。全球经济政策不确定性风险上升，影响社会预期恢复，据斯坦福大学和芝加哥大学编制的全球经济政策不确定指数，2023 年年底该指数升至年内高点。三是我国贸易增长韧性增强。在世界经济论坛 2024 年年会上，中国机遇依然是重要议题之一，这将有助于促进中国与其他各国贸易合作。此外，2023 年我国对共建“一带一路”国家进出口（人民币计价）同比增长 2.8%，占我国进出口总额的 47%。随着高质量共建“一带一路”八项行动逐步落地，我国外贸增长将表现出更强韧性。2023 年我国机电产品出口增长 2.9%，汽车及底盘、“新三样”产品分别增长 76.8%和 29.9%，在全球绿色低碳转型背景下我国出口恢复韧性有望增强。2024 年人民币汇率或仍以贬值趋势为主，这在一定程度上有利于刺激出口。综合看，2024 年一季度我国工业出口交货值增速有望由负转正，实现小幅增长。

（四）发展生态持续优化，数字技术加速赋能，产业链供应链韧性增强，工业经济有望平稳开局

一是党中央、国务院高度重视工业稳增长，为工业经济发展提供了明确方向。我国拥有完备的产业体系、完善的基础设施和超大规模的市场优势，这些将为工业稳定恢复奠定坚实基础。同时，存量政策与增量政策叠加发力，政策效应不断累积，十大重点行业稳增长工作方案加紧实施，这些将推动工业运行持续好转。二是各地推进新型工业化呈现百

花齐放的良好态势。各地区、各部门积极贯彻落实习近平总书记重要指示精神和全国新型工业化推进大会精神，在打造先进制造业集群、全方位推进数字化转型、推动工业绿色低碳发展等方面加强战略部署，多措并举推进新型工业化，各类生产要素不断向实体集聚，为 2024 年一季度工业“开门稳”注入新势能。三是数字经济与实体经济融合提速。以 ChatGPT 为代表的人工智能技术蓬勃发展，数字技术与制造业加速渗透融合，将加速赋能产业发展，提升产业高端化、智能化、绿色化水平，拓展新增长空间。四是主要高频指标预示生产总体向好，但基础仍待夯实。2024 年以来，汽车半钢胎开工率保持在 2015 年以来高点；化工领域具有代表性的 PTA 产业链中上游 PX、PTA、聚酯切片开工率稳步向好，下游江浙织机负荷率虽然下行，但仍保持在近两年较高水平；重点企业粗钢和生铁产量 2024 年 1 月上旬大幅反弹，重点行业表现出较好恢复势头。但制造业 PMI 仍在调整，磨机运转率、水泥发运率、高炉开工率降至低位，先行指标预示着工业经济恢复基础仍待夯实。考虑上年同期低基数效应，2024 年一季度我国规上工业增加值增速有望平稳开局，增长 5%以上。

四、思考建议

（一）加快现代化产业体系建设

要巩固完整产业体系优势，坚持传统新兴双轮驱动，不断培育新动能、形成新优势。一是广泛应用数智技术、绿色技术，推动“智改数转网联”，加快改造提升传统产业。二是加快强链补链延链，巩固提升新能源汽车、光伏、稀土等优势产业领先地位。三是壮大新能源、新材料、高端装备、生物医药及高端医疗装备、安全应急装备等新兴产业，着力打造生物制造、商业航天、低空经济等新增长点，开辟量子、生命科学、人形机器人等未来产业新赛道。

（二）助力企业开拓国际市场

一是积极推进我国与海合会、欧亚经济联盟等经济体的 FTA 谈判，降低当前各种针对性贸易壁垒对企业出口的影响；指导企业主动了解各

国贸易救济措施和市场监管要求，积极应对有关贸易调查。二是支持企业加快建设海外营销和售后服务网络，加大品牌宣传推广力度，拓宽出口运输渠道，丰富境外消费金融产品，促进新能源汽车、锂电池、光伏等优势产品出口提升。三是设立海外专利应诉基金，支持行业协会及知识产权平台在海外联合开展维权行动。

（三）强化绿色转型能源保障

一是大力发展清洁能源，增加绿电有效供给，从源头上保障绿色供应链有序推进；推动绿电、绿证需求响应及交易衔接，并酌情降低或减免绿电、绿证交易费用。二是坚决落实好能耗及碳排放强度控制重于总量控制的原则，合理保障能耗总量较大但能效及排放控制达到先进水平企业的正常生产需求，对用电量高、单位能耗低的高技术企业，适当给予针对性用电优惠。三是加快建立统一规范的碳排放统计核算体系、产品碳足迹管理体系，推动建立国际碳核算标准互认机制，助推新能源汽车、锂电池等产品开拓海外市场。

（四）优化营商环境降低成本

一是不折不扣抓好各项助企纾困政策落实，加快推动惠企政策“免申即享”、奖补资金“一键直达”，提升政策兑现时效。二是加大对中小企业数字化智能化绿色化转型的指导和支持力度，通过设备器具优惠和示范奖励等方式，推动“专精特新”中小企业数字化转型全覆盖，助力中小企业提质增效。三是支持工业企业直接参与电力市场调节，减少不同电力用户之间的交叉补贴；进一步完善分时电价，引导企业错峰生产，降低用电成本。

展　望　篇

第八章

形势展望[①]

2023 年我国工业经济克服重重困难，整体呈现稳中有升态势。展望 2024 年，全球经济依然低迷，我国出口新优势不断增强将带动出口小幅增长，经济内生增长动力将加快修复，消费保持稳定增长，投资延续较快增长，工业增速有望回归潜在水平，全年增长 4.5%左右。仍需密切关注国际金融市场动荡等外部风险挑战，积极破解有效需求持续不足、新旧动能接续不畅、企业经营依然困难等突出问题。建议强化需求牵引应用主导、坚持传统新兴双轮驱动、持续优化区域开放布局、精准施策持续助企纾困。

第一节　对 2024 年工业经济形势的基本判断

（一）全球经济依然低迷，但我国出口市场多元化和产品结构优化将重塑贸易新优势，有望带动出口实现小幅增长

2023 年，全球经济增长放缓，我国出口整体保持较强韧性。2023 年，我国工业企业出口交货值同比下降 3.9%，增速较上年回落 9.4 个百分点，但较前三季度收窄 0.9 个百分点。历史数据显示，工业出口交货值处于历年较低水平。2023 年出口交货值增速低于 2019 年的 1.3%，也

① 本章成文时间为 2023 年年底和 2024 年年初，对 2024 年形势所做出的展望基于当时能够掌握的信息。而本书出版时间为 2024 年年底，为了保持文章原貌，没有根据 2024 年已经发生的实际情况进行调整。

低于 2020—2022 年的平均水平（7.4%）（见图 8-1）。需要关注的是，高新技术产品出口同比大幅下滑，创近 20 年低值。2023 年我国高新技术产品出口（人民币计价）下跌 5.8%，跌幅较前三季度收窄 2.1 个百分点。其中，计算机通信、电子、生命科学技术类产品出口拖累明显。

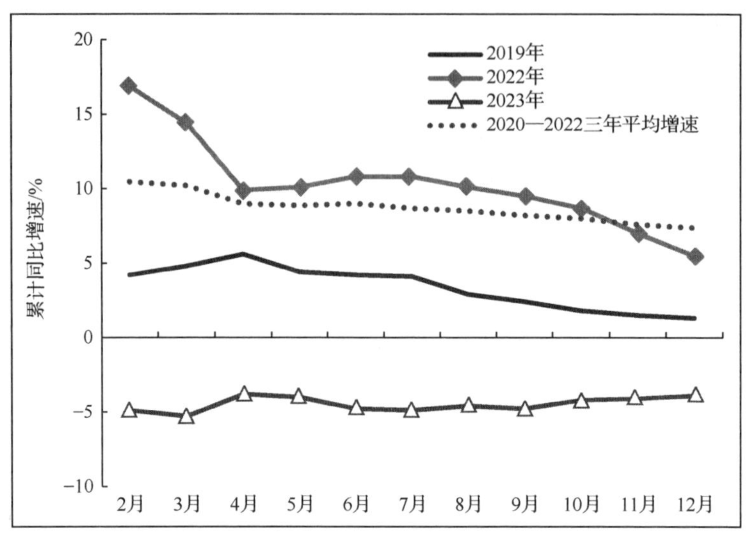

图 8-1　工业企业出口交货值累计同比增速

（资料来源：赛迪智库整理，2024 年 5 月）

展望 2024 年，我国出口有望实现小幅增长，出口结构将持续优化。一是全球经济增长依然低迷。近期国际货币基金组织和经济合作与发展组织分别下调 2024 年全球经济增长预期至 2.9%和 2.7%，远低于历史平均水平；全球制造业 PMI 已连续 16 个月处于收缩区间，经济增长前景疲软，制约我国出口增长空间。二是我国与共建“一带一路”国家贸易合作将更加紧密。三是新能源汽车等绿色产品出口将继续保持高速增长。2023 年，我国电动载人汽车、锂离子蓄电池等出口增长强劲，未来虽然面临来自欧盟等国的双反压力，但在全球绿色低碳加速转型的趋势下仍有较强竞争力，有望支撑出口稳定增长。

（二）消费政策接续发力，居民收入支撑增强，国货消费、绿色消费、健康消费等新亮点涌现，消费有望保持稳定增长

2023 年，我国消费迎来恢复性增长，最终消费支出对经济增长的贡献率反弹至历史高位。2023 年，社会消费品零售总额超 47 万亿元，比上年增长 7.2%，增速较上年回升 7.4 个百分点，但 2020—2022 年平均增速只有 3.7%，消费整体仍处于恢复增长阶段（见图 8-2）。从贡献率看，消费重新成为经济增长的首要动力。2023 年，我国最终消费支出拉动经济增长 4.3 个百分点，比上年提高 3.1 个百分点；对经济增长的贡献率达 82.5%，贡献率较上年提升 49.7 个百分点，消费对经济增长的基础作用逐步恢复。从消费类型看，居民外出、娱乐、旅游等消费需求快速释放，餐饮收入强劲增长。2023 年餐饮收入同比增长 20.4%，2022—2023 两年平均增长 6.2%。相比之下，商品消费恢复较为缓慢。2023 年商品零售同比增长 5.8%，2022—2023 两年平均增长 3.1%，同比增速与两年平均增速均显著低于餐饮收入，反弹幅度相对较小。

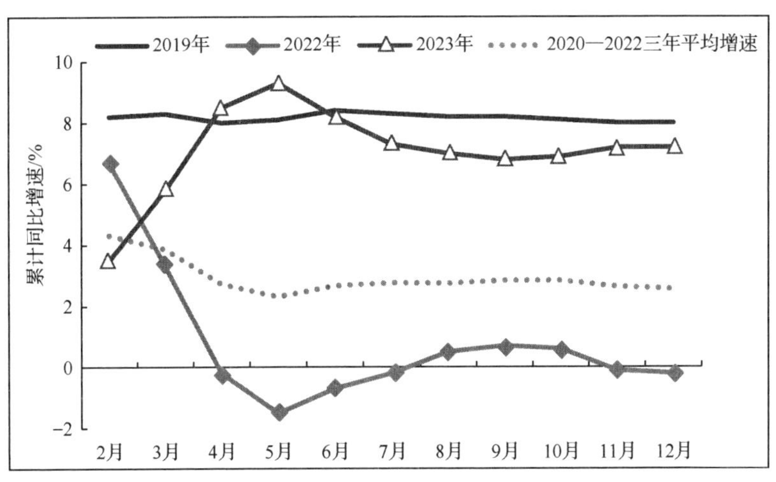

图 8-2　社会消费品零售总额累计同比增速

（资料来源：赛迪智库整理，2024 年 5 月）

展望 2024 年，随着居民消费能力和消费意愿的恢复，社会消费品零售额有望实现较快增长。一是促消费政策接续发力，将提振消费信心。

近期国家部委指出，要在落实落细已出台的促消费政策文件、改善居民消费能力和预期、营造放心消费环境等方面持续发力，为消费复苏增添动力。二是居民收入逐步改善，将增强消费能力。2023 年全国居民人均可支配收入同比增长 6.1%，较 2022 年全年回升 3.2 个百分点，增速高于 GDP 增速 0.9 个百分点。三是国货消费、绿色消费、健康消费等快速增长，有望成为消费新亮点。随着我国消费市场的增质扩容、国民文化自信的增强，以及人口结构和消费理念的转变，国潮品牌蓬勃发展，智能家居、绿色建材、新风空调、节能热水器等产品也有望快速增长，成为新的消费增长亮点。综合看，2024 年我国消费市场将呈现稳定增长态势，社会消费品零售总额增长 5.5%左右。

（三）金融支持力度加大，企业预期逐步改善，房地产和基建带动增强，将助推工业投资较快增长

2023 年，我国工业投资保持稳定增长，投资结构持续优化。2023 年我国工业投资同比增长 9%，领先固定资产投资增速 6.0 个百分点（见图 8-3）。其中，高技术制造业投资同比增长 9.9 个百分点，领先制造业投资增速 3.4 个百分点。

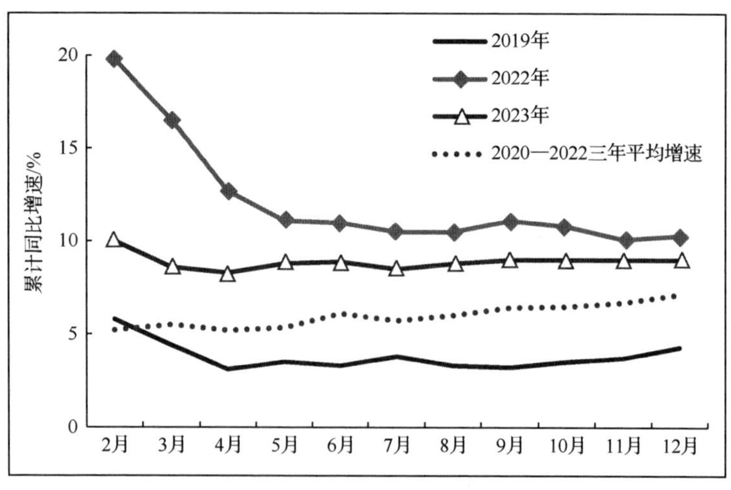

图 8-3　工业投资累计同比增速

（资料来源：赛迪智库整理，2024 年 5 月。）

展望 2024 年，工业投资有望延续较快增长态势。首先，金融支持力度不断加大。2023 年 9 月末制造业中长期贷款余额增速保持在 40%左右，达到 2020 年以来高位；9 月份企业新发放贷款加权平均利率为 3.85%，较上年同期降低 14 个基点，处于历史低位。中央金融工作会议强调，要着力提升金融服务经济社会发展的质量水平，金融对实体经济的科技创新、绿色改造等支持力度将继续加大，为制造业投资增长注入动力。其次，企业预期逐步改善。2023 年下半年以来 PMI 生产经营活动预期指数保持在 55%以上，处于近两年高位。2024 年工业品价格继续调整恢复，利润增速在低基数基础上有望显著改善，将推动企业预期明显向好。此外，房地产和基建投资对工业投资带动有望增强。一系列房地产支持政策持续发力，将带动房地产市场逐步改善；中央财政在 2023 年四季度增发国债 1 万亿元，也有助于助推基建投资增速小幅提升。综合看，2024 年工业投资将延续较快增长态势，全年增长 8.5%左右。

（四）发展生态持续优化，数字技术与实体经济融合提速，产业链供应链韧性增强，将支撑工业经济稳步增长

2023 年，我国工业生产整体呈稳中有升态势。2023 年我国规模以上工业增加值同比增长 4.6%，增速较前三季度提高 0.6 百分点，较上年同期提升 1.0 个百分点（见图 8-4）。从当月增速看，工业增速呈现“前稳后升”态势。2023 年工业生产平稳开局，前 4 个月工业增速逐月回升，在低基数效应的支撑下 4 月份工业增速反弹至 5.6%；5—10 月工业增速在 3.5%～4.6%之间平稳波动；随着新型工业化稳步推进，稳增长政策“组合拳”落地见效，叠加低基数效应，11 月、12 月增速连创年内新高，分别达 6.6%和 6.8%。从历史对比来看，工业生产仍处在逐步复苏区间。2023 年工业增速较上年明显回升 1.0 个百分点。

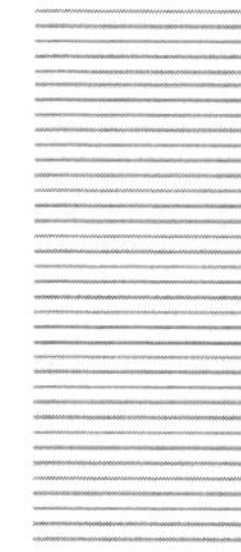

展望 2024 年，我国工业经济将延续稳步增长态势。一是党中央、国务院高度重视实体经济。全国新型工业化推进大会成功召开，这将进一步凝聚各方共识，汇聚各方资源，为工业稳增长注入新势能新动力；各地区各部门出台的存量政策与增量政策叠加发力，稳增长政策效应将进一步释放，推动工业经济持续好转。二是数字经济与实体经济融合提

速。以 ChatGPT 为代表的人工智能技术获得突破性发展，将加速赋能多产业、多业态；工业互联网、大数据、人工智能等数字技术与制造业加速渗透融合，将提升产业高端化、智能化、绿色化水平，并拓展新的增长空间。三是产业链供应链韧性增强。我国正加快构建以先进制造业为骨干的现代化产业体系，产业基础再造工程和重大技术装备攻关工程扎实推进，十大重点行业稳增长方案加紧实施，产业链供应链韧性不断增强。综合看，2024 年我国规模以上工业增加值将延续稳步增长态势，全年增长 4.5%左右。

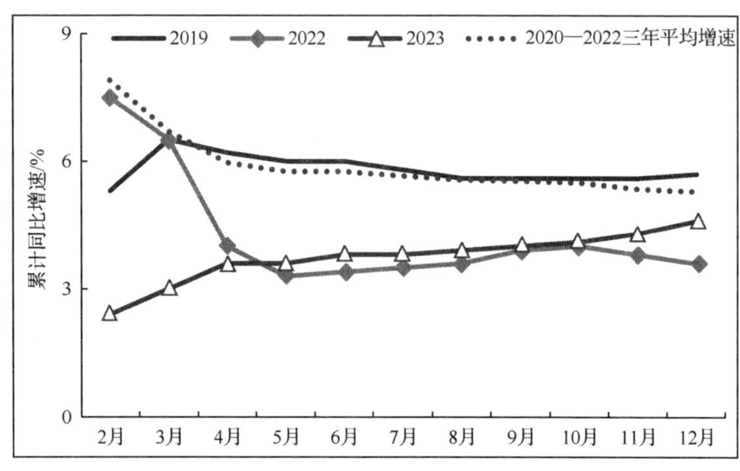

图 8-4　规模以上工业增加值累计同比增速

（资料来源：赛迪智库整理，2024 年 5 月）

第二节　需要关注的几个问题

（一）外部环境日益趋紧，风险挑战明显增多

一是全球金融市场波动加大。2024 年美联储加息周期有望结束，但全球高通胀高利率高债务仍将持续，主要发达经济体货币政策调整的外溢效应将持续显现，全球债务风险增加，金融市场波动加大，不利于全球经济的稳定恢复。二是地缘政治冲突加剧。2024 年是美国大选之年，美政客为拉拢选民势必将持续炒作涉华议题，中美关系难有实质性改善；俄乌冲突、巴以冲突等加剧全球能源市场的紧张局势，并将带来

一系列连锁反应和深远影响，不利于全球产业链供应链稳定。三是美西方遏制打压持续升级。近几年，美联合盟友对我进行疯狂遏制打压围堵，不仅加速推动技术断链、人才割裂、资金撤离，还通过操纵短流媒体集体唱衰中国、动摇企业在华投资信心，企图将我国锁定在价值链最低端。

（二）国内多重风险交织，有效需求持续不足

一是房地产持续疲软拖累相关行业恢复。当前房地产市场供求关系发生重大变化，房地产持续不振严重影响冶金、建材、工程机械、家装家电家具等相关产业恢复。二是债务高企削弱地方政府投资能力。当前地方政府债务风险集聚，并且与房地产风险交织在一起，制约了地方政府对基础设施建设的投资能力，也削弱了对产业转型升级过程中企业的补贴扶持力度，部分地方陷入“吃饭财政”。三是消费恢复缓慢且出现新的结构变化。过去高速发展的房地产、汽车等大宗消费进入存量竞争时代，短期的刺激政策效果不佳。“就业—收入—消费”循环不畅，居民就业压力增大、收入预期不稳、消费意愿不强，风险偏好降低，预防性储蓄增多，这些在一定程度上制约消费潜力释放。此外，随着居民收入水平的提升，工业品消费占比下降，对工业经济的直接带动作用减弱。

（三）产业转型升级缓慢，新旧动能接续不畅

一是传统产业动能减弱。我国传统产业体量大，是现代化产业体系的基底，但受资源环境约束增强、市场需求不足、转型成本高企等多重影响，对经济发展的支撑性明显减弱。二是新兴产业竞争加剧。各地都争抢布局新领域新赛道，大量资本进入新兴领域，导致结构性产能过剩，产品价格大幅下降，对经济发展的带动性和支撑性不足。有不少地方反映光伏、锂电池等领域出现产能过剩苗头，价格大幅下滑，企业增产不增值，部分项目投产后产能释放不及预期。三是贸易转移影响显现。近年来，美加速打造排华供应链，一些跨国企业被裹挟着采取“中国+N”战略，贸易转移效应开始显现，特别是高技术领域更加凸显。2023 年前三季度，美国高技术产品进口中，自中国进口占比为 18.4%，较 2017 年最高点下降 18.4 个百分点。长此以往，我国高技术产业的增长空间将受到严重挤压。

（四）成本上涨应收增多，企业经营依然困难

一是生产成本明显上涨。2023 年以来，由于市场需求恢复缓慢，企业开工明显不足，成本上涨问题相对凸显。2023 年前 11 个月，工业企业每百元营业收入中的成本费用同比增加 0.41 元至 93.27 元，处于历史上较高水平。调研中有很多地方反映近两年企业用能成本大幅上涨，综合电价年均上涨 7%～10%，天然气价格年均上涨 10%～20%；结构性用工矛盾突出，招工成本增加，平均工资和社保费用逐年增加；安全生产成本、环境保护成本、绿色低碳改造成本等都明显增加。二是应收账款明显增多。受经济下行压力影响，上下游企业拖欠问题突出，下游需求萎缩，账款不能如期支付，风险向中游、上游接续传导，形成全行业性账款回收困难。调研时有很多中小企业反映，企业应收账款和外欠账款增多，上下游企业间相互欠款形成“三角债”，加剧了资金紧张，经营压力和风险大幅增加。三是企业盈利能力下降。2023 年前 11 个月，工业企业利润同比下滑 4.4%，利润率同比回落 0.32 个百分点至 5.82%。2024 年工业企业利润有望在市场回暖、价格回升的支撑下逐步改善，但主要是恢复性增长，企业经营依然面临较大困难。

第三节　应采取的对策建议

（一）强化需求牵引应用主导，提升自主创新能力

一是坚持应用牵引，支持重点产业链龙头企业和关键企业实施国产化导入、国产试验线建设，引导人才、资金、政策向龙头企业集聚，逐步提高基础材料和关键设备国产化率，增强产业链供应链自主可控能力。二是进一步扩大首台（套）推广应用指导目录范围，实施首台（套）产品政府首购制度，提高国有企业采购首台（套）产品和服务的比例，发挥其引领带动作用；引导更多保险机构提供首台（套）重大技术装备综合保险业务，促进企业创新和科技成果产业化。

（二）坚持传统新兴双轮驱动，推动增长动能转换

一是支持各地顺应技术趋势和产业规律，积极布局新能源、生物医

药、新一代信息技术等新兴产业，同时要引导各地因地制宜，坚持差异化发展，培育特色优势产业。二是继续提高研发费用税前加计扣除比例，特别是针对精细化工、高端纺织面料、新能源汽车等行业领域，可阶段性大幅提高研发费用税前加计扣除比例，加大力度推进企业转型升级。三是鼓励地方政府设立技改专项资金，加大对企业智能化、绿色化技改投资的财政补贴和贷款贴息力度。四是研究扩大企业所得税专用设备抵扣范围，建议由环境保护、节能节水、安全生产专用设备扩展到智能专用设备，并适当上调抵扣比例。

（三）持续优化区域开放布局，增强制造业根植性

一是完善支持西部优势地区发展的政策体系，支持川渝等西部地区积极打造产业转移重点合作园区，支持广西、云南等地区积极探索推进沿边临港产业园区建设，发挥产业转移“拦水坝”和“蓄水池”作用。二是持续优化营商环境，强化要素保障和服务质量，巩固拓展减税降费成效，降低企业生产经营成本，提升制造业企业根植性和竞争力，稳住产业链龙头企业和关键零部件企业，保障国内重点产业链供应链安全稳定。三是深化中国—东盟多领域、多层次交流合作，充分发挥“一带一路”倡议、RCEP 等区域合作机制作用，主动拓展与东亚、东南亚国家的新产业新业态合作，打造一批中国—东盟产业链合作示范区，构建互利共赢、深度融合的产业链供应链合作体系。

（四）精准施策持续助企纾困，推动降本减负增效

一是真正落实好各项助企纾困政策，加快推动惠企政策“免申即享”、奖补资金“一键直达”，充分释放政策效用。二是切实降低企业用能成本，支持工业企业直接参与电力市场调节，减少不同电力用户之间的交叉补贴；进一步完善分时电价，引导企业错峰生产，降低用电成本。三是切实解决拖欠企业账款问题，明确拖欠企业账款的主体及还款规模、方式、节奏，并约定时间节点；优先解决专精特新中小企业和整体欠款过高行业的拖欠账款问题。四是优化各类再贷款的白名单制度，加强商业银行间的信贷信息共享；支持金融机构开展知识产权、商标权、订单、科技成果等无形资产质押融资服务；加大制造业中长期贷款、贴息贷款等支持力度。

后　记

中国电子信息产业发展研究院工业经济研究所长期跟踪研究工业经济，在对我国工业经济发展趋势研判、工业高质量发展、区域经济发展、工业领域前沿技术创新的基础上，历时半载，经广泛调研、详细论证、数次修订和完善，完成了《2023—2024 年中国工业发展质量蓝皮书》。

本书由张小燕担任主编，关兵、韩建飞、张文会担任副主编，负责书稿框架设计和审稿，秦婧英负责统稿校对。全书共五篇，其中，理论篇由杨济菡（第一章）、张文会（第二章）编写；全国篇由乔宝华（第三章）、张文会、陈致达（第四章）编写；区域篇由乔宝华（第五章）、刘世磊、杨济菡、韩建飞、梁一新、张厚明、赫荣亮、乔晓、张赛赛、张凯、张亚丽、韩力、周禛、苍岚、李柳颖、李雨浓、金枫（第六章）编写；专题篇由关兵（第七章）编写；展望篇由乔宝华（第八章）编写。同时，本书在研究和编写过程中得到工业和信息化部各级领导，以及行业协会和企业专家的大力支持与指导，在此一并表示衷心的感谢。

本书以习近平新时代中国特色社会主义思想和党的二十大报告为指引，围绕我国工业经济当前的重点、热点、难点问题进行研究，特别是对制造业高质量发展过程中所面临的机遇与挑战进行深度分析，构建了成熟的指标体系，旨在推动我国工业经济高质量发展。同时，希望我们的研究能够为探索工业高质量发展新路径提供一些思考，为制造强国战略的进一步落实提供一种新的监测和评估视角。

中国电子信息产业发展研究院

思想，还是思想，才使我们与众不同

研究，还是研究，才使我们见微知著

新型工业化研究所（工业和信息化部新型工业化研究中心）
政策法规研究所（工业和信息化法律服务中心）
规划研究所
产业政策研究所（先进制造业研究中心）
科技与标准研究所
知识产权研究所
工业经济研究所（工业和信息化经济运行研究中心）
中小企业研究所
节能与环保研究所（工业和信息化碳达峰碳中和研究中心）
安全产业研究所
材料工业研究所
消费品工业研究所
军民融合研究所
电子信息研究所
集成电路研究所
信息化与软件产业研究所
网络安全研究所
无线电管理研究所（未来产业研究中心）
世界工业研究所（国际合作研究中心）

通讯地址：北京市海淀区万寿路27号院8号楼1201　邮政编码：100846
联系人：王　乐　　　　联系电话：010-68200552　13701083941
传　　真：010-68209616　　电子邮件：wangle@ccidgroup.com